新能源汽车技术专业教学资源库配套教材

新编21世纪高等职业教育精品教材
汽车类

配实训工单与习题集

新能源汽车构造与检修
（微课版）

主　编◎余红燕
副主编◎吕　翱　汤高攀　李　林
参　编◎黄林火　吕炳蔚

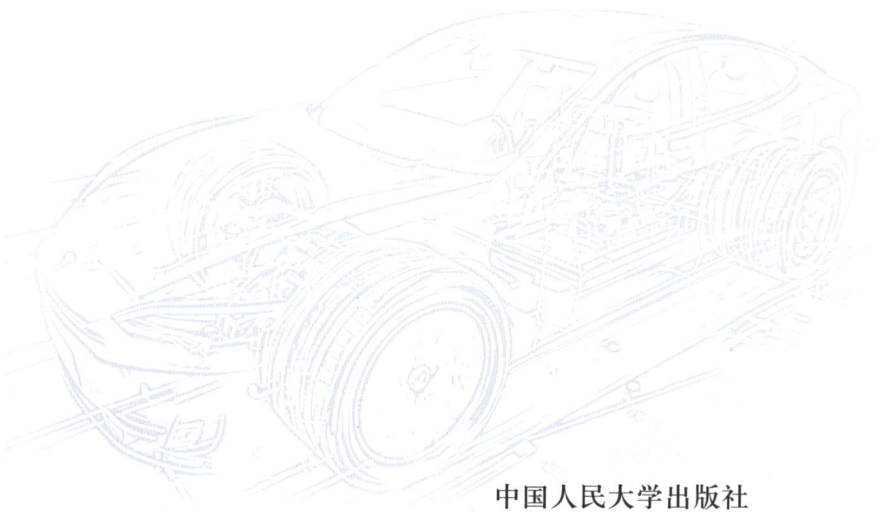

中国人民大学出版社
· 北京 ·

前言

新能源汽车是全球汽车产业转型升级、绿色发展的主要方向，也是我国汽车产业高质量发展的战略选择。党中央、国务院高度重视新能源汽车产业发展。习近平总书记指出，发展新能源汽车是我国从汽车大国迈向汽车强国的必由之路，要深化新能源汽车产业交流合作，让创新科技发展成果更好造福世界各国人民。

为了贯彻落实《关于推动现代职业教育高质量发展的意见》《关于加快推进现代职业教育体系建设改革重点任务的通知》等职业教育重大发展战略，全面对接《智能汽车创新发展战略》《新能源汽车产业发展规划（2021-2035 年）》等国家汽车产业发展重要规划，应对汽车产业人才培养的新需求，以电动化、网联化、智能化、共享化为标志的“新四化”浪潮席卷汽车产业。互联网汽车、新能源汽车、自动驾驶辅助系统、共享出行等新概念与新技术推动产业转型升级，亟待学校发挥专业群的集聚效应和服务功能，推进人才培养供给侧和产业需求侧结构要素全方位融合，培养大批复合型人才和“跨界”人才。

本教材是新能源汽车技术专业教学资源库配套教材，以职业岗位需求为基础，遵循职业教育教学规律和人才成长规律，以比亚迪、吉利等汽车企业维修项目、典型工作任务等为载体，紧跟新能源汽车产业发展的新技术、新工艺、新规范，以项目学习、任务驱动等方式进行编写。在课程设计中有机融入素养元素、劳动教育等内容，强调培育学生自主学习的能力素养、精益求精的工匠精神和爱岗敬业的工作态度；对接“新能源汽车检测与维修”专项职业能力考核规范，对接汽车职业技能大赛，实现“岗课赛证”融合。本教材内容设计主要体现以下几方面的特色：

1. 校企合作、产教融合，培养高技术技能型人才

教材中融入汽车企业的真实案例与项目，让学生直接接触行业前沿技术与管理实践。通过企业调研，选取具有普遍适用性的真实生产项目、典型工作任务等。根据实际新能源汽车充电系统、动力电池、驱动电机、空调系统等工作任务，以工作过程完整性为原则，按照学习目标、任务导入、知识框架、知识介绍等栏目重构知识点、技能点，学生不仅能学习理论知识，还能在模拟或真实的企业环境中锻炼技能，提升解决实际问题的能力。

2. 任务驱动、理实一体，构建项目化的教材框架

构建以任务驱动、理实一体的项目化教材框架，教材内容精心编排为七大核心项目：

从“新能源汽车结构认知”入手，奠定学生基础认知；进而深入了解“新能源汽车高压系统与安全防护”，强化安全意识与操作技能；随后，通过“动力电池系统原理与检修”与“驱动电机系统原理与检修”两大项目，深入解析“三大电”关键技术原理并实践检修技能；同时，“汽车空调系统结构与检修”“充电系统结构原理及检修”项目确保学生掌握汽车舒适系统维护技能，紧跟行业发展步伐；最后，“新能源汽车车联网技术”项目，引领学生前瞻技术前沿。

3. 技术跟踪、内容迭代，深度融通“岗课赛证”

教材编写团队秉持技术前瞻与内容创新的理念，长期深入比亚迪等新能源汽车龙头企业一线，紧密跟踪其最新技术动态与技能要求，致力于实现教材内容的及时迭代，确保教材内容能准确反映行业前沿，使学生所学知识紧跟时代步伐。同时，深度融通岗位需求、课程内容、技能竞赛与职业资格证书，构建一个全方位、多层次的教育体系。

4. 线上线下、资源共享，助力终身学习

教材同步建设以纸质教材内容为核心的多样化数字教学资源，从广度、深度上拓展纸质教材的内容。教材中以二维码的方式“无缝隙”链接微课视频、动画等多媒体资源，为教学提供更多的信息知识支撑，提供体系化的学习路径、丰富的在线学习资源。

在本教材编写过程中，校企合作单位比亚迪汽车销售有限公司和吉利汽车集团有限公司提供了大力支持，在此表示衷心的感谢。本书内容贴近当前行业发展，与企业岗位需求紧密结合，内容丰富，实用性强，既可作为职业院校新能源汽车专业的教学用书，也可供新能源汽车技术学习及培训使用。

由于编者学识所限，书中难免有疏漏之处，希望读者予以谅解并指正，以便再版时修正补充。

编者

目录

项目一 新能源汽车结构认知

任务一 纯电动汽车结构认知

学习目标

知识目标：

1. 了解新能源汽车的定义；
2. 掌握纯电动汽车的基本组成；
3. 掌握纯电动汽车的特点。

能力目标：

1. 能说明新能源汽车与传统燃油汽车的异同点；
2. 能熟练分析纯电动汽车的工作原理。

素养目标：

1. 培养语言表达能力、与客户的沟通能力；
2. 尝试多元化思考解决问题的方法，形成创新意识。

任务导入

假如你是一家汽车 4S 店的服务人员，有客户进店想买一辆纯电动汽车，但想先了解一下纯电动汽车与传统燃油汽车的差别。作为 4S 店的服务人员，请根据你所了解的纯电动汽车知识，向客户介绍纯电动汽车的结构、特点及优势等。

知识框架

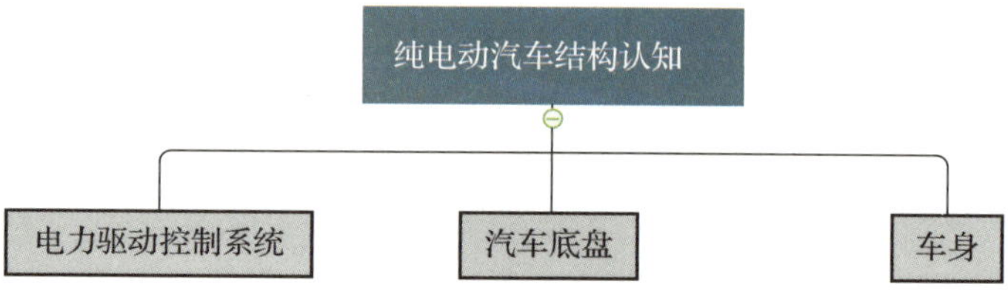

知识介绍

根据《新能源汽车生产企业及产品准入管理规定》，新能源汽车是指采用新型动力系统，完全或者主要依靠新型能源驱动的汽车，包括混合动力电动（含增程式）汽车（Hybrid Electric Vehicle，HEV）、纯电动汽车（Battery Electric Vehicle，BEV 或 EV）和燃料电池汽车等。与传统燃油汽车相比，新能源汽车具有以下几方面特征。

特征一：新能源汽车保留了传统燃油汽车大部分部件，如车身、灯光、底盘等，但新能源汽车的外形设计通常比较时尚。图 1 - 1 所示是比亚迪汉纯电动汽车，图 1 - 2 所示是理想 L9 混合动力汽车。

图 1 - 1　比亚迪汉纯电动汽车

图 1 - 2　理想 L9 混合动力汽车

特征二：新能源汽车改变驱动车辆的动力形式。纯电动汽车采用了“动力电池 + 电机 + 变速驱动单元”的方式来取代传统燃油汽车的发动机和变速器；混合动力汽车在原来发动机和变速器的基础上增加了动力电池及驱动电机。图 1 - 3 所示是新能源汽车的驱动形式示意图。

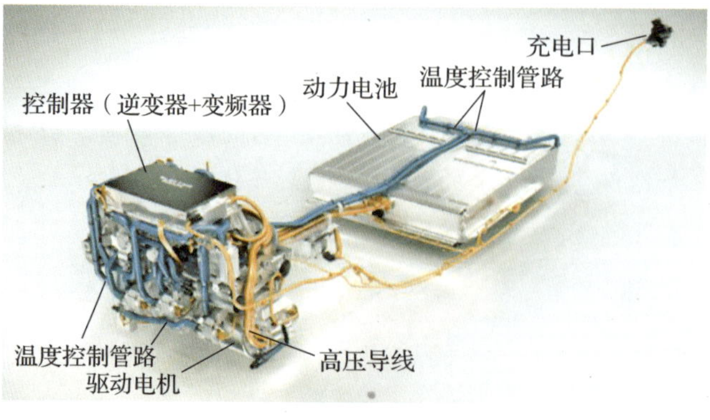

图 1 - 3　新能源汽车的驱动形式示意图

特征三： 因为驱动系统（其控制线路示意图见图 1-4）和运行模式发生了改变，部分辅助系统也相应做了改变，如空调与暖风系统、低压电源系统以及补充能源的形式等。

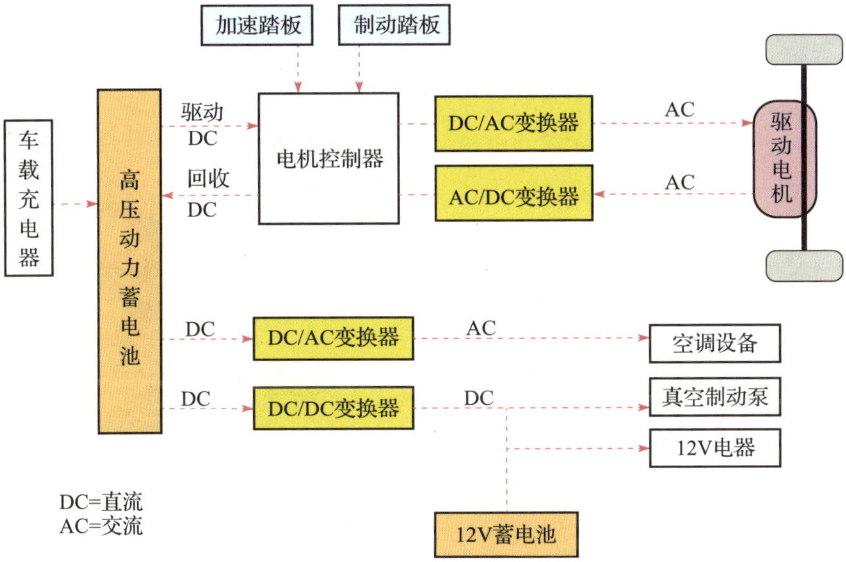

图 1－4　驱动系统控制线路示意图

纯电动汽车是指全部采用电力驱动的汽车，利用驱动电机来驱动车辆。

纯电动汽车的结构主要由电力驱动控制系统、汽车底盘、车身以及各种辅助装置等组成。除了电力驱动控制系统，其他部分的功能及结构组成基本与传统燃油汽车相同，有些部件根据车型驱动方式不同，已被简化或省去了。电力驱动控制系统既决定了整个纯电动汽车的结构组成及其性能特征，也是纯电动汽车的核心，它相当于传统燃油汽车中的发动机与其他功能机构以机电一体化方式相结合。这也是纯电动汽车区别于传统燃油汽车的最大不同之处。

一、电力驱动控制系统

纯电动汽车电力驱动控制系统的组成如图 1－5 所示，按工作原理可将其划分为车载电源模块、电力驱动模块和辅助模块三大部分。

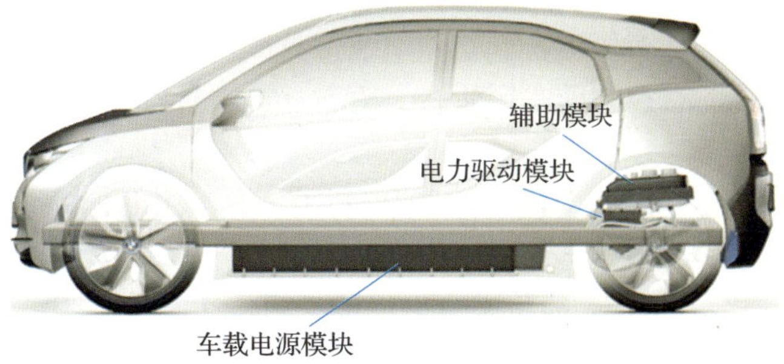

图 1－5　纯电动汽车电力驱动控制系统的组成

（一）车载电源模块

车载电源模块主要由动力电池（动力蓄电池）、能源管理系统和充电控制器三部分组成。

1. 动力电池（动力蓄电池）

动力电池是纯电动汽车的唯一能量来源，它除了供给汽车驱动行驶所需的电能外，也是供应汽车上各种辅助装置的工作电源。动力电池的布置形式如图 1 - 6 所示。电机驱动一般要求为高压电源且所采用的电机类型不同，其要求的控制器电压等级也不同。为满足该要求，可以用多个电池单体（也叫电芯）串联成 96 ～ 384V 的高压直流电池组，再通过 DC/DC 变换器供给所需的不同电压；也可按所需的电压等级，直接由电池单体组合成不同电压等级的电池组，不过这样会给充电和能源管理带来麻烦。另外，由于制造工艺等因素，即使同一批次的电池其电解液浓度和性能也会有所差异，所以在安装电池组之前，要求对各个电池单体进行认真的检测并记录，尽可能把性能接近的电池组合成同一组，这样有利于确保动力电池组性能的稳定性和延长使用寿命。

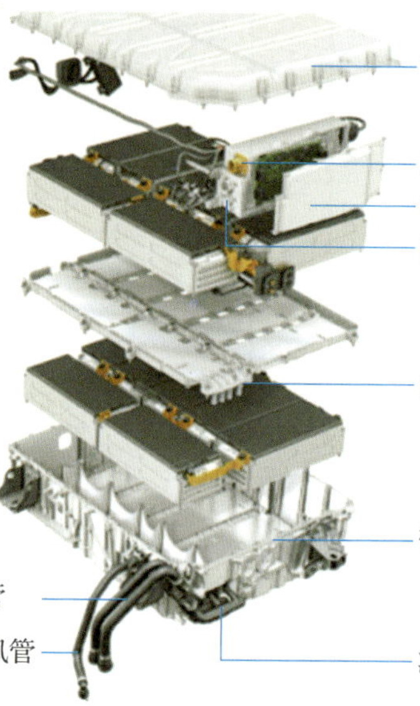

图 1 - 6　动力电池的布置形式

2. 能源管理系统

能源管理系统常称为动力电池管理系统（Battery Management System，BMS），其主要功能是在汽车行驶中进行能源分配，协调各功能部分工作的能量管理，使有限的能源最大限度地得到利用。能源管理系统与电力驱动主模块的中央控制单元配合在一起控制发电回馈，在纯电动汽车减速制动和下坡滑行时能量回收，从而有效地利用能源，提高纯电动汽车的续驶能力。能源管理系统还与充电控制器一同控制充电。为提高动力电池性能的稳定性和延长使用寿命，需要实时监控电源的使用情况，对动力电池的电压、内阻、剩余电量、放电时间、放电电流等参数进行监测，对状态参数进行检测，并按动力电池对环境温度的要求进行调温控制，通过限流控制避免电池过充或过放，并将有关参数在仪表上显示和报警，以便驾驶人随时掌握当前车辆状态，按需及时对动力电池进行充电并维护保养。

3. 充电控制器

充电控制器一般称为车载充电机（On Board Charger，OBC），顾名思义就是固定在纯电动汽车上的充电器，具有对纯电动汽车动力电池安全、自动充电的能力。作为纯电动汽车与公共电网之间的接口，OBC 能将来自电网的交流电（AC）转化为纯电动汽车高压电池所需的直流电（DC），为纯电动汽车的动力电池充电；也能将动力电池的直流电逆变为交流电回馈到电网，实现纯电动汽车动力电池和电网之间的能量转换。OBC 也能提供充电时所需的相应的保护功能，针对包括过压、欠压、过流、欠流等在内的多种保护措施，当充电系统出现异常时会及时切断供电。

车载充电机开始时为恒流充电阶段，当动力电池电压上升到一定值时，进入恒压充电阶段，输出电压维持在相应值，电流逐渐减小。当充电电流减小到一定值时，进入涓流充电阶段。有些纯电动汽车采用脉冲式电流进行快速充电。

（二）电力驱动模块

电力驱动模块主要由中央控制单元、驱动控制器、电机、机械传动装置组成。

1. 中央控制单元

中央控制单元一般称为整车控制器（Vehicle Control Unit，VCU），是纯电动汽车的中央控制单元，是整个控制系统的核心。它根据驾驶人对加速踏板、制动踏板等的输入信号，向驱动控制器发出相应的控制指令，对电机起动、加速、降速、制动等进行控制。在纯电动汽车降速和下坡滑行时，中央控制单元配合车载电源模块的能源管理系统进行发电回馈，使动力电池反向充电。与车辆行驶状况有关的速度、功率及故障诊断等信息还需在仪表上显示。总之，中央控制单元会根据驾驶人的意图综合分析做出相应判断后，监控下层各部件控制器的工作状态，负责车辆的正常行驶、制动能量回馈、整车驱动系统及动力电池的能量管理、网络管理、故障诊断及处理、车辆状态监控等，从而保证整车在较好的动力性、较高的经济性及可靠性状态下正常稳定地工作。

2. 驱动控制器

驱动控制器的功能是按中央控制单元的指令、电机的转速和电流反馈信号，对电机的转速、驱动转矩和旋转方向进行控制，因此又叫电机控制器（Motor Control Unit，MCU）。电机控制器与电机配套使用，通过调节电压大小、频率高低、相位变化等参数来控制电机的运转，即通过相应的电力转换来控制电机工作。所谓的电力转换就是直流与交流、电压与频率的转换。电力转换形式有交流→直流转换、直流→交流转换、直流→直流转换和交流→交流转换。

电机控制器主要依靠电流传感器、电压传感器、温度传感器等来监测电机运行状态，根据相应参数对电压、电流进行调整控制以及完成其他控制功能。电流传感器用于检测电机工作的实际电流，包括母线电流、三相交流电流；电压传感器用于检测供给电机控制器工作的实际电压，包括动力电池电压、12V 蓄电池电压；温度传感器用于检测电机控制系统的工作温度，包括 IGBT 模块的温度。

电机控制器作为纯电动汽车中连接动力电池与驱动电机的电能转换单元，是电机驱动及控制系统的核心。它从整车控制器获得整车的需求，从动力电池获得电能，经过自身变换器的调制，获得控制电机需要的电流和电压，提供给电机，使得电机的转速和转矩满足整车的加速、减速、制动、停车等要求。电机控制器具有以下功能：（1）电力转换功能；（2）控制电机正反向驱动、正反转发电；（3）控制电机的动力输出，同时对电机进行保护；（4）通过 CAN 总线与其他控制模块通信，接收并发送相关信号；（5）制动能量反馈控制；（6）自身内部故障监测。

3. 电机

电机在纯电动汽车中承担着电动机和发电机的双重功能，即在正常行驶时发挥其主要的电动机功能，将电能转换为机械能；而在减速和下坡滑行时又进行发电，将车轮的惯性动能通过驱动控制器回馈给动力电池。对电机的选型要根据其负载特性来选，由汽车行驶的特性分析可知，汽车在起步和上坡时要求有较大的起动转矩、短时过载能力、较宽的调速范围和理想的调速特性，即在起动低速时为恒转矩输出，在高速时为恒功率输出。电机与驱动控制器所组成的电机驱动系统（见图 1－7）是纯电动汽车中最为关键的部件。纯电动汽车的运行性能主要取决于电机驱动系统的类型和性能，它直接影响着车辆的各项性能指标，如车辆在各工况下的行驶速度、加速与爬坡性能以及能源转换效率。

图 1－7　电机驱动系统

4. 机械传动装置

纯电动汽车传动装置的作用是将电机的驱动转矩传递给汽车的驱动轴，从而带动汽车车轮行驶。由于电机本身具有较好的调速特性，其变速机构可被大大简化，较多的是为放大电机的输出转矩只采用一种固定的减速装置，又因为电机可带负载直接起动，即省去了传统燃油汽车的离合器。由于电机可以容易地实现正反向旋转，所以也就无须通过变速器中的倒挡齿轮组来实现倒车。

比亚迪仰望 U8 采用的是轮边电机技术，即驱动电机直接装在车轮边上，通过传动电机输出轴连接到车轮上，从而取消了传动系统（车桥、传动轴）的机械硬连接，如图 1－8 所示。这种设计简化了结构，提高了效率，并且能够实现对车轮的独立控制，主要具有以下优势：

图 1－8　比亚迪仰望 U8 轮边电机技术

（1）独立控制：每个轮边电机可以独立控制每个车轮的扭矩，实现驱动、制动、前进和后退的独立操作。

（2）结构简化：省去了传统燃油汽车中的驱动桥、机械差速器、半轴等传动部件。

（3）高效率：轮边电机可以提高 8%～15% 的效率，减少能耗。

（4）机动性和可靠性：具备高机动性和高可靠性，易于实现车辆的主动控制。

（5）紧凑设计：电机布置在车轮边的前后驱动桥上，占用空间小，可以在驱动总成中集成水冷和减速器。

（6）系统集成度高：电机和电控箱体深度集成设计，提高了空间利用率。

（7）安全性能提升：即便在转向机构和物理制动自动失效的情况下，也能通过独立调整剩余轮子的扭矩来稳定车身姿态。

（8）适应性强：适用于纯电动及混动平台，为车辆提供灵活的扭矩分配和驱动模式。

（9）应用场景广泛：可以实现原地掉头、高速爆胎控制等先进功能。

（三）辅助模块

辅助模块包括辅助动力源、驾驶舱显示操纵台以及各种辅助装置等。各个装置的功能与传统燃油汽车基本相同，其结构原理因纯电动汽车的特点和需求不同有所区别。

1. 低压电源系统

传统燃油汽车是通过发动机驱动发电机为12V蓄电池充电，为车载电器提供工作电源。纯电动汽车不再设计有发电机，动力电池的高压电通过DC/DC变换器转换为13.8V左右低压电源，为12V蓄电池充电和常规的车载电器提供工作电源，如图1-9所示。常规的车载电器部件包括动力转向系统、制动系统、照明系统、空调系统、中控门锁、信息娱乐系统、电动窗门等各种辅助装置。

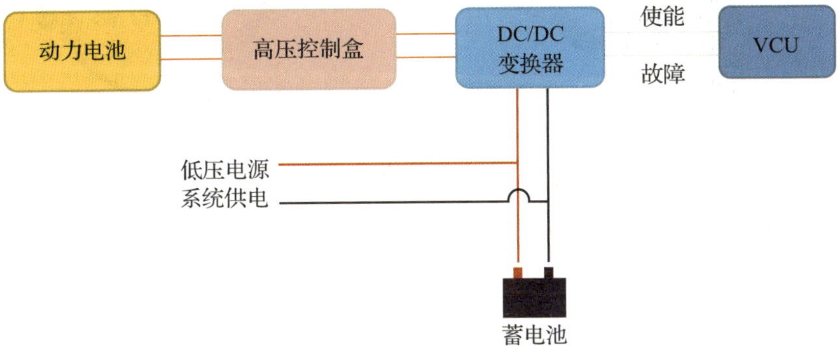

图1-9 低压电源系统控制方式

2. 空调系统

大部分纯电动汽车的空调采用电动方式（高电压）来驱动压缩机，这区别于传统燃油汽车通过发动机曲轴传动带驱动形式，但制冷原理与传统燃油汽车基本相同，如图1-10所示。

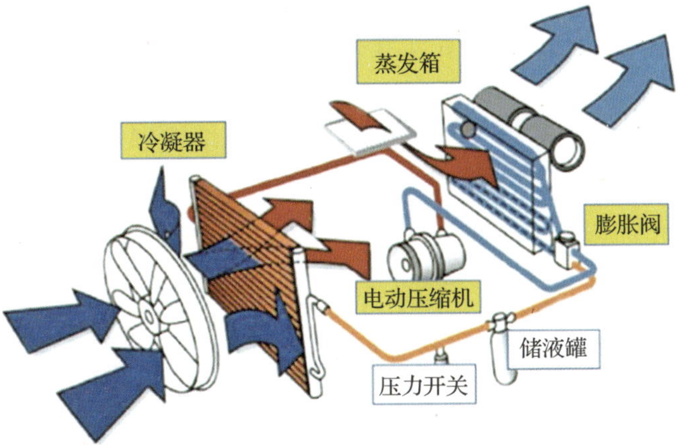

图1-10 纯电动汽车的空调制冷系统

在暖风实现的形式上，由于没有了发动机热量来源，驱动电机产生的热能也达不到合适温度，纯电动汽车通常是利用电加热（高电压）的方式来产生暖风的。电加热的方式有两种，一种是通过高电压加热类似传统暖风系统中的冷却液，再经过循环为暖风水箱提供热量；另一种是直接通过高电压驱动 PTC（Positive Temperature Coefficient，正温度系数很大的半导体材料或元器件）加热器来加热经过蒸发箱的空气实现暖风，如图 1 - 11 所示。

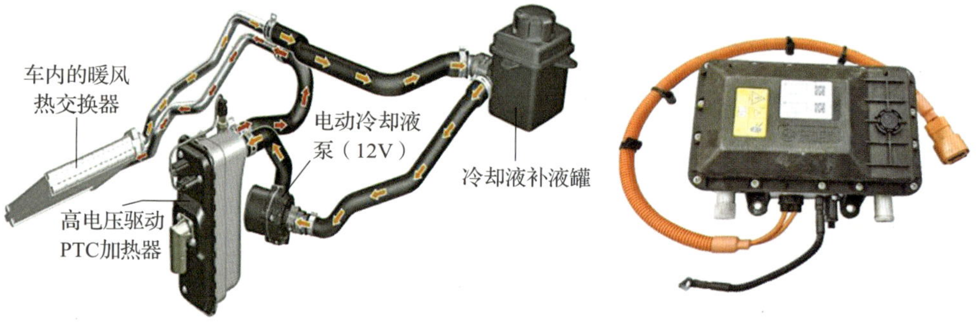

（a）纯电动汽车电加热循环系统　　（b）PTC加热器

图 1 - 11　空调制热系统

在实际使用过程中，新能源汽车在冬季供热能耗需求较高，从热力学角度来说 PTC 制热的耗电量较高，能源利用率低，这严重制约了新能源汽车的续驶里程。而热泵技术利用蒸气压缩循环将环境中的低品位热量进行利用，能源利用率高，使用热泵系统代替 PTC 加热器可以增加新能源汽车制热工况下的续驶里程。热泵空调系统采用空调压缩机，利用制冷循环可逆转的特点，集制冷与制热为一体，具有通用性好、结构紧凑、高效节能、环保等优点，已成为车载空调新趋势。

比亚迪汽车首创了宽温域高效热泵技术，如比亚迪海豚车型得到了用户的积极反馈，其特点主要体现在：

（1）高效节能：与传统的 PTC 加热方式相比，热泵空调系统以冷媒为介质进行热传递，能效比可达到 2，这意味着在相同热量需求下，电能损耗可以减少一半，有效降低能耗。

（2）宽温域适应性：热泵技术能够在 -30 ～ 60℃的宽温度范围内高效工作，保证车辆在极端低温环境下也能提供良好的采暖效果。

（3）集成化热管理：比亚迪海豚车型的热管理系统将电池热管理与驱动热管理技术相结合，采用集成阀设计，简化了制冷管路布置，并提高了整车生产效率。

（4）智能化控制：比亚迪海豚车型的热管理系统与电驱动系统由软件控制，实现智能化的热管理，类似于特斯拉集成化的阀岛方案，通过大规模集成冷媒回路，提升了系统的整体性能和响应速度。

（5）延长冬季续驶里程：搭载热泵技术的比亚迪海豚车型在冬季续驶里程上有所增加，冬季续驶里程最大可提升 20%，显著优于传统新能源汽车。

（6）动力电池管理：热泵技术不仅可以为车内提供采暖，还能够对动力电池进行直接冷却和加热，优化电池在不同工况下的性能和寿命。

（7）整车热管理效率：比亚迪 e 平台 3.0 的热管理系统通过软件化需求，针对不同平台的制冷需求进行定制化开发和调试，实现整车热量的综合利用，进一步提高了热管理效率。

（8）空间优化：使用热泵技术后，车辆可以进一步缩小前机舱空间布局，为驾驶舱留出更多空间，提升了车辆的内部空间的使用效率。

3. 车载信息显示系统

与传统燃油汽车相比，新能源汽车的车载信息显示系统减少了各种指针，用纯液晶显示屏代替，显示内容有行车信息显示区域、车速表、续驶里程以及各种指示警报灯等。仪表中间显示车速和行车信息，仪表两侧取消了发动机转数和燃油表指针，换成了电机功率和剩余电量（SOC）等信息，如图 1－12 所示，具体含义如表 1－1 所示。

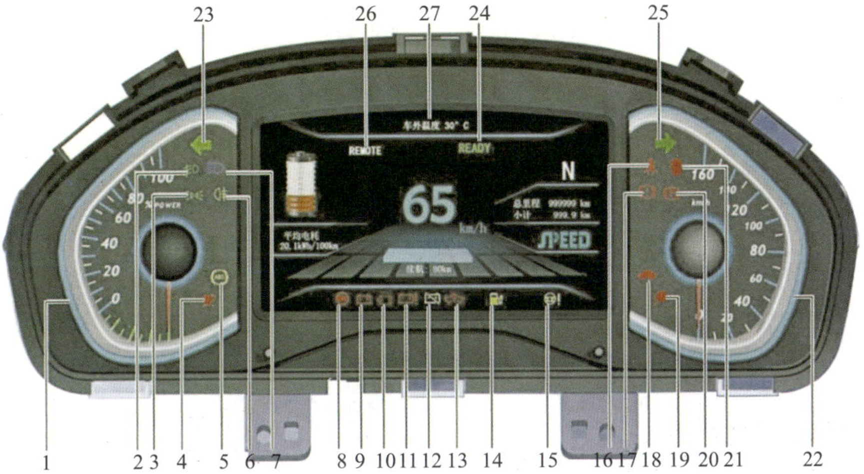

图 1－12 车载信息显示系统

表 1－1 车载信息显示系统具体含义

序号	名称	序号	名称	序号	名称
1	驱动电机功率表	10	驱动电机及控制器过热指示灯	19	充电线连接指示灯
2	前雾灯	11	动力电池故障指示灯	20	手刹指示灯
3	示廓灯	12	动力电池断开指示灯	21	门开指示灯
4	安全气囊指示灯	13	系统故障灯	22	车速表
5	ABS 指示灯	14	充电提醒灯	23	左转向指示灯
6	后雾灯	15	EPS 故障指示灯	24	READY 指示灯
7	远光灯	16	安全带未系指示灯	25	右转向指示灯
8	跛行指示灯	17	制动故障指示灯	26	REMOTE 指示灯
9	蓄电池故障指示灯	18	防盗指示灯	27	车外温度提示

4. 各种辅助装置

纯电动汽车的辅助装置主要有照明、各种声光信号装置、车载音响设备、刮水器、风窗除霜清洗器、电动门窗、电控玻璃升降器、电控后视镜调节器、电动座椅调节器、车身安全防护装置控制器等，它们主要是为提高汽车的操控性、舒适性、安全性等而设置的。

二、汽车底盘

汽车底盘是整个汽车的基体，不仅起着支承动力电池、电机、驱动控制器、汽车车身、空调及各种辅助装置的作用，而且将电机的动力进行传递和分配，并按驾驶人的意图（加速、减速、转向、制动等）行驶。新能源汽车底盘结构如图 1－13 所示。汽车底盘主要包括传动系统、行驶系统、转向系统和制动系统四大系统。总体来说，纯电动汽车在底盘设计上更加注重电气化和智能化，而传统燃油汽车则更侧重于机械部件和动力系统的优化。

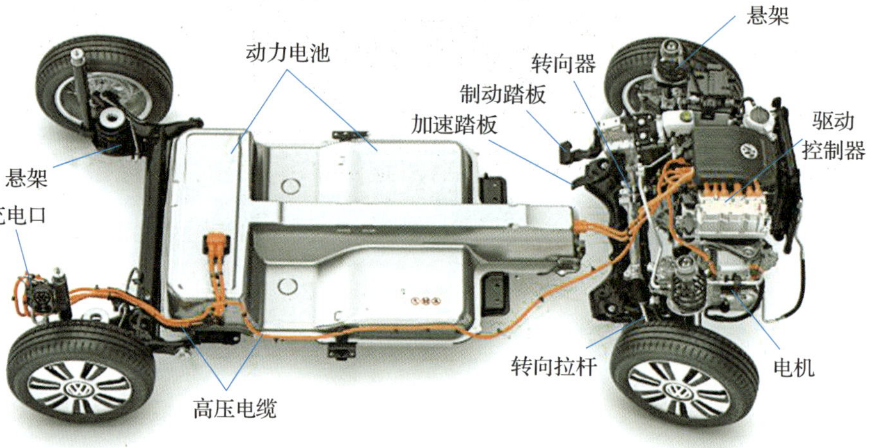

图 1－13　新能源汽车底盘结构

（一）传动系统

纯电动汽车通常使用单速变速箱，因为电机可以在宽转速范围内高效工作，不需要多速变速箱；传动系统更加简单，减少了机械部件和维护需求。传统燃油汽车通常配备有多速变速箱（如手动、自动或 CVT），以适应不同的驾驶条件，提高燃油效率。

（二）行驶系统

行驶系统包括车桥、车架、悬架、车轮与轮胎。其中，如果采用轮毂电机驱动可省去车桥；车架是整个汽车的装配基体，其作用主要是支承连接汽车的各个零部件，承受来自车内和车外的各种载荷；纯电动汽车的电池组通常安装在车辆底部，这有助于降低车辆的重心，改善车辆的稳定性和操控性，传统燃油汽车的燃油箱和发动机通常位于车辆前部或中部，这会影响车辆的重量分布和操控性；悬架是指车架（或车身）与车轮（或车桥）之间的一切传力连接装置的总称，它主要由弹性元件、减振器和导向机构等组成，它与充气轮胎一起缓和不平路面对车辆的冲击振动；纯电动汽车可能需要更坚固的悬挂系统来支撑较重的电池组，同时保持车辆的舒适性和操控性，传统燃油汽车悬挂系统的设计取决于车辆的重量和预期用途，不同类型的悬挂系统（如独立悬挂、非独立悬挂）会影响车辆的舒适性和操控性；车轮主要由轮辋、轮辐等组成，其内部还需安装制动器，纯电动汽车由于车辆重量较重，可能需要级别更高的轮胎和轮辋来提高承载能力和稳定性，传统燃油汽车轮胎和轮辋的选择更多取决于车辆的性能需求和驾驶条件。同时，纯电动汽车底盘设计需要考虑到电池组的保护，避免在行驶过程中受到损伤，传统燃油汽车底盘保护主要针对发动机、排气系统和其他机械部件。

（三）转向系统

转向系统是为实现汽车转弯而设置的，它由转向盘、转向器、转向传动机构等组成。驾驶人作用在转向盘上的控制力，通过转向器和转向传动机构使转向轮偏转一定的角度，实现汽车的转向。纯电动汽车不能通过发动机驱动液压助力油泵的方式来实现液压助力。大多数纯电动汽车采用电动助力转向系统（Electronic Power Steering，EPS），即在原机械转向系统的基础上安装一个电机，作为转向的辅助动力。转向系统电机从车辆电源系统获取电能，无论发动机是否运转，均能提供转向助力，可以根据车速和驾驶条件自动调整助力大小，提供更加精准和舒适的转向体验。图 1－14 所示是电动助力转向系统示意图。

为提高汽车转向时的操纵稳定性和机动性，较理想的方案是采用四轮转向系统，而对于采用轮毂式电机分散驱动的纯电动汽车，由于电机控制响应转速的提高，可更容易地实现四轮电子差速转向控制。另外，为配合转弯时左右两侧车轮有相应的差速要求，还需同时控制电子差速器协调工作。

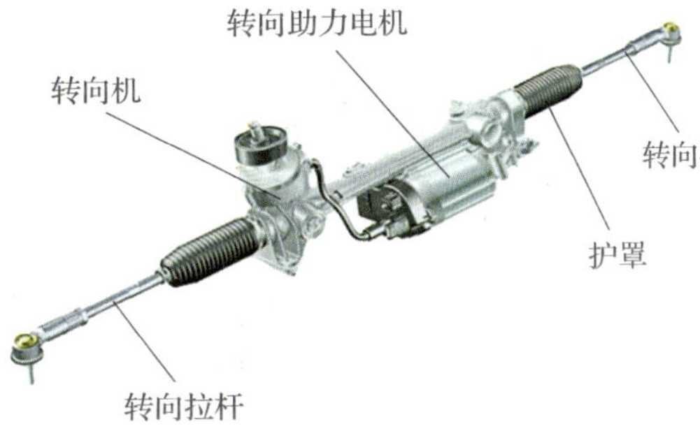

图 1－14　电动助力转向系统示意图

（四）制动系统

新能源汽车的液压制动系统与传统燃油汽车的基本结构区别不大，主要区别是纯电动汽车液压制动的辅助助力不再来自发动机，通常需要单独设计一个电动真空系统来为真空助力器提供真空源。同时，新能源汽车通常配备有再生制动系统，该系统可以在减速或制动时回收动能，将其转换为电能并储存到电池中，这不仅提高了能源利用率，还减少了对传统摩擦制动系统的依赖。在非紧急制动情况下，新能源汽车可能优先使用电气制动，即通过电机产生反向力矩来减速，这有助于减少机械制动系统的磨损。图 1－15 所示是新能源汽车液压制动系统结构。

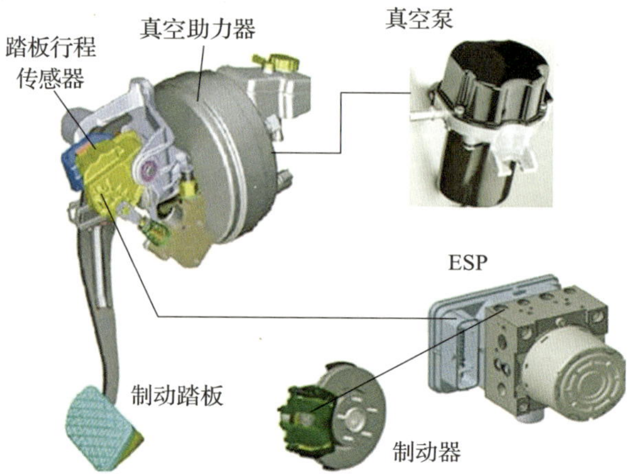

图 1－15　新能源汽车液压制动系统结构

一般来说，纯电动汽车的制动系统设计更加注重能量回收和智能化控制，而传统燃油汽车则更侧重于机械制动系统的效率和可靠性。比亚迪智能集成制动系统（Integrated Power Brake，IPB）是一种先进的制动技术，可以理解为以电机作为驱动单元的制动系统，替代目前传统燃油汽车和大多数新能源汽车使用的由真空泵、储气罐、制动总泵构成的带有助力的制动系统。IPB 是将电机（动力源）、阀体（分配源）、电脑（控制源）、制动总泵（执行机构）和储液罐（能量载体）集成构成一个“电液一体化”的制动力发生、分配、传递总成，如图 1－16 所示。

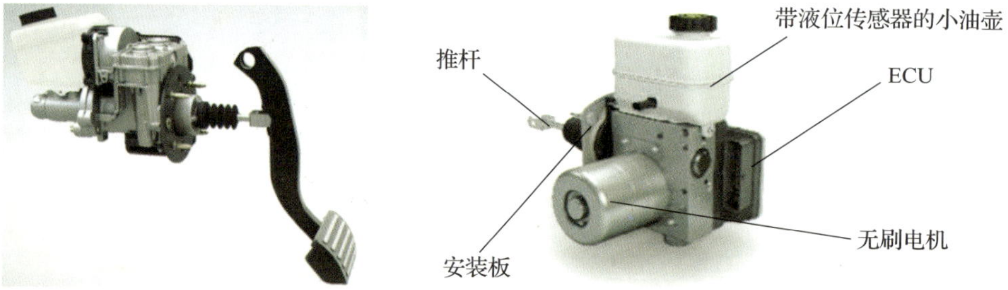

（a）IPB智能集成制动系统组成　　（b）IPB模块

图 1－16　比亚迪 IPB 智能集成制动系统

该系统由比亚迪与博世合作研发，比亚迪汉是首款搭载该系统的新能源量产车。智能集成制动系统的主要特点有：

（1）高度集成化：IPB 是一个线控液压制动系统，与传统制动系统相比，它的体积更小，性能更强。

（2）快速响应：IPB 去除了真空泵，实现“按需”为车辆制动提供助力，用电机取代了传统的机械阀驱动活塞来供给压力，从而实现更快的制动响应和更短的制动距离。

（3）性能提升：比亚迪汉的 ESP（Electronic Stability Program，车身电子稳定系统）响应时间从 600ms 缩短至 150ms，实现了近 4 倍的性能提升。

（4）CST 舒适停车控制系统：在 IPB 的基础上研发的 CST 舒适停车控制系统，可以自动、智能地调节制动力，有效解决了汽车因动能回收系统对车辆舒适性造成的影响，避免刹车时出现“点头”现象。

（5）dTCS 分布式牵引力控制系统：基于 IPB，比亚迪推出了 dTCS 分布式牵引力控制系统，提升了电机扭矩响应速度，减少了用户加速的顿挫感，并提升了系统控制效率和车辆安全性。

（6）能量回收率提高：IPB 与车辆的驱动系统协同工作，在制动时先利用电机进行能量回收，将动能转化为电能储存，提升了能量回收率。

（7）安全性提升：IPB 可以更快速、更精确地产生制动力，在 AEB 自动紧急制动功能触发时，提供最大制动力的时间大大缩短。

（8）舒适性与续航并存：CST 舒适停车控制系统在保证制动安全的同时，提供平顺、舒适的体验，同时由于能量回收率的提高，也带来了更长的续驶里程。

（9）智能化控制：IPB 通过电控方式，实现了制动系统的智能化控制，可以根据驾驶条件和驾驶人输入信号自动调整制动力。

（10）减轻重量与减小占用空间：IPB 集成了 ESP 系统，使得重量更轻，占用的车内空间更小。

三、车身

汽车车身主要由车身壳体、开启件（门、窗、行李舱和车顶盖等）、座椅、内外饰件和安全保护装置（保险杠、安全带、安全气囊等）等组成。与传统燃油汽车相比，纯电动汽车的车身具有一些独特的特点，主要体现在以下几个方面：

（1）结构灵活：纯电动汽车由于动力系统的不同，车身结构设计更为灵活。

（2）轻量化设计：为了提高能效和续驶里程，纯电动汽车往往采用轻量化材料，如铝合金、高强度钢材或复合材料。

（3）电池布局：电池作为纯电动汽车的主要能源，其布局对车辆性能有重要影响。电池通常布置在车辆底盘或车身结构中，以降低车辆重心并提供更好的稳定性，同时能够便于动力电池的充电维护与更换。

（4）空气动力学优化：为了减小空气阻力，提高能源效率，纯电动汽车的车身设计往往更加注重空气动力学性能。

（5）内部空间利用率高：由于没有内燃机和变速箱等部件，纯电动汽车的内部空间布局更为灵活，可以提供更多的乘客空间或储物空间。

（6）电气化系统集成：纯电动汽车的车身需要集成复杂的电气系统，包括电池管理系统、电动机控制器等，这要求车身设计考虑到电气布线和组件的集成。

这些特点使纯电动汽车在设计和功能上与传统燃油汽车有所不同，更好地适应新能源汽车的特定需求。

任务二　其他新能源汽车

学习目标

知识目标：

1. 掌握混合动力汽车的概念及分类；
2. 了解燃料电池电动汽车、燃气汽车、生物醇类汽车、太阳能汽车的特点。

能力目标：

1. 能识别混合动力汽车的结构及类型；
2. 能正确描述混合动力汽车的特点；
3. 能正确说明几种常见的新能源汽车类型。

素养目标：

1. 具备从多途径信息源中检索专业知识的能力；
2. 积极主动与小组成员交流、讨论学习成果，取长补短，完成自我提升。

任务导入

随着科技的不断进步和人们环境保护意识的日益增强，新能源汽车在汽车工业发展中占据着重要地位。小明在一家4S店实习，除了见到了纯电动汽车，还看到了不同类型的混合动力汽车，那么新能源汽车还有哪些类型呢？

知识框架

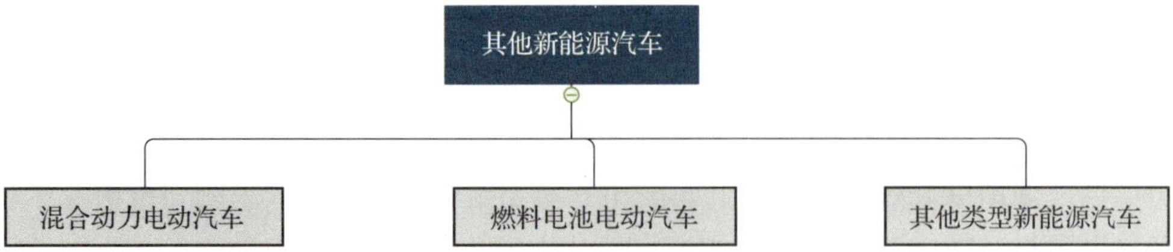

知识介绍

一、混合动力电动汽车

（一）混合动力电动汽车的概念

从广义上讲，混合动力电动汽车（HEV）又称混合动力汽车，是指至少有两种动力源，靠其中一种或多种动力源提供部分或者全部动力的车辆。混合动力汽车通常是指油、电类型的混合动力汽车，即发动机与动力电池、电机的驱动混合。混合动力汽车介于传统燃油汽车与纯电动汽车之间，是两种动力汽车的中间产物。与纯电动汽车相比，混合动力汽车配置有发动机；与传统燃油汽车相比，混合动力汽车又新增有动力电池和电机，如图 1－17 所示。

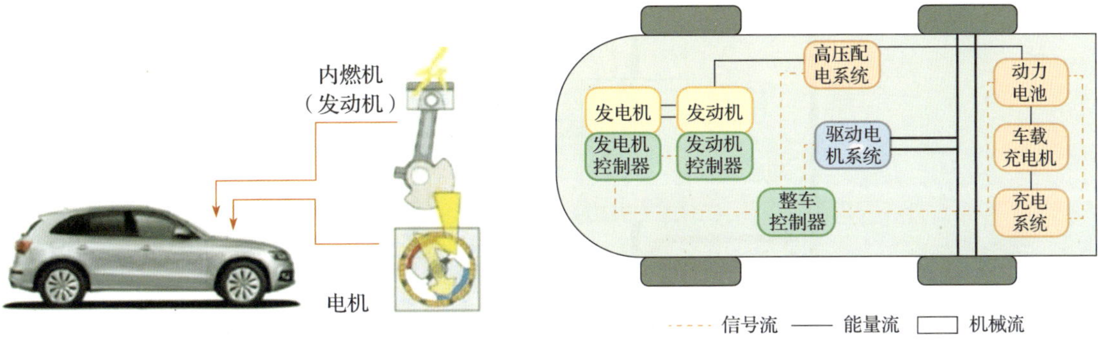

图 1－17　混合动力电动汽车结构图

混合动力电动汽车的优点主要有：

（1）可按平均需用的功率来确定内燃机的最大功率，在油耗低、污染少的最优工况下工作。当需要大功率而内燃机功率不足时，由动力电池来补充；当负荷小时，富余的功率可通过发电机给动力电池充电，由于内燃机可持续工作，动力电池又可以不断得到充电。

（2）可以通过动力电池回收制动、下坡和怠速时的能量。

（3）低速行驶时可关停内燃机，由动力电池单独驱动，实现零排放。

（4）有了内燃机可以更好地解决耗能大的制冷、取暖、除霜等纯电动汽车遇到的难题。

（5）可让动力电池持续保持在良好的工作状态，避免过充、过放，延长使用寿命，降低成本。

混合动力电动汽车的缺点主要体现在：长距离高速行驶基本不能省油，仍无法摆脱石油依赖，价格偏高，动力性相对不足，等等。

（二）混合动力电动汽车的类型

1. 按照驱动系统连接方式分类

按照驱动系统连接方式分类，混合动力驱动系统可分为串联式混合动力驱动系统、并联式混合动力驱动系统和混联式混合动力驱动系统。

（1）串联式混合动力驱动系统。

在串联式混合动力设计中，车辆的驱动仅仅是由驱动电机来单独完成的，动力电池由外部电源和内燃机进行充电。串联式混合动力车辆运行时，发动机带动发电机工作，发电机输出的电能通过逆变器提供给驱动电机来驱动车辆，或者为车辆动力电池充电，如图 1－18 所示。

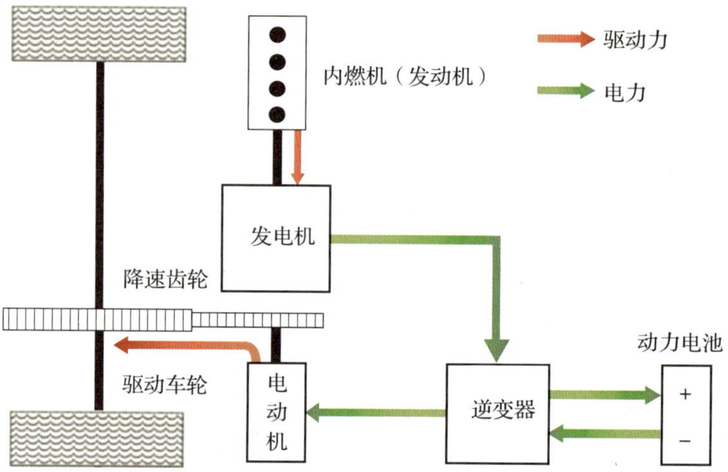

图 1－18 串联式混合动力驱动系统

该驱动系统的特点为：

①发动机不直接参与驱动汽车，仅用于为动力电池充电。

②动力电池获取电能的主要途径有发动机输出的能量和制动能量回收的电能。

优点：发动机与驱动车轮之间没有机械连接，发动机能够持续在最佳的速度和负荷下运行；同时车辆也取消了离合器等部件，结构大大简化，易于控制；更接近纯电动汽车，以电动力为主，大大减少了尾气排放。

缺点：车辆仅靠电机驱动，因此必须设计有较高功率的驱动电机来满足车辆爬坡、急加速等大负荷运行工况的动力需求，这也导致发动机和动力电池的质量增加，从而导致整车质量增加；“发动机→发电机→电动机”系统是“机械能→电能→机械能”的能量转换，这必然导致能量损耗。

（2）并联式混合动力驱动系统。

在并联式混合动力设计中，车辆的驱动是由发动机和驱动电机组合完成的，系统能仅靠其中一种能量驱动车辆，也支持发动机和驱动电机同时驱动车辆。在驱动车辆时，大多数情况下，驱动电机辅助发动机运行，如图 1－19 所示。

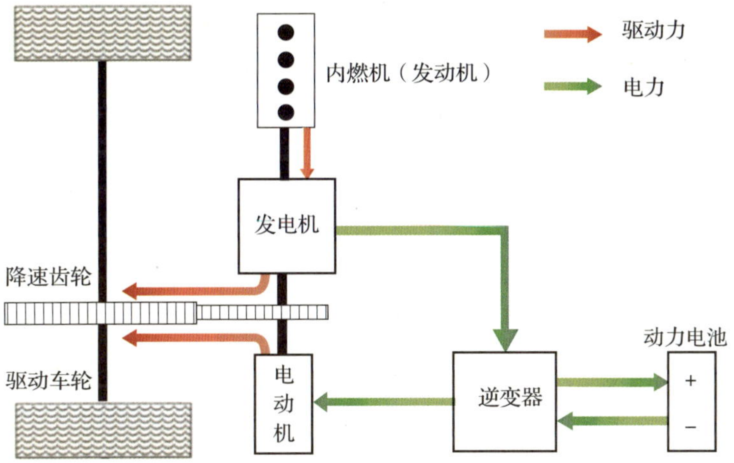

图 1－19　并联式混合动力驱动系统

该系统的特点为：

①发动机和驱动电机可以单独或者共同驱动车辆行驶。

②没有单独设计发电机，在没有外部充电或辅助电源的情况下，动力电池获取电能的唯一途径是驱动电机的能量回收。

优点：采用了一个或多个电机辅助发动机，使发动机可以设计得更小，使发动机工作在高效率状态下；发动机和电机可以直接驱动车辆，减少了能量在传递过程中的损耗。

缺点：并联式结构布置形式和传统燃油汽车类似，动力性也非常接近；由于只有一个电机，没有独立的发电机，无法实现混合驱动模式下给动力电池充电。

（3）混联式混合动力驱动系统。

混联式（串并联式）混合动力驱动系统，可以最大限度地发挥串联式和并联式各自的优点，如汽车行驶中，系统可以通过动力分配装置实现由驱动电机驱动汽车，同时由发动机带动发电机发电，如图 1－20 所示。

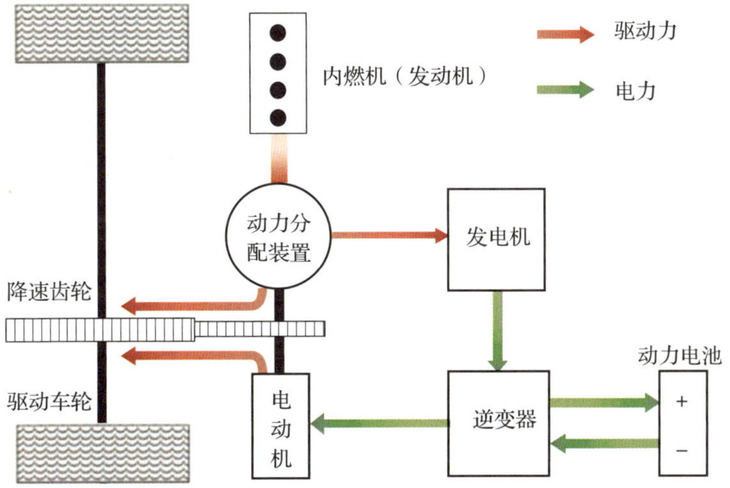

图 1－20　混联式混合动力驱动系统

该系统的特点为：

①将串联式和并联式结构相结合，同时具备两者的优点。

②与串联式结构相比，增加了机械动力的传递路线；与并联式结构相比，增加了电能的传输路线。

优点：结构更加紧凑，在拥有更高总功率的同时，还减小了整体的质量和体积；拥有多种工作模式，可以灵活利用发动机和电动机的特性，使车辆达到最经济、节能、环保的状态；没有繁复的能量转换过程，发动机可以直接驱动车辆，也可以直接为动力电池充电，能量转换的综合效率比传统燃油汽车更高。

缺点：需要配备两套驱动系统，发动机需要一套完整的传动系统，电动机也需配备减速器，两者之间需要一套高效可靠的动力合成装置，总体结构复杂，需要较高的技术积累和研发投入；对整车控制系统要求高，需要更复杂的系统和逻辑完成多工作模式的控制。

2. 按照混合程度分类

按照混合动力驱动系统中电机输出功率在整个系统输出功率中所占的比重（即混合程度）分类，混合动力驱动系统可分为轻混合动力驱动系统、中混合动力驱动系统和重混合动力驱动系统。

（1）轻混合动力驱动系统。

轻混合动力驱动系统采用了集成起动电机系统，与发动机通过曲轴带轮连接，不能直接驱动车辆行驶，可实现发动机的起停，还可实现在减速和制动工况下的能量回收，在行驶过程中与发动机等速运转，发动机产生的能量可以在车轮驱动需求和充电需求之间进行调节，一般采用48V 蓄电池组，如图 1－21 所示。

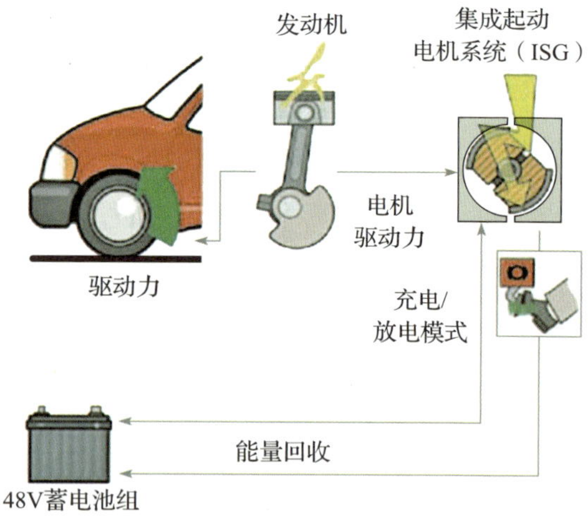

图 1－21　轻混合动力驱动系统

（2）中混合动力驱动系统。

中混合动力驱动系统的混合度在 30% 左右，与轻混合动力驱动系统不同之处在于，中混合动力驱动系统采用的是高压动力电池和电机。在车辆加速或大负荷工况下，电机能够辅助发动机驱动车辆，补充发动机本身动力输出的不足，提高整车性能。但该系统无法完全脱离发动机单独靠电机驱动，如图 1－22 所示。

（3）重混合动力驱动系统。

重混合动力驱动系统也称为强混，混合度在 50% 左右，特点为其动力驱动系统是以发动机为基础动力，以动力电池为辅助动力，采用的电机功率更高，完全可以满足车辆在起步和低速时的动力要求。重混合动力汽车在低速时就像一款纯电动汽车一样，支持纯电动模式。在急加速和爬坡运行工况下车辆需要较大的驱动力时，驱动电机和发动机同时对车辆提供动力，如图 1－23 所示。

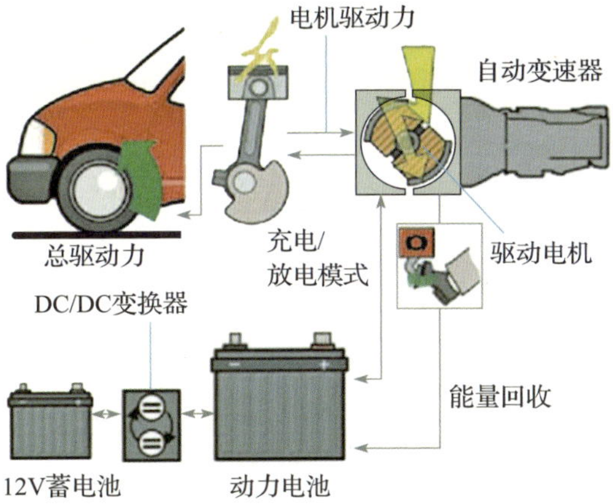

图 1－22　中混合动力驱动系统

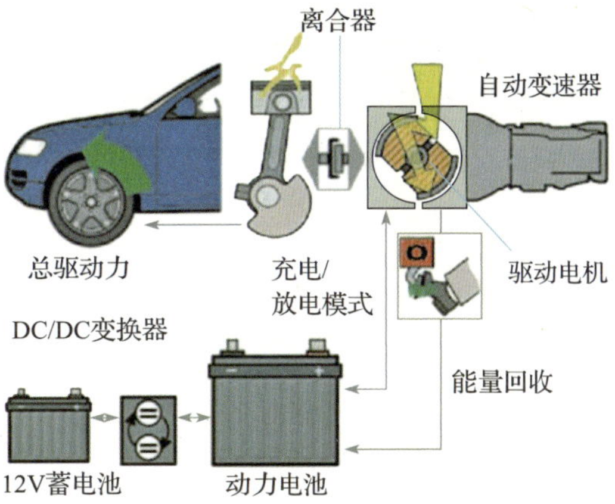

图 1－23　重混合动力驱动系统

3. 按照外接充电能力分类

按照外接充电能力分类，混合动力电动汽车分为可外接充电式混合动力电动汽车和不可外接充电式混合动力电动汽车。其中，常见的插电式混合动力电动汽车（Plug-in Hybrid Electric Vehicle，PHEV）属于可外接充电式混合动力汽车。

插电式混合动力电动汽车是一种将纯电动系统和现有燃油动力系统相结合的产物。车辆带有外接插入式充电系统，因此可以单独利用电机行驶较长距离，将内燃机的工作比例进一步缩小，提供更好的节油比例（但会消耗一定的电能）。同时，插电式混合动力电动汽车还解决了目前纯电动汽车续驶里程短的问题。不可外接充电式混合动力汽车的电能仅来自发动机和能量回收。

（三）自主品牌混合动力系统

各汽车制造商的混合动力系统技术各具特色，下面将重点介绍比亚迪、吉利、奇瑞、长城、长安以及理想等几家国内自主品牌在混合动力系统技术领域的研发成果，如表 1－2 所示。

表 1－2　几家国内自主品牌在混合动力系统技术领域的研发成果

品牌	比亚迪	吉利	奇瑞	长城	长安	理想
混合动力系统名称	DM-i 混合动力系统	雷神智擎 Hi · X 混合动力系统	鲲鹏混合动力架构	柠檬混合动力 DHT	蓝鲸 i-DD 混合动力系统	1.5T 增程混动系统
混合动力结构	混联结构	并联结构	混联结构	混联结构	并联结构	串联结构
结构特点	以电为主，发动机为辅，发动机可直驱	全速域并联	前桥发动机＋混合动力构型，可配有 P4 电机	双电机混联混动，配两挡变速器	P2 串联架构，电机放在发动机和离合器之间	1.5T 增程器＋双电机四驱
变速器	单挡直驱	3 挡 DHT	1 挡 DHT	2 挡 DHT	蓝鲸 6 速混合动力变速器	单速变速箱

续表

发动机最大热效率	43.04%	43.32%	45%	45%	45%	40.5%
发动机最大功率 /kW	102	110	187	115	125	113
发动机峰值扭矩 / N · m	231	225	390	235	260	53
电机最大功率 /kW	160	100	150	130	85	前电机 130 后电机 170
电机峰值扭矩 /N · m	325	320	310	300	330	前电机 220 后电机 309
电池容量 /（kW · h）	8.3 ～ 21.5	—	19.43	13 ～ 45	30.74	36.8
纯电续航 /km	51 ～ 120	—	100	110 ～ 204	130	212
亏电 /（L/100km）	3.8	3.6	小于 5	4.4	5	6.9
满油满电综合续驶里程 /km	1 200	1 279	1 000	1 000	1 100	1 390

1. 比亚迪 DM-i 混合动力系统

从农家子弟到汽车大王

比亚迪的 DM-i 混合动力系统包括以下关键组件：专用高效发动机、EHS 电混系统、刀片电池和综合控制系统。该系统以电力驱动为核心，整车的驱动策略主要依赖电机的输出。比亚迪 DM-i 混合动力系统的工作模式有以下四种：

（1）EV 纯电模式：起步或中低速行驶时，发动机不起动，由驱动电机单独驱动车辆以纯电模式行驶，充分发挥驱动电机大转矩、高效率、低噪声的优势。

（2）HEV 串联模式：中高速行驶时，发动机工作在最经济转速区间，带动发电机进行发电，电能驱动电机，维持电量平衡。当发电机供电不足时，由动力电池向驱动电机补充电能；当发电机供电充足时，额外的电能向动力电池充电。

（3）HEV 并联模式：高速行驶或高功率输出时，发动机与驱动电机共同驱动车辆。

（4）发动机驱动模式：高速巡航时，离合器接合，发动机直接驱动车辆，并运行在最经济的转速区间，以实现最佳的燃油效率。

比亚迪宣称，基于这套混合动力系统，车辆在百公里行程中的油耗仅为 3.8L，突显了其在节能方面的卓越性能。这些工作模式的综合运用，旨在为驾驶人提供高效、环保的驾驶体验。

2. 吉利雷神智擎 Hi · X 混合动力系统

吉利汽车推出的雷神智擎 Hi · X 混合动力系统，是一项集成了多项先进技术的创新成果。该系统涵盖了 1.5T 和 2.0T 两款专为混合动力应用而设计的高效发动机，以及 DHT 和 DHT Pro（具备三个挡位的变速器）两款混合动力专用变速器。该动力系统设计巧妙，不仅支持 A0 级至 C 级车型的全面覆盖，而且兼容了包括混合动力电动汽车、插电式混合动力电动汽车和增程式混合动力电动汽车在内的多种混合动力技术。

值得一提的是，1.5T 混合动力专用发动机的热效率达到了业界领先的 43.32%，这在提升燃油经济性方面具有显著优势。据测试，该发动机在标准工况下的百公里油耗约为 3.6L，展现了卓越的节能性能。作为雷神智擎 Hi · X 混合动力系统的另一大核心组件，DHT Pro 混合动力专用变速器是全球首款量产的三挡变速器，以其轻巧的质量和高转矩承受能力而著称。该变速器不仅优化了动力传递效率，还具备混合动力系统的 FOTA（Firmware Over-the-Air，通过无线网络进行固件升级）功能，这意味着车辆的动力系统可以通过远程升级，不断优化性能，提升用户体验。

雷神智擎 Hi · X 混合动力系统通过其先进的动力系统设计，不仅满足了市场对于节能环保和驾驶性能的双重需求，同时也体现了吉利汽车在混合动力技术领域的深厚积累和创新能力。

3. 奇瑞鲲鹏混合动力架构

奇瑞汽车的鲲鹏混合动力架构，以其卓越的技术优势，引领了混合动力技术的新潮流。该架构采用了先进的混联式变速器 DHT，集成了"3 擎 3 挡 9 模 1 速"的技术特点，具有"强动力、超平顺、长续航、极省油"的四大核心优势。

具体而言，"3 擎"指的是三种动力源的智能组合，包括发动机、电动机及发电机，它们协同工作，根据不同的驾驶条件智能调节动力输出，实现最佳的性能和效率；"3 挡"则是指该架构拥有三个超高效率的物理挡位，该设计大幅扩展了车辆的适应工况，无论是城市拥堵、高速公路巡航还是急加速、超车，都能提供合适的动力响应和燃油经济性；"9 模"是指涵盖了 9 种工作模式，实现了对全场景的覆盖，这些模式包括单电机驱动、双电机驱动、增程模式、并联模式、发动机直驱模式，以及单电机能量回收、双电机能量回收、行车充电和驻车充电等，确保了车辆在各种路况下都能以最高效的方式行驶；"1 速"代表了该架构能够根据驾驶人的意图和路况，智能切换起步、中低速行驶、高架桥行驶、超车等多种驾驶场景，提供平顺且连贯的驾驶体验。

奇瑞鲲鹏混合动力架构以其创新的技术理念和全面的性能优势，不仅满足了市场对高效、节能、环保的需求，也展现了奇瑞汽车在混合动力技术领域的领先地位和深厚实力。

4. 长城柠檬混合动力 DHT

长城汽车的柠檬混合动力 DHT 技术，以其创新的设计理念和技术架构，在混合动力领域展现了强大的竞争力。该技术采用了双电机混联拓扑结构，赋予了系统多样化的工作模式，包括纯电驱动、混联驱动、串联驱动以及能量回收等，以适应不同的驾驶需求和路况。

在动力架构方面，柠檬混合动力 DHT 系统分为两种类型：HEV（混合动力电动汽车）和 PHEV（插电式混合动力电动汽车），以满足不同用户群体的特定需求。HEV 车型以其平顺的驾驶体验和优化的燃油效率为特点，而 PHEV 车型则提供了更长的纯电续航和更高的加速性能。柠檬混合动力 DHT 系统的独特之处在于其高度集成的设计，该系统融合了发动机、变速器、双电机及控制器等多个关键组件。这种集成化设计不仅提升了系统的紧凑性和轻量化，而且通过精密的控制策略，实现了各个组件之间的高效协同工作。

值得一提的是，该系统在发动机直驱模式下，创新性地采用了两挡发动机直驱技术。这一首创技术使车辆在全速域范围内都能实现最高效率和最强动力输出。在低速行驶时，该系统能够提供足够的扭矩，以保证车辆的加速性能；而在高速行驶时，该系统则能够保持发动机在最佳工作状态，优化燃油消耗，实现长途驾驶的经济性和动力性。

总体来看，长城柠檬混合动力 DHT 技术以其卓越的技术特点和综合性能，提供高效、节能、动力强劲的驾驶体验。

5. 长安蓝鲸 i-DD 混合动力系统

长安汽车的蓝鲸 i-DD 混合动力系统，以其全面而先进的技术配置，被誉为全域混合动力解决方案的典范。该系统整合了一系列高性能组件，包括动力强劲的蓝鲸发动机、高效率的蓝鲸电驱变速器、大容量的动力电池，以及高度智能化的控制系统。这些组件的协同工作，不仅确保了车辆在不同驾驶条件下的卓越性能，同时也实现了能源效率的最优化。

蓝鲸 i-DD 混合动力系统的设计宗旨是提供多样化的混合动力技术方案，涵盖了从 48V 轻混到 HEV、PHEV，乃至 REEV（增程式混合动力电动汽车）的全方位技术布局。该系统展现了极高的灵活性和适应性，能够以平台化的方式，广泛应用于 A 级至 C 级的所有车型，满足不同细分市场的需求。

在具体的技术实现上，蓝鲸 i-DD 混合动力系统集成了 HEV 智能驱动系统，能够在低速行驶时利用驱动电机提供动力，而在中高速行驶时由发动机介入，以实现最佳的能效比。与传统燃油汽车相比，该系统在同级别车型中能够实现高达 40% 的节油效果。

此外，蓝鲸 i-DD 混合动力系统还具备智能调节动能回收系统的能力，能够根据实时路况反馈，优化动能回收过程，为电驱系统补充更多电量。这一智能化的控制策略，不仅提升了能源利用效率，也为驾驶人带来了更加平顺和经济的驾驶体验。在综合路况下，蓝鲸 i-DD 混合动力技术的续航能力同样令人瞩目，得益于其高效的动力系统和大容量的动力电池，该技术最高可实现 1 100km 的续驶里程，充分满足了用户长途驾驶的需求。

长安汽车的蓝鲸 i-DD 混合动力系统以其全面的性能优势和智能化技术，不仅带来了高效、节能、环保的驾驶体验，也展现了长安汽车在混合动力技术领域的创新精神和领先地位。

6. 理想汽车 1.5T 增程混动系统

理想汽车 1.5T 增程混动系统被誉为高效能混合动力解决方案的标杆。该系统包括高效能 1.5T 增程器、电驱变速器、大容量的电池组，以及智能化的能源管理系统，确保了车辆在各种驾驶条件下都能提供出色的动力性能和优化的能源效率。

在技术实现方面，理想汽车 1.5T 增程混动系统集成了智能驱动技术，能够在低速行驶时主要依靠电机提供动力，实现零排放和高扭矩输出，而在中高速行驶时，由增程器介入，为电池组充电，确保持续的电力供应和优异的续航能力。与传统燃油汽车相比，该系统在同级别车型中能够实现显著的节油效果。在续航能力方面，理想汽车的增程混动技术同样表现出色。得益于高效的动力系统和大容量的电池组，该技术能够在综合路况下实现超过 1 000km 的续驶里程，充分满足用户长途驾驶的需求，同时减少了对传统加油站的依赖。

二、燃料电池电动汽车

燃料电池电动汽车（Fuel Cell Electric Vehicle，FCEV），是一种用车载燃料电池装置产生的电力作为动力的汽车。车载燃料电池装置所使用的燃料为高纯度氢气或含氢燃料经重整所得到的高含氢重整气。与纯电动汽车相比，燃料电池电动汽车所用的电力来自车载燃料电池装置，纯电动汽车所用的电力来自动力电池。因此，燃料电池电动汽车的关键是燃料电池。

（一）燃料电池概述

1. 燃料电池的结构与原理

燃料电池与普通电池的概念完全不同，被称为燃料电池只是因为在结构形式上与电池有某种类似，外观、特性像电池，如图 1－24 所示。

（a）燃料电池堆和控制单元

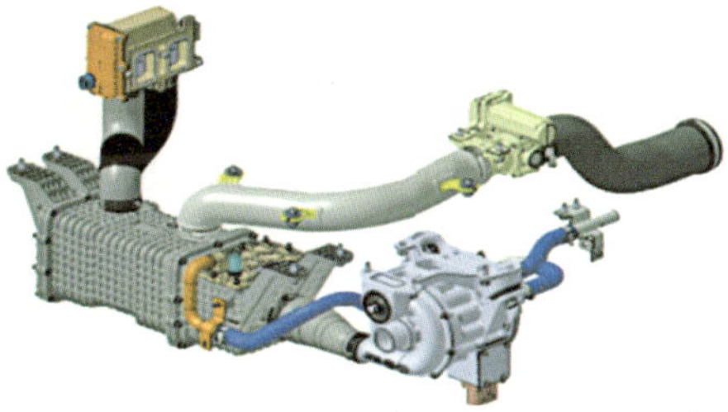

（b）空气处理系统

图 1－24　燃料电池

作为发电装置，燃料电池没有传统发电装置上的原电机驱动发电装置，而是一种能够持续通过发生在阳极和阴极的氧化还原反应将化学能转化为电能的能量装置。燃料电池与普通电池的区别在于，它工作时需要连续不断地向电池内输入燃料的氧化剂，只要持续供应，燃料电池就会不断提供电能。燃料电池的结构如图 1－25 所示。

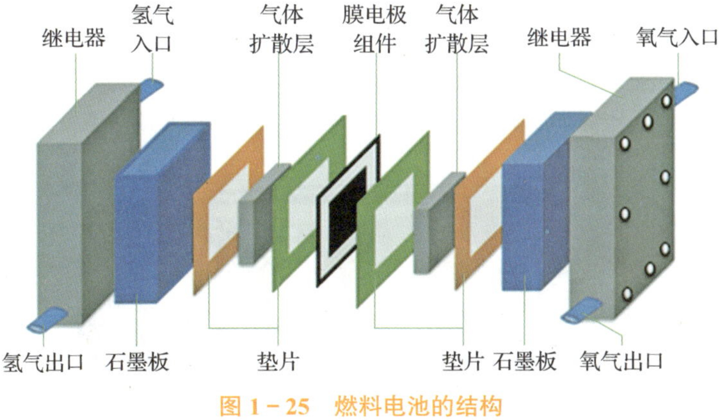

图 1－25　燃料电池的结构

2. 燃料电池的优缺点

燃料电池的优点主要有：

（1）高能效：燃料电池的能量转化效率较高，可达到 40% ～ 60%，远高于传统发动机。

（2）清洁环保：使用氢气或其他可再生燃料作为燃料，反应过程仅产生水和少量废热，无尾气排放和空气污染。

（3）可再生能源利用：可以使用氢气、天然气等多种可再生能源作为燃料，有助于减少对传统能源的依赖。

（4）静音运行：运行时噪音低，提供更为舒适的使用环境。

（5）燃料多样性：可以使用多种类型的燃料，如氢气、甲醇、天然气等。

（6）模块化设计：便于规模化生产和应用，可根据需求调整功率输出。

（7）快速响应：负载变化时能快速响应，适用于需要快速调整功率的场合。

燃料电池存在的问题主要有：

（1）成本问题：目前燃料电池的制造成本较高，包括材料、组件和系统的成本。

（2）技术成熟度：部分燃料电池技术尚未完全成熟，存在可靠性和耐久性不足的问题。

（3）基础设施不足：加氢站等基础设施建设不足，限制了燃料电池汽车的普及。

（4）燃料储存与分配挑战：尤其是氢气的储存和供应面临技术和安全性挑战。

（5）贵金属催化剂依赖：一些燃料电池技术使用如铂等贵金属作为催化剂，增加了成本。

（6）高温运行问题：如固体氧化物燃料电池需要在高温下运行，可能导致材料寿命缩短和起动时间更长。

（7）腐蚀和封接问题：在某些高温燃料电池中，存在腐蚀和封接的技术难题。

（二）燃料电池电动汽车的结构及工作原理

1. 燃料电池电动汽车的结构

丰田 Mirai 燃料电池电动汽车的结构如图 1－26 所示。燃料电池安装在前后排座椅之间的地板上，两个高压储氢罐安装在后排座椅下方，驱动电机及动力控制单元安装在前舱。

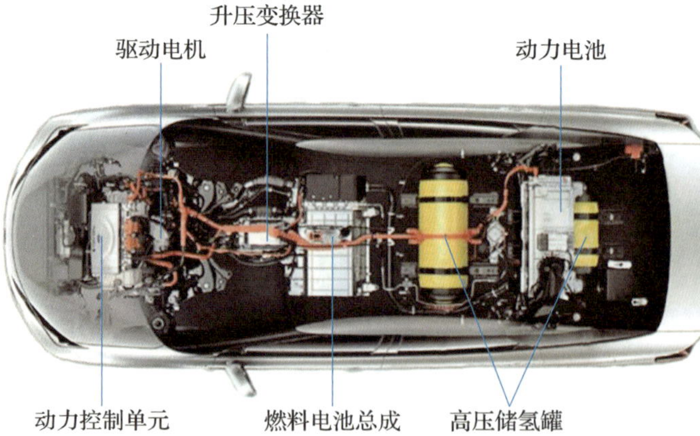

图 1－26　丰田 Mirai 燃料电池电动汽车的结构

（1）燃料电池总成。

燃料电池总成相当于一个小型发电厂，通过使用高压储氢罐内的氢气和空气中的氧气间的化学反应来发电。燃料电池总成外观如图 1－27 所示。燃料电池总成内部有 370 个电池单体，每个电池单体的电压小于 1V，通过串联电池单体提升燃料电池总成的输出电压。

（2）升压变换器。

升压变换器的作用是将燃料电池输出的高压电升压至 650V，使丰田 Mirai 燃料电池电动汽车可以使用丰田其他混合动力或纯电动汽车的驱动电机、逆变器等组件，进一步节省研发成本。升压变换器安装位置与外观如图 1－28 所示。

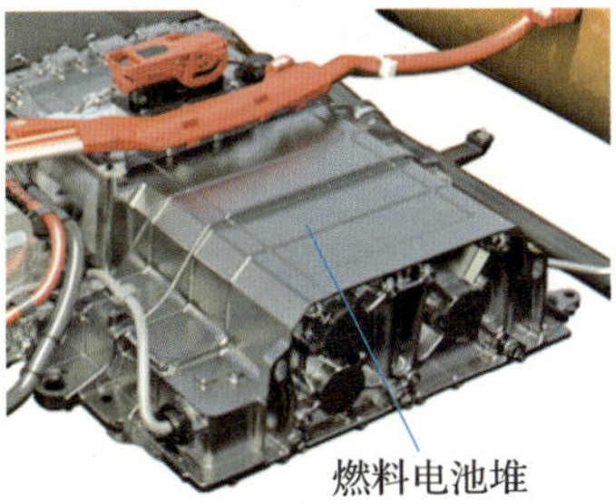

图 1－27　燃料电池总成外观

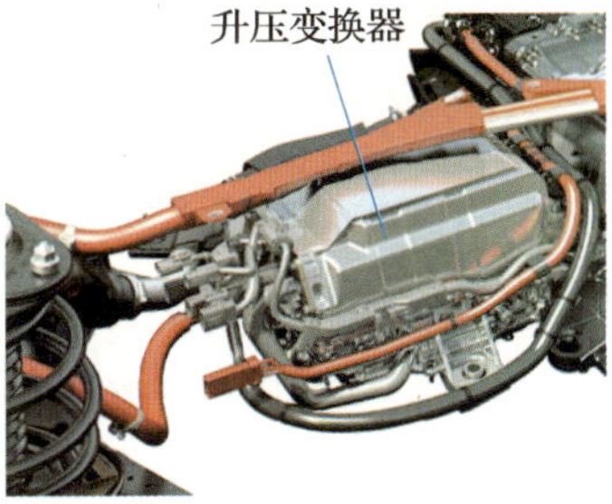

图 1－28　升压变换器安装位置与外观

（3）动力电池。

丰田 Mirai 燃料电池电动汽车的动力电池在必要时与燃料电池一起为驱动电机提供能量。动力电池的充电由燃料电池在整车控制器及动力电池管理器的协同作用下完成。动力电池与丰田其他混合动力车型相同，采用镍氢电池。

（4）驱动电机。

驱动电机将燃料电池或动力电池提供的电能转化为机械能，驱动车辆行驶。与大多数混合动力车型或纯电动车型相同，丰田 Mirai 燃料电池电动汽车也采用同步交流电机，安装在前舱。同步交流电机外观多样，但基本结构原理相同，剖视图如图 1－29 所示。

（5）动力控制单元（内含电机控制器）。

动力控制单元是丰田 Mirai 燃料电池电动汽车的“大脑”，由变换器、DC/DC 变换器等组成。

①变换器：将燃料电池或动力电池输出的直流高压电逆变为三相交流高压电，用以驱动电机。相反，在车辆减速时将电机产生的交流电转换为直流电，为动力电池充电。变换器采用双侧冷却方式，提高冷却效率，提高工作可靠性。

② DC/DC 变换器：将燃料电池或动力电池的直流高压电降低到 12V，为 12V 蓄电池充电，或提供整车低压用电设备用电。

（6）高压储氢罐。

高压储氢罐用来储存高压液态氢气，是车辆续驶的关键部位。丰田 Mirai 燃料电池电动汽车采用了三层结构的高压储氢罐（见图 1－30），增强了强度和耐久性，可储存大约 70MPa 的高压氢气。

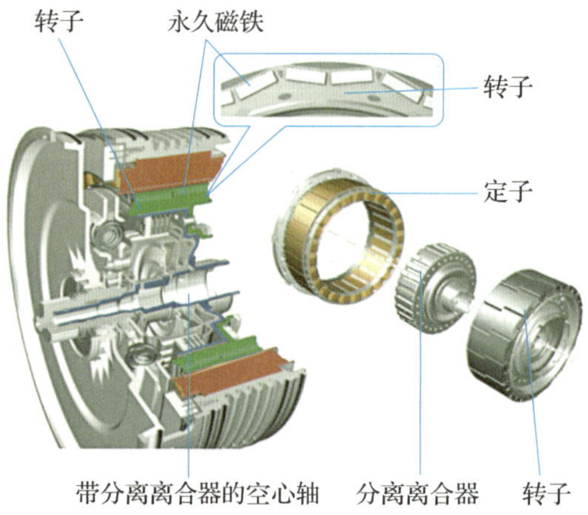

图 1－29　同步交流电机

图 1－30　高压储氢罐

2. 燃料电池电动汽车的工作原理

丰田 Mirai 燃料电池电动汽车的工作原理如图 1－31 所示。氢气与空气中的氧气通过燃料电池产生电能和水，电能驱动汽车行驶。当汽车起动和开始行驶时，动力电池处于电量饱满状态，其能量输出可以满足汽车起动要求，由其为驱动电机提供能量，并对燃料电池进行预热，燃料电池动力系统不需要工作；当动力电池电量低于一定值时，燃料电池动力系统起动，由燃料电池动力系统为驱动系统提供能量；当车辆能量需求较大时，燃料电池动力系统与动力电池同时为驱动系统提供能量；当车辆能量需求较小时，燃料电池动力系统为驱动系统提供能量的同时，还对动力电池进行充电；当汽车减速和制动时，进行能量回收，给动力电池充电。

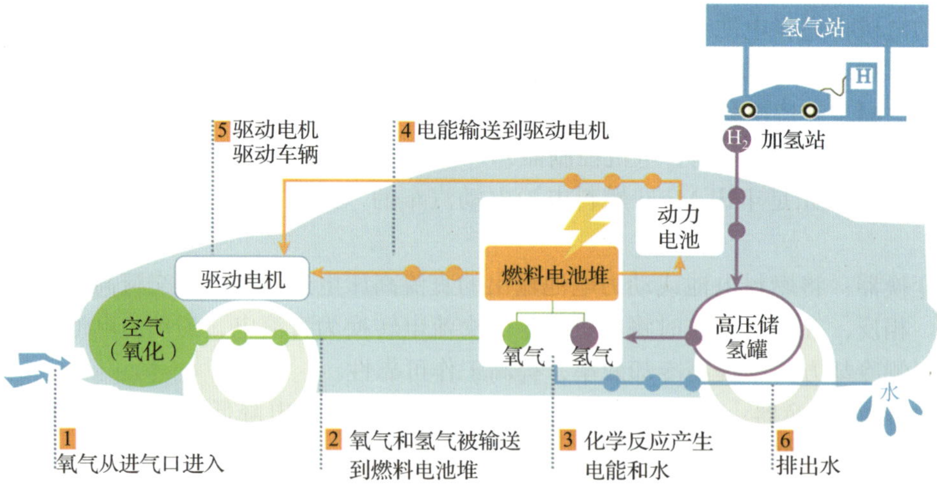

图 1－31　丰田 Mirai 燃料电池电动汽车的工作原理

3. 燃料电池电动汽车的优缺点

燃料电池电动汽车的优点主要有：

（1）能效高：燃料电池的工作过程是化学能转化为电能的过程，能量转化效率较高，可以达到 30% 以上。

（2）续驶里程长：采用燃料电池系统作为能量源，克服了纯电动汽车续驶里程短的缺点，长途行驶能力接近传统燃油汽车。

（3）绿色环保：燃料电池电动汽车使用氢气和氧气作为燃料，生成物主要是水，能做到零排放或者接近零排放，对环境友好。

（4）过载能力强：燃料电池除了在较宽的工作范围内具有较高的工作效率外，其短时过载能力可达到额定功率的 200% 甚至更大。

（5）低噪音：燃料电池属于静态能量转换装置，运行过程中噪音和振动都较小。

（6）燃料来源广泛：氢气可从多种途径获得，包括可再生能源，减少对石油燃料的依赖。

燃料电池电动汽车存在的问题主要有：

（1）技术成熟度和成本问题：燃料电池电动汽车的技术尚未完全成熟，且成本较高，这限制了其大规模推广。

（2）基础设施不足：缺乏足够的加氢站，限制了燃料电池汽车的实用性和普及。

（3）氢气储存和运输挑战：氢气具有低密度和易泄漏的特性，这使得其在储存和运输过程中存在一定的难度和风险。

（4）能量来源的环境影响：虽然燃料电池本身环保，但氢气的生产过程可能涉及化石燃料，从而带来环境问题。

三、其他类型新能源汽车

随着科技的发展，新能源汽车的形式越来越多样，其他新能源汽车主要有以天然气为主要能源的燃气汽车、以生物醇类为能源的生物醇类汽车以及以太阳能为能源的太阳能汽车。

目前，在我国以天然气和甲醇为燃料的清洁、节能汽车已得到广泛应用。天然气和甲醇同为理想的低污染车用燃料，排放的污染物和二氧化碳水平均较低。以天然气和甲醇为车用燃料的汽车在某些地区可以获得政策上的支持和补贴，但是否与新能源汽车享受同等待遇，可能因具体的地区政策而有所不同。

（一）燃气汽车

综合环保、价格等方面的因素，在气体代用燃料中，天然气（NG）、液化石油气（LPG）被认为是内燃机较理想的代用燃料。

天然气的主要成分是甲烷（一般为 83% ～ 99%）、少量其他烃类和 CO 等。天然气具有较高的辛烷值，抗爆燃性能好，与汽油相比，燃烧更充分。作为车用燃料，LPG 的主要成分是丙烷、丁烷、少量烯烃和戊烷，其辛烷值高，燃料费比汽油、柴油等便宜，CO、NO 等有害物排放量低于汽油机排放，基本无黑烟和颗粒物（PM），发动机工作噪音低。

燃气汽车如图 1 - 32 所示，其优势主要体现在：

（1）经济效益显著：天然气价格通常低于汽油或柴油，这可以显著降低运行成本。

（2）环保性能突出：与石油燃料相比，天然气在制备过程中的能量损失较小，排放的有害污染物也较少，是一种更理想的燃料。

（3）安全性高：燃气汽车的存储设备经过严格设计和检测，确保结实可靠。天然气比空气轻，泄漏时能迅速扩散，降低风险。

（4）燃料点燃平稳：使用天然气的汽车发动机不易产生爆振，冷热起动方便。

（5）清洁燃烧：天然气燃烧干净，不易形成积碳，有助于延长发动机使用寿命。

燃气汽车存在的问题主要有：

（1）动力性能问题：使用天然气的汽车在功率上通常比使用汽油的汽车低约 15%，这可能导致车辆动力不足，尤其在满载、爬坡或超车时。

（2）续驶里程短：由于天然气的能量密度低于汽油，相同体积的储气罐提供的续驶里程更短。

（3）加气站数量有限：天然气加气站在一些地区分布不广泛，给用户带来不便。

（4）改装质量和兼容性问题：许多燃气汽车是从汽油车改装而来的，可能存在改装质量和兼容性问题。

（5）起动困难和熄火问题：在某些情况下，天然气汽车可能存在起动困难或行驶中熄火的问题。

（6）资源匮乏：特别是在我国，天然气资源相对匮乏，需要大量进口，加上居民生活需求的增加，可能导致供应紧张。

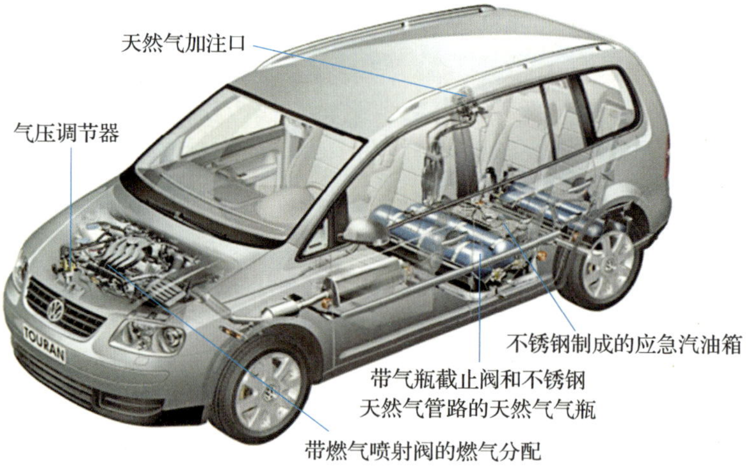

图 1－32　燃气汽车

（二）生物醇类汽车

作为生物醇类燃料，甲醇和乙醇具有辛烷值高、汽化潜热大、热值较低等特点。使用醇类燃料等代用燃料替代或部分替代传统汽油、柴油，不但燃烧清洁，同时由于汽化潜热大，可降低进气温度，提高发动机的充气效率，使最高燃烧温度降低，从而降低 NO_x 的排放，能够大幅降低常规有害物质的排放，具有良好的环保特性。因此在环保与新能源的双重压力下，醇类燃料发动机作为新型的汽车动力发展前景良好，商用车有可能成为甲醇汽车发展的重要突破口。

生物醇类汽车如图 1-33 所示，其优势主要体现在：

（1）节能减排：生物醇类燃料，特别是甲醇，燃烧效率高，排放清洁，产生的 PM2.5 排放物比同排量传统汽油车要低 80%。

（2）可再生性：生物醇类燃料可以从玉米、甘蔗、木薯或纤维素等多种原料中得到，具有可再生性。

（3）经济效益：生物醇类汽车的运行成本可能低于传统燃油汽车，因为生物醇类的价格通常低于汽油或柴油。

图 1-33 生物醇类汽车

（4）减少对石油的依赖：醇类燃料的广泛使用有助于减少对石油的依赖，提高能源安全性。

（5）技术成熟：我国生物醇类燃料产业经过多年发展，技术工艺成熟稳定，具备产业化示范条件。

（6）清洁燃料：生物醇类燃料燃烧产生的污染物较少，有助于改善空气质量。

生物醇类汽车存在的问题主要有：

（1）技术挑战：尽管生物醇类燃料具有多种优势，但在实际应用中可能面临技术难题，如醇类燃料的低温起动问题和对发动机材料的腐蚀性问题。

（2）基础设施建设：醇类燃料的普及需要相应的加注站和供应网络，目前这些基础设施可能不够完善。

（3）原料供应：虽然醇类燃料的原料来源广泛，但原料的供应和成本可能影响其大规模应用。

（4）生命周期碳排放：如果使用煤炭作为原料生产甲醇，可能在全生命周期内并没有显著减少碳排放。

（三）太阳能汽车

太阳能汽车，顾名思义就是靠太阳能驱动的汽车，太阳能电池的作用就是将太阳能转换为电能。这个定义其实包含两种太阳能汽车的类型：一种是以装在车身表面的太阳能电池所带的电能为驱动能源的汽车；另一种是通过装在车身外部的太阳能电池得到的电能为车载电池充电，再利用车载电池的电源作为驱动能源的汽车。

太阳能电池板用于收集太阳光和其他形式的光，并在内部建立起电场以产生电流。太阳能电池板根据行驶条件，既可将电流传送到电池，并储存起来，也可以直接输送到电机控制器，或者根据行驶工况，与电池一起为电机提供电能。

太阳能汽车如图 1-34 所示，其优势主要体现在：

（1）环保无污染：太阳能汽车使用太阳能作为动力源，不会产生尾气排放，有利于环境保护。

（2）可再生能源：太阳能是一种无限的可再生能源，使用太阳能汽车可以减少对化石燃料的依赖。

（3）降低运行成本：太阳能是免费的自然资源，一旦太阳能汽车的初始投资成本被覆盖，其运行成本相对较低。

（4）能源自给自足：太阳能汽车可以依靠自身的太阳能电池板充电，减少对外部电源的依赖。

太阳能汽车存在的问题主要有：

（1）能量转化效率低：目前太阳能电池板的光电转换效率有限，一般为 15% ～ 18%，这意味着需要较大的电池板面积来提供足够的能量。

（2）成本高：太阳能汽车的制造成本相对较高，特别是高性能的太阳能电池板和储能系统。

（3）天气和地理位置的限制：太阳能汽车的充电效率受天气和地理位置的影响，阴雨天或光照不足的地区将限制其性能。

（4）技术成熟度不够：太阳能汽车技术尚未完全成熟，需要进一步的研发和创新来提高性能和降低成本。

（5）续驶里程短和充电速度慢：由于太阳能发电的不稳定性，太阳能汽车可能无法提供与传统燃油汽车相媲美的续驶里程和充电速度。

（6）维护和耐久性问题：太阳能电池板可能需要定期清洁和维护，存在使用寿命限制。

图 1－34　太阳能汽车

项目小结

本项目包含两个任务：纯电动汽车结构认知和其他新能源汽车。需要掌握新能源汽车（纯电动汽车、混合动力电动汽车、燃料电池电动汽车等）的基本组成，了解燃气汽车、生物醇类汽车、太阳能汽车的特点，能够阐述新能源汽车与传统燃油汽车的异同点，了解新能源汽车发展的新技术、新方法。

项目二

新能源汽车高压系统与安全防护

任务一　新能源汽车高压安全防护

学习目标

知识目标：

1. 了解高压电对人体的伤害；
2. 掌握防护用具与绝缘工具的使用方法；
3. 掌握触电急救的操作要领。

能力目标：

1. 能正确识别防护用具、绝缘工具的类型和安全标识；
2. 能正确使用防护用具与绝缘工具；
3. 能进行心肺复苏和人工呼吸急救操作。

素养目标：

1. 操作过程中相互学习、团队合作，探索新鲜事物；
2. 通过对防护用品和绝缘工具的使用探索，提高自己的知识水平和实践能力。

任务导入

小王所在的4S店新招聘了一批新能源汽车维修学徒工，经理要求小王给新来的学徒工培训关于新能源汽车维修时如何做好防护、防护工具和绝缘工具的使用以及安全标识的知识。小王该如何设计这次的培训内容？

知识框架

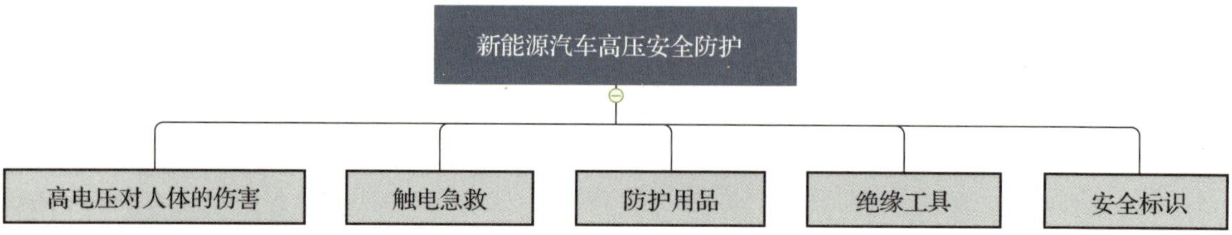

知识介绍

一、高电压对人体的伤害

（一）电压的安全级别

根据国家标准《电动汽车安全要求》（GB 18384—2020）中对人员触电防护的要求，考虑到空气的湿度和人体在不同工作环境下的电阻，根据不同电压等级可能对人体产生的伤害和危险程度不同，在新能源（电动）汽车中将车辆电压按照类型和数值分为两个安全级别，如表 2－1 所示。

表 2－1　电压等级　　（单位：V）

电压等级	工作电压 U	
	直流	交流（有效值）
A	$0<U\leqslant 60$	$0<U\leqslant 30$
B	$60<U\leqslant 1\,500$	$30<U\leqslant 1\,000$

注：A 级是较为安全的电压等级，该电压下的维护人员不需要采取特殊的防电保护；
B 级属于高电压等级，对人体会产生伤害，必须采取防护装备（绝缘）对维护人员进行保护。

（二）人体安全电压与致命电流

在日常生活中，我们通常认为安全电压是 36V（交流）以下，但最新的国标规定是直流 60V 以下，交流 30V 以下。

通常，当人体接触到 30V 以上的交流电或 60V 以上的直流电时，就有可能会发生触电事故。人体的触电并不是指接触到了很高的电压，而是因为过高的电压通过人体这个电阻后，会在人体中形成电流，从而导致对人体的伤害。因此必须注意的是，伤害人体的不是电压，而是电流。

人体的电阻会存在个体的差异性，不同个体的电阻都可能不一样；另外，人体所处的工作环境，也会导致人体的电阻发生变化。例如，在潮湿的夏天和干燥的冬天，人体表现的电阻就不一样，环境越潮湿，人体的电阻就会越小。此外，还需要注意的是，每个人对电流通过身体的反应也不一样，有一部分人可能能够承受更大的电流。

当电压高到一定值以后，会有相应的电流通过人体。通过人体的电流越大、时间越长，对人体的伤害也就越严重，如图 2-1 所示。如果有大约 1mA 的电流通过人体，就会产生麻木感；当电流达到 1 ～ 10mA 时，肌肉就会开始收缩并产生疼痛感；通过人体的电流超过 10mA 时，就达到了导出电流的极限，人体无法再导走电流，电流的滞留时间也相应增加。30 ～ 100mA 交流电的长时间滞留会导致呼吸停止以及心室纤维性颤动。通过人体的电流达到约 80mA 时，被认为是“致命值”。

需要注意的是，人体之所以能够导电，主要的原因是血液含有电解液成分。而人体的皮肤、肌肉也具有一定的导电能力。对于大多数人来说，整个身体的总电阻是很低的，特别是有主动脉的地方（胸腔部位和躯干），而最大的危险发生在电流通过人体心脏时刺激心脏产生的异常颤振。

假如一个人的电阻是 1 080Ω，接触到 220V 的直流电压，根据欧姆定律，通过人体的电流 $I=U/R=220\text{V}/1\,080\Omega\approx0.203\,7\text{A}$。也就是说通过人体的电流达到 203.7mA，这个电流值如果在心脏的滞留时间达到 10 ～ 15ms 就会致命！

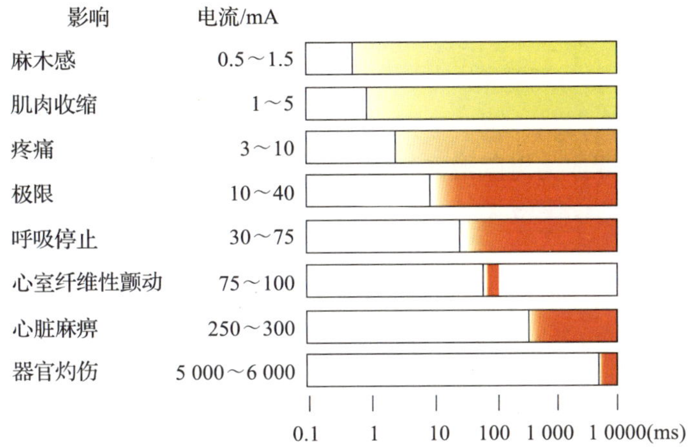

图 2－1　电流对人体的伤害

（三）交流与直流触电对人体的伤害

直流电与交流电都会对人体产生伤害，但是交流电对人体伤害的程度大约只有直流电的一半。直流电对人体的伤害比交流电要严重，因为直流电对电阻的瞬间冲击性明显高于交流电。但是，由于交流电存在 50Hz 的交变频率，其交变频率接近于人体的心脏跳动频率，一旦触电的话，因两者频率接近，交流电的频率加在人体上，导致心肌舒张跟随交流电频率，加上人体自身的心脏跳动频率，很容易导致心脏跳动紊乱，致使触电者出现心室颤动，血液得不到有效循环，最终导致其他器官缺氧死亡。因此，也有人认为交流电的危害更甚于直流电。

通常情况下，新能源汽车高压系统中的驱动电机由三相交流电压驱动。驱动电机的输出功率和转速由电压高低和频率大小控制。三相电机处于运转状态时，引发的电气事故相当危险。

如果电器设备的电压规格中注明了交流电压，则该电压指的是行业内通用的有效电压值。但是，实际的接触电压可能会高得多，这取决于交流电压的波形（频率和振幅）。

（四）高电压对人体的伤害形式

能够最终对人体产生伤害的是电流，电流对人体的伤害有以下几种形式：

1. 电击伤害

电击伤害是指电流通过人体，破坏人的心脏、肺及神经系统的正常功能。一般情况下，产生最多的伤害是电击伤害。电击对人体造成的伤害包括以下效应：

（1）电击效应。

当电流低于导通极限值时，会有相应的电击反应，从而容易因肢体不受控制和失去平衡而受伤。

（2）热效应。

电流导入导出点处会发生烧伤和焦化，也会发生内部烧伤，结果是导致肾脏负荷过大，甚至造成致命的伤害。

静态短路也会产生热效应，例如，拆装工具短路后急剧发热，会导致材料熔化，从而可能发生烧伤事故。

（3）化学效应。

人体的血液和细胞液成为电解液并被电解，结果会发生严重的中毒。中毒情况可能在几天后才能被发现，因此伤害极大。

（4）肌肉刺激效应。

所有的身体功能和人体肌肉运动都是由大脑通过神经系统的电刺激来控制的。如果通过人体的电流过高，肌肉开始抽搐，大脑再也无法控制肌肉组织。例如，握紧的拳头再也无法打开或者移动，甚至会“主动抓住”带电体。

如果电流经过了胸腔，肺部会产生痉挛（呼吸停止），心脏的跳动节奏会被中断（心室纤维化颤动，无法进行心脏的收缩与舒张运动）。

（5）由于短路引起火花。

电路短路后，金属熔化会产生飞溅的火花（如图 2－2 所示），飞溅出来的金属颗粒温度超过 5 000℃，可能引起烧伤并严重伤害眼睛。

（6）带电高压线路导通和断开时产生的弧光。

高压击穿空气产生弧光（如图 2－3 所示），光辐射可能造成电光性眼炎。

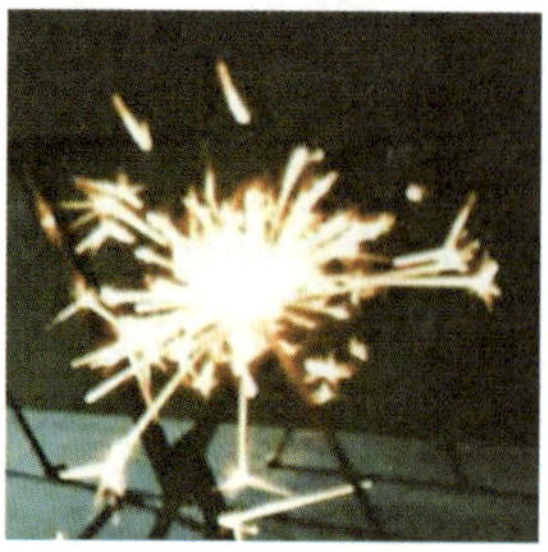

图 2－2　电火花

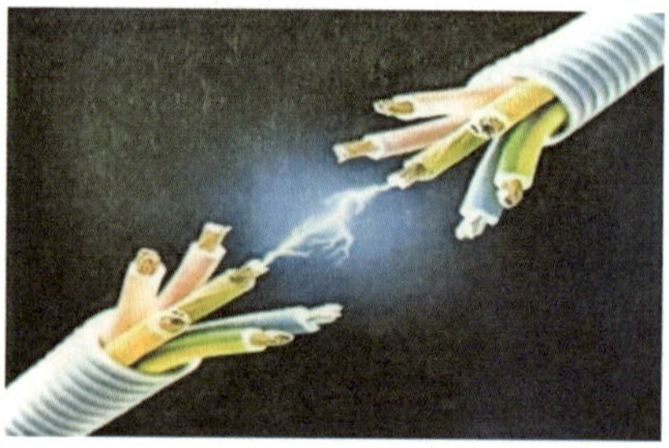

图 2－3　带电高压线路产生的弧光

2. 电伤伤害

电伤伤害是指电流的热效应、化学效应和机械效应对人体的伤害，主要指电弧烧伤、熔化金属溅出烫伤等。

3. 电磁场生理伤害

电磁场生理伤害是指在高频电磁场的作用下，人会出现头晕、乏力、记忆力减退、失眠、多梦等神经系统的症状。

此外，触电还容易因剧烈痉挛而摔倒，导致电流通过全身并造成摔伤、坠落等二次事故。

二、触电急救

新能源汽车的电气系统涉及的电压范围为 12 ～ 800V，研发、测试、生产和售后等环节都有可能发生触电伤害事故，所以，学习高压电气触电的急救知识十分必要。触电施救的步骤和措施如图 2－4 所示。

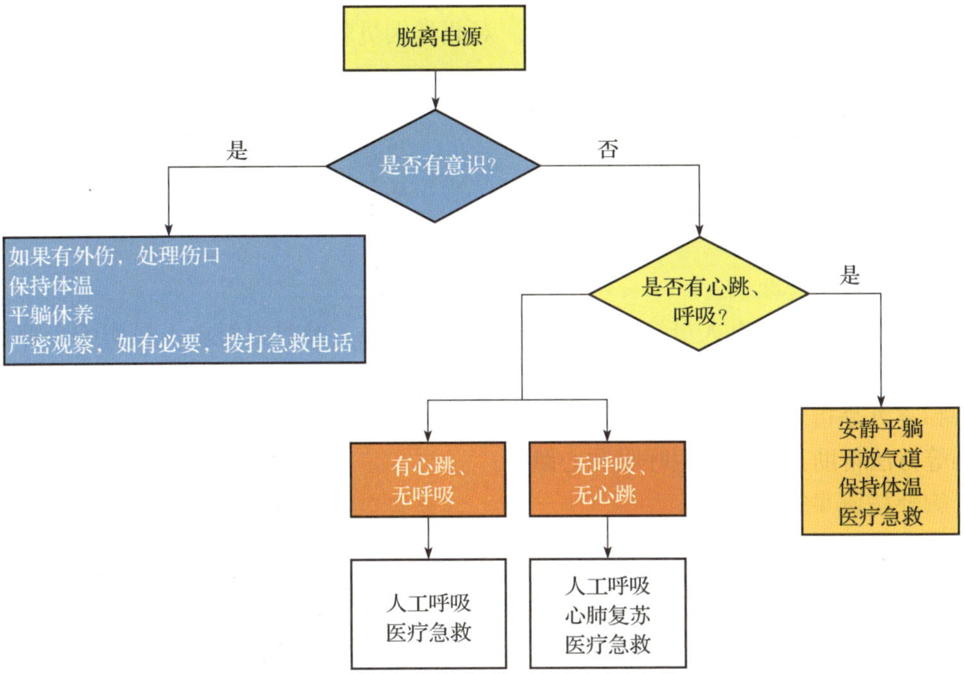

图 2－4　触电施救的步骤和措施

（一）触电解救

在发生触电事故后，援助触电受伤人员时首先要保证施救人员自身的安全。禁止用手直接触碰仍与电源相连的人员，正确的做法是立即将相关电气系统的电源关闭。在无法立即关闭电源的情况下，使用绝缘物体（橡胶棍、绝缘手套、干木棍等）把触电人员和事故电气设备分开，如图 2－5 所示。

在新能源汽车维护、维修和测试过程中发生触电事故时，需要使用绝缘勾，戴上绝缘手套将触电人员与电源分离。如果触电人员由于电流作用导致肌肉痉挛或者失去知觉等原因而紧抓带电体，使触电人员难以摆脱电源时，首要步骤是切断电源。

图 2－5　脱离电源

当解救触电人员脱离电源后，施救人员需要根据伤者的实际情况进行对症救护。研究表明，在人员触电后 1min 内进行有效的救治，救治率可达 90%；而超过 12min 开始进行救治，救治率基本为 0。

触电人员常见有 4 种症状，施救人员可以根据相应症状予以救治。

（1）四肢麻木，心慌乏力，神志清醒。对此类人员救治时，可将其放到清凉通风处，让其慢慢自然恢复。

（2）呼吸极其微弱或者停止，但有心跳。对此类人员救治时，需采用口对口人工呼吸法。

（3）有呼吸，但无心跳或心跳极微弱。对此类人员救治时，应采用胸外按压法来恢复其心跳。

（4）心跳、呼吸均停止。此类人员情况最为危险，抢救难度极大，应同时使用人工呼吸法和胸外按压法。

（二）心肺复苏

1. 心肺复苏实施要求

高压触电会造成触电人员短时间的呼吸和心跳骤停，及时对触电人员实施心肺复苏可以成功挽救大部分触电人员的生命。

心肺复苏是指对早期呼吸、心跳骤停者，通过采用口对口人工呼吸、胸外按压和心脏电除颤等方法帮助其恢复自主呼吸和心跳。

2. 胸外按压实施要求

对于心跳骤停者，应当立即实施胸外按压，以保持其人体器官的重要功能。

（1）将被救者平放于硬质平面上，被救者头、颈、躯干呈直线，仰面向上。

（2）按压胸骨中下 1/3 交界处或双乳头与前正中线交界处。

（3）施救人员按压时上半身前倾，双肩正对被救者胸骨上方，双手交叠，双臂绷直，以髋关节为按压接触点，借助上半身垂直向下的重力按压。每次抬起时，掌根不离开胸膛。

（4）胸外按压频率约 100 ～ 120 次 /min，每 2min 更换按压者，每次更换时间间隔小于 5s。

3. 开放气道与人工呼吸

开放气道前，检查被救者颈部外表有无创伤、口中有无异物。用一只手打开被救者下颌，另一只手食指呈钩状将异物勾出。清理完异物后，在手指缠上纱布清理被救者口中唾液等分泌物。

（1）仰头抬颌：用一只手压住被救者额头让其头部后仰，同时用另一只手将被救者下颌向上抬起，使下颌尖和耳垂连线与地面垂直。

（2）施救人员先深吸一口气，然后口对口对被救者用力吹气。吹气后，听有无回气声，如有回气声，即表示气道通畅，可再吹气。吹完一口气后，要放松被救者鼻孔，让其“呼”气。这样一口一口地有规律地吹入，频率保持在 16 ～ 20 次 /min。

（三）使用除颤仪救助

除颤仪（AED）是在极短暂的时间内给心脏通以强电流，消除心律失常，使心脏恢复窦性心律的一种器械。除颤仪可分为非同步型和同步型两种，非同步型除颤仪一般用于心室颤动和扑动，同步型除颤仪用于心房颤动和扑动、室上性及室性心动过速等。

出现严重的触电事故需用除颤仪对伤者进行抢救时，应按如下步骤：

（1）迅速检查除颤仪各部位按键、旋钮、电极板是否完好，电能是否充足。

（2）将被救者平卧于硬质平面上，开放静脉通道，充分暴露胸壁。

（3）迅速开启除颤仪，调试除颤仪，同时进行心电监护，检查被救者心律。

（4）体重在 10kg 以下的儿童用小儿电极板，其他情况用成人电极板。

（5）选择合适电极板并均匀涂抹导电胶，用生理盐水或清水纱布块清洁被救者除颤部位的皮肤，贴电极。贴负极处：左腋中线腋下三横指（心尖部）；贴正极处：右锁骨下胸骨右缘（心底部）。

（6）充电前嘱咐其他人员不得接触被救者以及与被救者相连接的仪器设备等以免触电，然后按下充电开关，屏幕显示到预定能量即为充满。充电完毕后，将两个电极板按电极板上图示位置放在被救者皮肤处，并施以适当压力使电极板与被救者皮肤接触完好，双手大拇指同时按下电极板上的放电键。

（7）除颤完毕，立即观察被救者心电图是否转复为窦性心律。如果心室颤动与扑动等持续出现，则表示复律失败，应重新充电，间隔一定时间后重复以上步骤。

（8）操作完成后，将能量开关恢复至零位。

正确并及时地使用除颤仪可以有效提高被救者存活率，据统计每早 1min 使用除颤仪，被救者的存活率可以提高大约 10%。

三、防护用品

新能源汽车涉及高压电，在维修过程中维修人员必须做好安全防护，才能防止被高压电击伤，从而保护自身以及车辆、设备的安全。常见的个人安全防护用具有绝缘手套、绝缘鞋、护目镜、安全帽、防护服等。

高压安全防护穿戴

（一）绝缘手套

绝缘手套是在高压电气设备上进行带电作业时，起绝缘作用的防护用具。

绝缘手套通常由天然或合成橡胶制成，其形状为立体手模分指式，每只手套上必须具有明显且持久的标记，包括带电作业标志符号（双三角形）、使用电压等级 / 类别、制造厂商、制造年月、执行标准等。

绝缘手套要求具有良好的电气性能、较高的力学性能，并具有柔软、良好的使用性能，每副手套都必须经过严格的检验与测试，确保符合 GB/T 17622—2008《带电作业用绝缘手套》的测试标准。

1. 绝缘手套的类型

在 GB/T 17622—2008《带电作业用绝缘手套》中，带电作业用绝缘手套按照其使用方法分为常规型绝缘手套和复合绝缘手套（见图 2 - 6）。常规型绝缘手套自身不具备机械保护性能，一般需要配合机械防护手套使用；复合绝缘手套自身具备机械保护性能，可以不用配合机械防护手套使用。汽车行业中用于维修或维护的绝缘手套一般为复合绝缘手套。

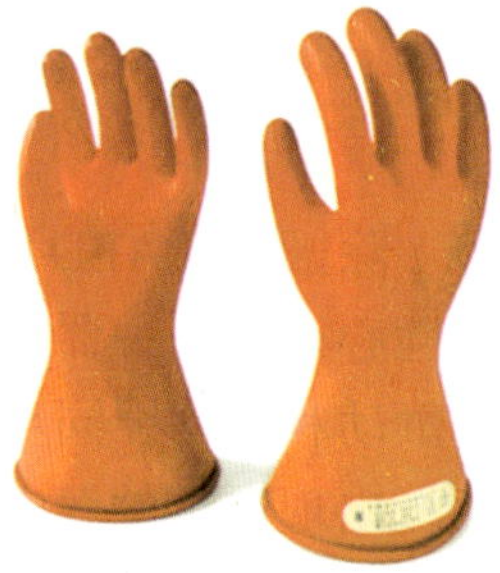

图 2 - 6　复合绝缘手套

带电作业用绝缘手套按电气性能分为 0、1、2、3、4 共 5 个级别，适用于不同电压等级，采用不同的颜色标记，如表 2 - 2 所示。汽车行业用于维修或维护的绝缘手套级别可根据汽车的电压等级进行选择。

表 2 - 2　适用于不同电压等级的绝缘手套

级别	AC/V	颜色
0	380	红色
1	3 000	白色
2	10 000	黄色
3	20 000	绿色
4	35 000	橙色

注：在三相系统中，电压指的是线电压。

2. 绝缘手套的使用规范

（1）使用绝缘手套前，应进行外观检查，外表应无磨损、破损、划痕等。检查方法：首先检查绝缘手套的手掌位置是否完好，然后侧位放置手套，卷起手套边缘，松开 2 ～ 3 次，折叠一半开口后封住手套，确认无空气泄漏，则证明绝缘手套完好。绝缘手套的检查流程如图 2 - 7 所示。

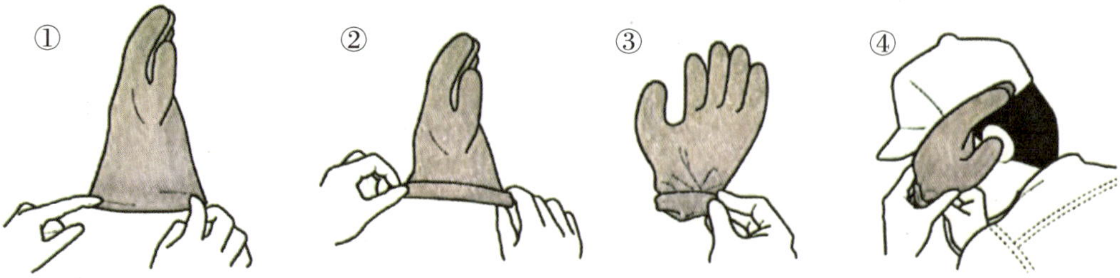

图 2 - 7　绝缘手套的检查流程

（2）绝缘手套上应贴有统一的试验合格标签，若不在试验合格的有效期内，则不能使用。

（3）如果一副手套中的一只可能不安全，则这副手套不能使用。

（4）使用绝缘手套时，应将衣袖口套入手套筒口内，同时注意防止尖锐物体刺破手套。

（5）绝缘手套的使用温度范围为 -25 ～ 55℃。

（6）绝缘手套受潮或发生霉变时禁止使用；如果遭遇雨淋、受潮，应及时进行干燥处理后方可使用，但干燥温度不能超过 65℃（使用专用干燥箱均匀干燥，避免使用局部高温设备对手套进行干燥处理）。

（7）绝缘手套应使用肥皂和水清洁彻底并干燥处理后涂上滑石粉，避免粘连。

（8）使用中的绝缘手套每 6 个月进行一次交流耐压试验。

（9）不合格的绝缘手套须隔离处理，禁止与合格的绝缘手套混放。

（10）绝缘手套出现以下情况应报废处理：外观检查出现破损、霉变、针孔、裂纹、砂眼、割伤等情况；定期试验不合格的绝缘手套；出厂年限满 5 年的绝缘手套。

（二）绝缘鞋

图 2－8　绝缘鞋

绝缘鞋（见图 2－8）的作用是使人体与地面绝缘，防止电流通过人体与大地构成通路，对人体造成电击伤害，把触电危险降到最低。因为触电时电流是经接触点通过人体流入地面的，所以电气作业时不仅要戴绝缘手套，而且要穿绝缘鞋。

绝缘鞋的绝缘电阻值范围为 100kΩ ～ 1 000MΩ。绝缘鞋应透气性能好、防静电、耐磨、防滑。绝缘鞋按照帮面材料分为绝缘皮鞋、绝缘布面胶鞋、绝缘全橡胶鞋和绝缘全聚合材料鞋。绝缘鞋的耐压等级分为 5kV、6kV 和 20kV 3 种。维修人员在选择绝缘鞋时，应根据工作环境或设备的电压选择相应等级的绝缘鞋。

绝缘鞋使用过程中需要定期进行检验，其检验方法及注意事项如下：

（1）检查绝缘鞋的标志是否齐全、是否符合标准要求。

（2）检查绝缘鞋是否存在鞋面破损、鞋底开裂等异常。

（3）绝缘鞋应存放于干燥通风处，以防霉变，避免受油、酸碱类或其他腐蚀品的影响。

（4）绝缘鞋应每 6 个月进行一次预防性试验，合格后才能继续使用，试验不合格的不能继续穿用。

（三）护目镜

护目镜的作用是在维修高压电车辆时防止维修过程中产生的电火花对眼睛产生伤害，也可以防止飞溅的电解液对眼睛产生伤害。在进行新能源汽车维修作业时，维修人员必须正确佩戴相应标准的带侧护板的护目镜，如图 2－9 所示。

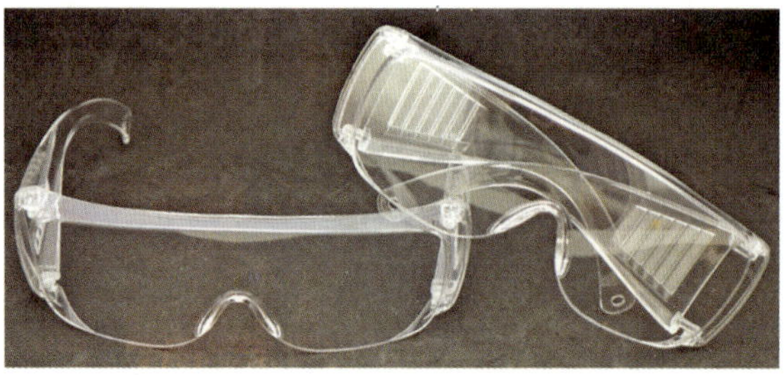

图 2－9　护目镜

（四）安全帽

图 2－10　安全帽

安全帽的主要作用是防止头部触电或发生磕碰。在新能源汽车举升工位下方进行作业时，维修人员必须佩戴相应标准的电绝缘安全帽。安全帽如图 2－10 所示。

安全帽的使用方法及注意事项如下：

（1）佩戴安全帽前，应将帽后调整带按自己头型调整到合适的位置，然后将帽内弹性带系牢。缓冲衬垫的松紧由内弹性带调节，人的头顶和帽内顶部的空间垂直距离一般为 25 ～ 50mm，以不小于 32mm 为宜。这样才能保证当头部遭受到冲击时，帽体有足够的空间可供缓冲，平时也有利于头和帽体间的通风。

（2）不要把安全帽歪戴，也不要把帽檐戴在头部后方。否则，会降低安全帽对于冲击的防护作用。

（3）安全帽的下领带必须扣在颌下并系牢，其松紧要适度，避免由于头的前后摆动导致安全帽脱落，或者被其他障碍物碰掉。

（4）要定期检查安全帽有无龟裂、下凹、裂痕、磨损等情况，发现异常时要立即更换安全帽，不能再继续使用。受过重击、有裂痕的安全帽无论有无损坏现象均应报废。

（5）安全帽不宜长时间在阳光下暴晒。

（6）新的安全帽使用前应检查有无生产许可证及产品合格证，有无破损、薄厚不均，缓冲层及帽后调整带和帽内弹性带是否齐全有效。如果不符合规定要求，应立即调换。

（7）使用安全帽时应保持整洁，不能接触火源，不要任意涂刷油漆等。

（五）防护服

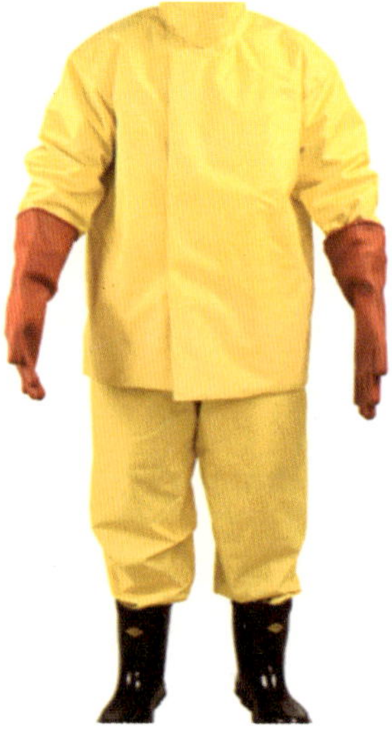

图 2－11　防护服

维修高压系统时，必须穿非化纤类的工作服（防护服）。因为化纤类的工作服会产生静电，并且当发生火灾事故时，化纤会在高温环境下粘连人体皮肤，导致维护人员产生严重的二次伤害。防护服如图 2－11 所示。

四、绝缘工具

维护高电压类车辆时，需用到绝缘工具，使用绝缘工具可以有效防止意外触电事故的发生。常用的绝缘工具有绝缘工具套装、绝缘胶垫、动力电池工作台、绝缘测试仪、钳形电流表等。

（一）绝缘工具套装

绝缘工具套装包括常用的套筒、扳手、螺钉旋具、尖嘴钳、电缆刀等。绝缘工具使用前必须进行检查，保证其无破损和裂纹，内、外表面保证清洁、干燥，不能带水进行操作，确保安全。绝缘工具套装如图 2－12 所示。

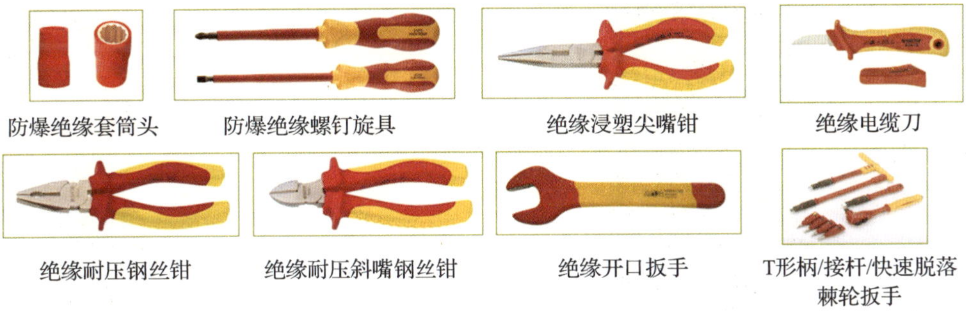
防爆绝缘套筒头　防爆绝缘螺钉旋具　绝缘浸塑尖嘴钳　绝缘电缆刀
绝缘耐压钢丝钳　绝缘耐压斜嘴钢丝钳　绝缘开口扳手　T形柄/接杆/快速脱落棘轮扳手

图 2－12　绝缘工具套装

（二）绝缘胶垫

在维修新能源汽车的工位上需要垫上绝缘胶垫。绝缘胶垫是具有较大电阻率和耐电击穿的胶垫，用于地面的铺设，可起到绝缘的作用，如图 2－13 所示。

（三）动力电池工作台

检修动力电池和电控元器件时，必须使用带绝缘胶垫的专业工作台（动力电池工作台），如图 2－14 所示。

图 2－13　绝缘胶垫

图 2－14　动力电池工作台

（四）绝缘测试仪

绝缘测试仪主要用来测量变压器、电机、线缆、开关、电器等电气设备及绝缘材料的绝缘电阻值，保证这些设备、电器和电路工作在正常状态，避免发生触电伤亡及设备损坏等事故。

新能源汽车引入了高压系统，高压线束必须具备一定的绝缘电阻值才能保证用户和维修人员的人身安全。测量高压线束绝缘电阻值是否达到标准，需要使用绝缘测试仪。

绝缘测试仪有手摇式和数字式两种，目前常用数字式绝缘测试仪进行绝缘性能检测，如图 2－15 所示。

（五）钳形电流表

钳形电流表是一种用于测量正在运行的电气线路电流大小的仪表，可在不断电的情况下测量电流，是专门测量大电流的电工仪表，如图 2－16 所示。

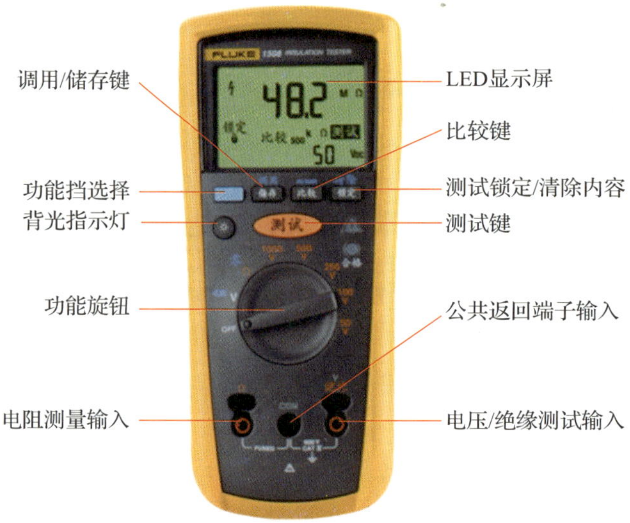

图 2－15　数字式绝缘测试仪

图 2－16　钳形电流表

五、安全标识

安全标识是指用来表明存在信息或指示安全的招牌、颜色、照明标识、声信号等标识。

（一）安全标识的类型

安全标识主要分为禁止标志、警告标志、指令标志和提示标志四种类型。

1. 禁止标志

禁止标志为圆形，背景为白色，红色圆边，中间有一条红色斜杠，图像用黑色。常用的禁止标志有“禁止烟火”“禁止触摸”等，如图 2－17 所示。

2. 警告标志

警告标志为等边三角形，背景为黄色，边和图案都用黑色。常用的警告标志有“当心触电”“高压危险”等，如图 2－18 所示。

3. 指令标志

指令标志为圆形，背景为蓝色，图案及文字用白色。常用的指令标志有“必须戴安全帽”“必须戴护目镜”等，如图 2－19 所示。

4. 提示标志

提示标志为矩形，背景及图案为绿色，文字用白色，如图 2－20 所示。

禁止触摸

图 2－17　禁止标志

图 2－18　警告标志

必须戴安全帽

图 2－19　指令标志

紧急出口

图 2－20　提示标志

安全标识应安装在光线充足、明显之处；高度应略高于人的视线，让人容易发现；一般不应安装在门窗及可移动的部位，也不宜安装在其他物体容易触及的部位；安全标识不宜在大面积或同一场所使用过多，通常应在白色光源的条件下使用，光线不足的地方应增设照明设备。安全标识一般用钢板、塑料等材料制成，同时不应有反光现象。

（二）车辆高压电安全标识

新能源汽车涉及高压电，在高压元器件上都应该看到高压警示标识，按《电动汽车安全要求》(GB 18384—2020）要求：符号的底色为黄色，边框和箭头为黑色，如图 2－21 所示。

图 2－21　高压警示标识

由于新能源汽车的高压导线可能有数米长，因此在一处或两处使用警示标识意义不大，售后服务人员可能会忽视这些标识。因此国标中也规定高压电路中的电缆和线束的外皮要使用橙色加以区别，如图 2－22 所示。

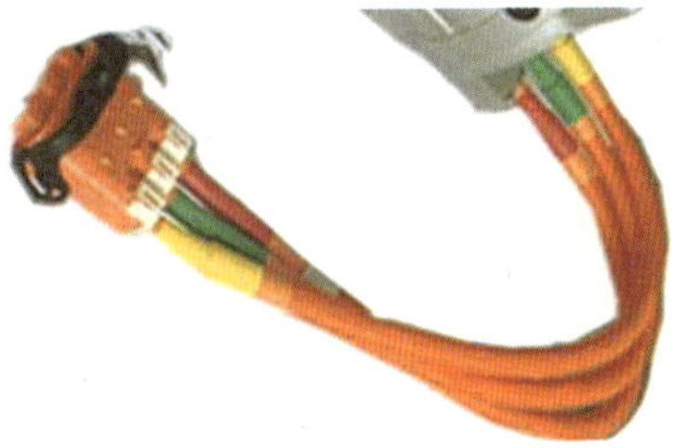

图 2－22　高压电路中的线束

（三）维修工位安全标识

在维修车间，必须有新能源汽车专用的维修工位。当工位上有高电压车辆进行维修时，要求在工位周围必须布置有明显的警告标识，避免他人未经允许进入高电压工位而发生危险。工作区域应设置警示标牌和安全隔离警戒线。

（四）车间安全管理

新能源汽车维修车间有高压电安全风险，必须加强车间安全管理，杜绝高压安全事故发生。新能源汽车专用车间安全管理，除了普通车间的安全要求，还有一些注意事项。

1. 车辆焊接维修

（1）首先要断开低压电源和动力电池插头。

（2）操作人员需要具备特种作业操作证。

（3）清理周围易燃物品并申请动火证。

（4）做好车身的保护，预防飞溅及着火。

（5）严格按照焊接工艺进行操作。

2. 火灾的预防和处理

（1）发生火灾将产生不可估量的危害，因此必须预防车辆自燃等火灾的发生，及时处理机舱内的油污、接插件松动或线束老化等隐患。

（2）火灾发生后不要惊慌，要及时采取正确的方法来灭火，将火灾消灭在萌芽状态。首先要切断电源，所有人员立即离开车辆并站在远离车辆的上风处。

（3）经常检查车上的灭火器是否在固定的位置，是否在有效期内；要充分了解灭火器的性质和正确使用方法；在采取救火措施的同时立刻报警。

（4）常用的车载灭火器是干粉的，以高压为动力，由喷射筒内的干粉进行灭火。灭火时，在距离燃烧点约 1m 处，先将开启把上的保险销拔下，然后将喷嘴对准火焰的根部喷射灭火。当干粉喷出后，手始终压下压把不能放开，否则会中断喷射。应选择站在上风处向火焰喷射。

（5）当新能源汽车发生火灾时，最有效的灭火方式是采用大量的水灭火。因为新能源汽车起火多为电路短路起火，这种情况下为了保证人员安全，使用水基灭火器可以快速地将短路产生的热量减小，使电能耗尽而有效灭火。

3. 车间环境要求

新能源汽车维修车间的场地与设施比普通汽车维修车间的要求要高。

（1）高压维修车间的面积根据实际要求确定，应符合国家相关规定。

（2）采光明亮的车间可以让车辆维护人员能够清楚地观察到周围的部件及物体，避免因为视线不好意外触碰到高压电而发生事故，同时能够使其他人员及时观察到可能存在的隐患。维修车间的采光应符合有关规定。采光设计应注意光的方向性，应避免出现对工作产生遮挡和不利的阴影。对于需要识别颜色的场所，应采用不改变自然光光色的采光材料。

（3）当天然光线不足时，应配置人工照明，人工照明光源应选择接近自然光色温的光源。维修车间的照明应符合有关规定。进行精细操作（如画线、金属精加工、间隙调整等）的工作台、仪器、设备等的工作区域的照度不应低于 500lux。照度不足时，应增加局部补充照明，补充照明不应产生有害眩光。

（4）干燥是为了降低维护区域人员的触电风险。因为当湿度增大时，人体和空气的绝缘电阻就会减小，在相同的电压下，人体触电的风险就增加了。因此高压车间必须保持干燥。

（5）通风有利于将在维护车辆期间产生的有害物排出，在发生触电事故的情况下，通风的环境有利于伤者呼吸到更多的氧气。通风应符合《建筑设计防火规范》（GB 50016—2014）和工业企业通风的有关要求。

（6）防火应符合《建筑设计防火规范》（GB 50016—2014）关于厂房、仓库防火的规定以及《汽车库、修车库、停车场设计防火规范》(GB 50067—2014）的有关规定。

（7）卫生应符合《工业企业设计卫生标准》(GBZ 1—2010）和《生产过程安全卫生要求总则》(GB/T 12801—2008）的有关要求。

（8）安全标识应符合《安全标志及其使用导则》（GB 2894—2008）和《安全色》（GB 2893—2008）的有关要求。

任务二　新能源汽车高压部件与安全操作

学习目标

知识目标：

1. 掌握新能源汽车高压系统的结构组成；
2. 熟悉新能源汽车高压线束；
3. 掌握新能源汽车安全操作规范。

能力目标：

1. 能够识别新能源汽车的高压部件；
2. 能正确识别新能源汽车中的高压线束；
3. 具备进行新能源汽车安全操作的能力。

素养目标：

1. 操作过程中相互学习、团队合作，探索新鲜事物；
2. 通过对新能源汽车高压系统的探索，提高自己的知识水平和实践能力。

任务导入

小李今天将对4S店新招聘的新能源汽车维修学徒工进行新能源汽车的高压部件与线束认知培训，使其对高压部件与线束有初步认知。作为新能源汽车4S店的老员工，小李需要做哪些设计来合理安排本次的培训内容呢?

知识框架

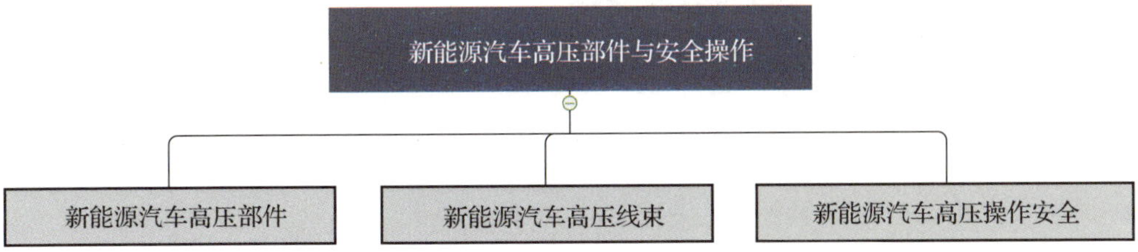

知识介绍

与传统燃油汽车相比，新能源汽车在 12 ～ 48V 直流蓄电池的基础上增加了动力电池等高压部件，其动力电压一般为 300 ～ 800V。根据国家标准划分，对地电压小于 1 000V 属于低压范围，但为了与传统燃油汽车低压电源进行区分，在新能源汽车上使用的大于 60V 的直流电和大于 36V 的交流电都称为高压电。

一、新能源汽车高压部件

新能源汽车的高压系统介绍

新能源汽车高压部件的形式有分体式和集成式两种。分体式是指各个高压部件分布在车辆的不同位置，通过高压线缆连接在一起。常见的新能源汽车高压部件主要有动力电池、高压控制盒、DC/DC 变换器、驱动电机、电机控制器、车载充电机、PTC 加热器、空调压缩机等。分体式布局的优点是模块化程度高，便于对各部分独立进行更换和维护；缺点是占用空间较大，部件之间的连接复杂，可能会增加能量传输过程中的损耗。集成式是指将多个高压部件集成为一个整体模块，统一布置在车辆的某个位置。集成式的优点是节省空间，减少线缆的使用，降低能量损耗，同时提高系统的可靠性与耐久性；其缺点在于散热设计较为困难，且一旦出现问题可能需更换整个集成模块，维修成本相对较高。

（一）动力电池

动力电池（动力蓄电池）是新能源汽车的主要动力源，其结构是由电池单体组合成电池模块，再由数个电池模块组成电池包（见图 2－23）。简而言之，电池单体是动力电池的最小单元，电池包是车辆的动力电池总成。这样的组成形式有利于对电池进行统一管理与监控，同时具有不错的安全性。

图 2－23　某车型的电池包

磷酸铁锂电池单体的电压为 3.2V 左右，根据电压的要求以串联的方式组成电池包。不同新能源汽车要求的电池单体的电压和数量会有所不同。

根据结构的不同，锂离子电池单体可以分为圆柱形锂离子电池、方形锂离子电池和软包锂离子电池，如图 2－24 所示。

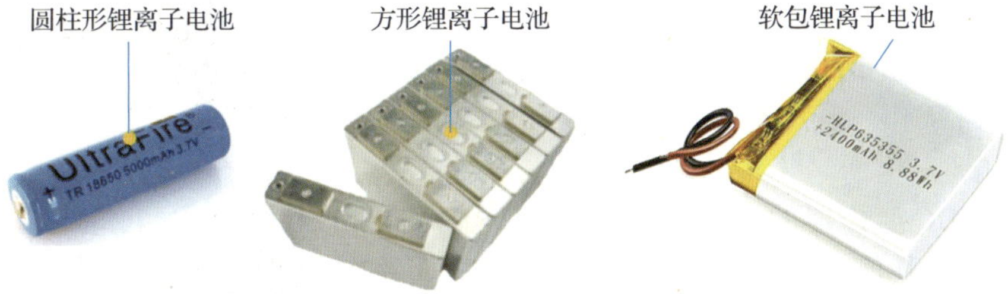

图 2－24　电池单体的种类

圆柱形锂离子电池是目前最常见的锂离子电池。方形锂离子电池通常指具有铝制或钢制外壳的方形电池，这种电池没有统一的规格限制，可以根据客户的要求进行定制。相对来说，这种电池能量密度较高、重量较轻。软包锂离子电池的外壳由一层铝塑膜包装而成，因此设计较为灵活，可以随意改变形状、薄厚，打包成模块更灵活方便；另外，这种电池重量轻、能量密度高、循环性好，安全性也要比方形锂离子电池和圆柱形锂离子电池要高，是目前发展潜力较大的一种电池结构。

根据电池的正极材料的不同，锂离子电池可以分为磷酸铁锂离子电池、镍钴锰三元锂离子电池等不同类型。

（二）高压控制盒

高压控制盒是新能源汽车实现高压电能分配以及对支路用电器实施保护与熔断的部件。高压控制盒是新能源汽车电能分配的核心，新能源汽车动力电池的供电路线、车辆的充电路线以及制动能量回收路线都会途经高压控制盒达到下一个用电或供电部件。高压控制盒内置通往新能源汽车各个用电或供电部件的熔断器，当某一支路电能超过额定工作状态时，高压控制盒中的这一支路的熔断器将会断开，切断该支路连接，防止发生高压安全事故。图 2－25 所示为某新能源汽车的高压控制盒。

图 2－25　某新能源汽车的高压控制盒

（三）DC/DC 变换器

DC/DC 变换器是将高压直流电转换为低压直流电的变压装置。它可以将动力电池的高压直流电转换为约 14V 的低压直流电向辅助电池充电，以保证行车时低压用电设备正常工作。升压型 DC/DC 变换器是将低压电转换为高压电。

由于 DC/DC 变换器的相对功率较小，新能源汽车厂商通常将其与其他高压部件集成布置，当高压部件连接端有黑色（低压）线束时，DC/DC 变换器就与该高压部件集成布置。图 2－26 所示为某车型电机控制器集成的 DC/DC 变换器。

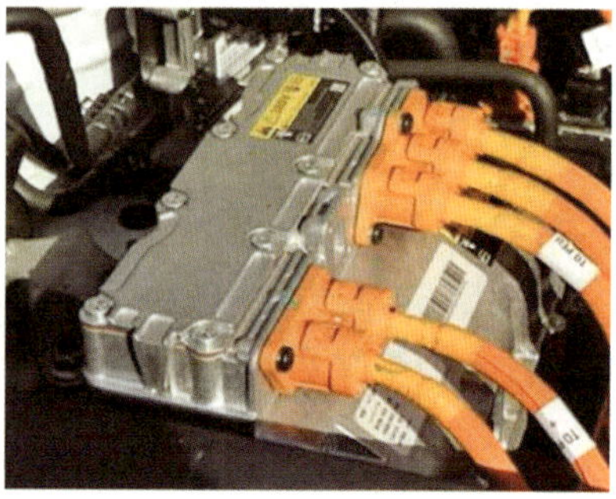

图 2－26　某车型电机控制器集成的 DC/DC 变换器

（四）驱动电机与电机控制器

多数新能源汽车动力系统是通过驱动电机接收来自动力电池的电能，将其转换为机械能驱动车辆行驶的。

在驱动电机与电机控制器的连接关系中，由于动力电池输出的是直流电，因此电能输出到电机控制器时需要将其逆变成电压、频率可调的三相交流电，再输出到配套的三相交流电机，使其转换为机械能以驱动车辆。同理，当车辆出现制动能量回收时，动力电池停止供电，驱动电机收集车轮的机械能转换为电能反馈或储存在动力电池或电机控制器中。图 2－27 所示为某新能源汽车的驱动电机。

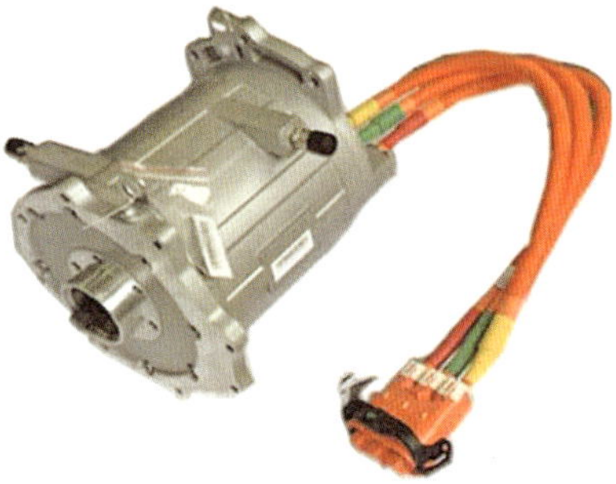

图 2－27　某新能源汽车的驱动电机

电机控制器是驱动电机系统的控制中心，又称智能功率模块，以 IGBT（绝缘栅双极型晶体管）模块为核心，辅以驱动集成电路和主控集成电路。它不仅将直流电转换成交流电驱动电机工作，同时对所有的输入信号进行处理，监控驱动电机的工作状态并通过总线系统发送给整车控制器。电机控制器内含故障诊断电路，当诊断出异常时，它会激活一个故障码并发送给整车控制器，同时会储存该故障码和数据。

在电机控制器中主要采用电流传感器、电压传感器和温度传感器等来提供驱动电机系统的工作信息。目前永磁同步电机是新能源汽车驱动电机的主要形式，特点是转子为永磁体，定子为绕组，是动力系统的重要执行机构，是电能与机械能相互转换的部件，且自身的运行状态等信息可以被采集到电机控制器中。

（五）车载充电机

车载充电机的作用是将车辆接收到的 220V 交流电通过滤波、整流后转换为动力电池能储存使用的电能，对动力电池进行充电。从布置上来讲，车载充电机一端连接车辆的交流充电口，一端连接动力电池，如今最常见的车载充电机通常内置在高压控制盒内与其集成布置。车载充电机一般具有通信功能，接收到可充电信号后，将来自交流充电口的电流进行滤波、整流，经过升压电路和降压电路后输出合适的电压、电流给动力电池。图 2 - 28 所示为某车型车载充电机。

图 2 - 28　某车型车载充电机

（六）PTC 加热器

PTC（Positive Temperature Coefficient）即正温度系数。新能源汽车主要是采用 PTC 加热器进行供暖，如图 2 - 29 所示。PTC 加热器作为新能源汽车的独立电加热系统，其加热手段是通过电加热液体介质再通过散热片加热车内空气，加热导体的电阻随温度升高而增大，从而满足新能源汽车的加热要求（在冬季加热到 25℃左右，PTC 加热器的功率至少需要达到 3 500W）。

（七）空调压缩机

新能源汽车的空调制冷系统主要由空调压缩机、冷凝器、膨胀阀、蒸发器及管路组成，该制冷系统和传统燃油汽车制冷系统的结构基本相同。传统燃油汽车制冷系统由连接发动机的压缩机提供压力进行制冷，而新能源汽车的压缩机由电驱动，因此也称为空调压缩机（见图 2 - 30）。

图 2 - 29　PTC 加热器

图 2 - 30　空调压缩机

（八）集成式高压部件

随着新能源汽车电驱动技术的发展，不同的高压部件集成在一起，形成不同形式的集成式高压部件，核心在于集成化，从二合一到三合一，再到多合一。

1. 二合一电驱动系统

二合一通常指的是集成了两个关键功能模块的组件，这种集成方式有很多种。

电机和减速器的集成：这种集成方式将电机和减速器合并为一个单元，减少了部件数量，简化了车辆结构，降低了体积和重量，同时提高了能效和性能。

电机控制器和车载充电机的集成：这种集成方式将电机控制器和车载充电机合并为一个单元，实现对新能源汽车驱动系统和充电系统的高效管理。

DC/DC 变换器和车载充电机的集成：这种集成方式将 DC/DC 变换器和车载充电机合

并为一个单元，优化了电能的转换和利用，提高了充电效率。

高压配电单元和车载充电机的集成：这种集成方式将高压配电单元和车载充电机合并为一个单元，简化了车辆的电力分配和充电系统。

电机控制器和 DC/DC 变换器的集成：这种集成方式将电机控制器和 DC/DC 变换器合并为一个单元，提高了电能的利用率，降低了能耗。

驱动电机和电机控制器的集成：这种集成方式将驱动电机和电机控制器合并为一个单元，实现对电机的精准控制，提高了动力性能。

高压配电单元和电机控制器的集成：这种集成方式将高压配电单元和电机控制器合并为一个单元，优化了电力的分配和驱动控制。

2. 三合一电驱动系统

高压配电单元、DC/DC 变换器、车载充电机三个部件集成在一起形成电源分配单元（Power Distribution Unit，PDU）。PDU 通过母线及线束连接高压电器元器件，为新能源汽车高压系统提供充放电控制、高压部件上电控制、电路过载短路保护、高压采样、低压控制等功能，保护和监控高压系统的运行。

比亚迪秦 EV（2019 款）的充配电总成就采用了三合一的设计，集成了车载充电机、DC/DC 变换器以及高压配电单元，从而实现更为紧凑和高效的电力管理，如图 2－31 所示。

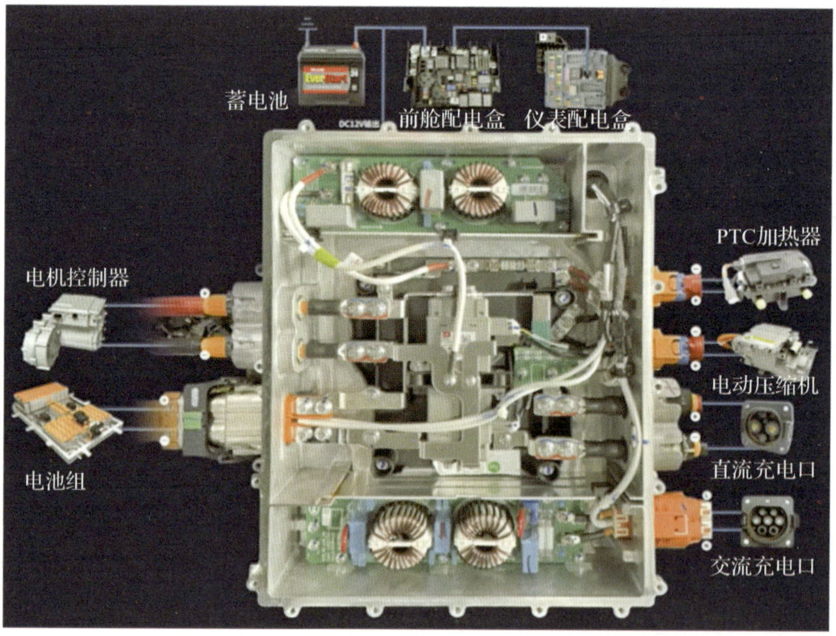

图 2－31　比亚迪秦 EV（2019 款）的充配电总成

其他常见新能源汽车高压部件的三合一也指集成了电机控制器、车载充电机和 DC/DC 变换器这三个关键模块的总成。这种集成化设计能够减少车辆元器件数量，简化车辆结构，减少体积和重量，同时提高能效和性能。

3. 四合一电驱动系统

新能源汽车高压部件的四合一通常指集成了电机控制器、车载充电机、DC/DC 变换器和高压配电单元这四个关键模块的总成，也称为高压驱动集成单元（Power Electronics Unit，PEU）。PEU 是新能源汽车驱动系统中的关键部件，它将多个高压部件集成在一个高压模块里，堪称新能源汽车的“大脑”和“心脏”。PEU 总成负责接收来自车辆的指令，并精确控制电机的转速、扭矩和方向，确保新能源汽车在各种行驶状态下都能提供平稳、高效的动力输出。这种高度集成的四合一电驱动系统不仅提升了整车的性能和能效，还显著减少了体积和重量，使新能源汽车更加紧凑和轻便。应用车型有北汽 EU5（其 PEU 见图 2－32）、比亚迪 E5 等。

图 2－32 北汽 EU5 PEU

4. 七合一电驱动系统

采用最新 DM5.0 的比亚迪混动秦 L（2024 款）搭载了七合一动力域控系统，如图 2－33 所示。动力域控系统功能包括：双电机驱动（发电机控制器、驱动电机控制器）、双向 DC、车载电源总成（OBC、DC/DC 变换器）、高压配电单元和整车控制器（VCU）。其中，发电机控制器的主要功能是驱动发电机发电，同时包括 CAN 通信、故障处理、在线 CAN 烧写、与其他模块配合完成整车的工作要求以及自检等功能。双向 DC 是在动力电池和电机控制器之间的部件，起到升、降压的作用。DC/DC 变换器的主要功能是将高压直流电转换为低压直流电，给整车低压负载供电同时具备反向预充功能。整车控制器（VCU）作为动力域控系统负责协调管理各个控制器间的工作，具备实时动力扭矩计算和分配的功能，通过 CAN、CANFD、LIN 或硬线完成控制器和传感器信号的实时信息交互、采集和故障处理，同时作为子网关负责动力域控系统与主网关间的信息路由。整车控制器（VCU）具备实时动力计算和分配、实时信息交互与集中处理转发、传感器信号采集与处理，同时包括 CAN 通信、故障报警及处理、程序升级、与其他模块配合完成整车的工作要求以及自检等功能。

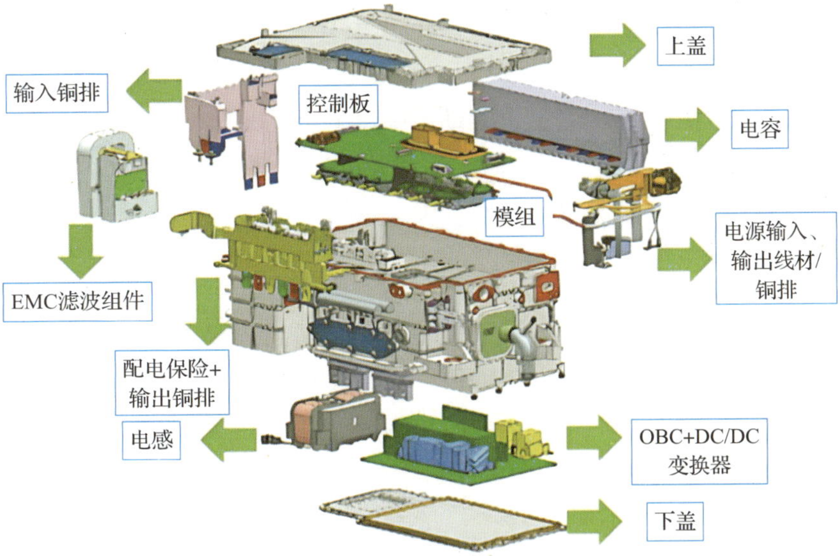

图 2－33 七合一动力域控系统

另外，新能源汽车高压部件的七合一也指集成了电机控制器、车载充电机、DC/DC变换器、高压配电单元、驱动电机、减速器和整车控制器这七个关键模块的总成。其中，减速器通常与电机配合使用，在降低电机输出转速的同时提升输出扭矩，以满足车轮的实际驱动力需求。整车控制器作为车辆的“大脑”，负责协调和管理各个部件的工作状态，确保车辆按照驾驶人的意图正常行驶。该技术由长安汽车发布，应用于该品牌的新能源汽车中。

5. 八合一电驱动系统

新能源汽车高压部件的八合一通常指集成了电机控制器、车载充电机、DC/DC 变换器、高压配电单元、驱动电机、减速器、整车控制器和电池管理系统这八个关键模块的总成，如图 2－34 所示。该高压动力总成不仅在系统空间和重量上进行了优化，还在组件之间紧密相连，充分体现了高效的热管理。其高度集成的设计带来了紧凑的系统空间、轻重量和节约装配成本等多重好处。这是目前新能源汽车行业中集成度较高的技术，其应用车型有比亚迪海豹、秦 PLUS EV 等。

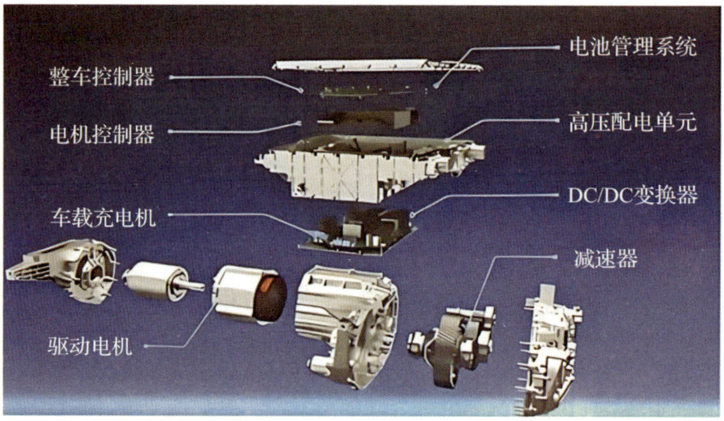

图 2－34　八合一电驱动系统结构图

6. 十二合一智能电驱动系统

比亚迪最新发布的十二合一智能电驱动系统集驱动电机、减速器、电机控制器、整车控制器、电池管理系统、DC/DC 变换器、车载充电机、高压配电单元、升压模块、升流模块、自加热模块、能量管理系统于一体。

二、新能源汽车高压线束

所有新能源汽车高压部件均需要特定的高压线束进行连接，起到传递高压电的作用。高压线束主要有快充和慢充高压线、电池包到高压盒的高压线、高压盒到电机控制器的高压线和电机高压线等。本任务主要阐述的高压线束包括充电接口、高压插接器、维修开关和线束等。

（一）高压线束的结构

由于新能源汽车的特性，其车内负载的高压已经大大超出人体安全电压的承受极限

（交流低于36V，直流低于60V），车身不可像传统燃油汽车低压（12V）系统一样作为电源负极的整车搭铁点，因此在高压线束系统的设计上，直流高压电回路必须严格执行双轨制，即正、负极必须是独立的高压线束连接。图2－35所示为高压线束内部结构。

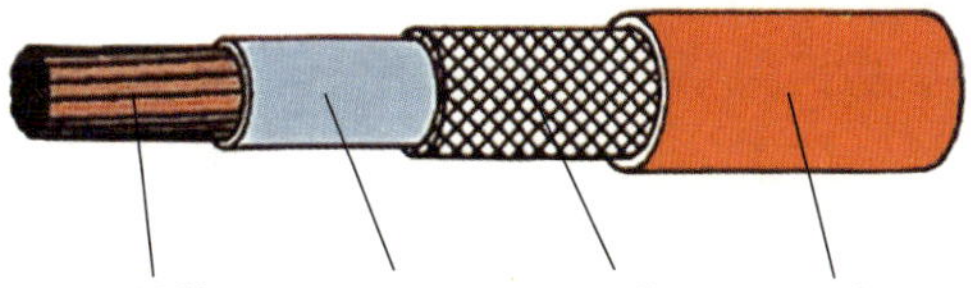

图2－35　高压线束内部结构

高压线束在新能源汽车中通常用橙色护套包裹，不同于传统燃油汽车的低压黑色线束（或黑色胶带缠绕的控制系统布线）。橙色高压线束在车内布局中更容易被发现，也起到警示作用，防止工作人员在作业过程中出现安全事故。图2－36所示为吉利帝豪纯电动汽车高压线束布置。

图2－36　吉利帝豪纯电动汽车高压线束布置

（二）高压线束的设计要求

高压线束的内导体为了增加线束的机械强度，一般不采用实心电缆的设计，而是由多芯的细铜丝铰接而成。考虑到新能源汽车采用大量的变频技术，导致电磁环境的复杂性和新能源汽车设备高度集成的相互干扰，高压线束需要对电磁干扰进行屏蔽，以满足电磁兼容性的要求，所以高压线束在绝缘层和护套之间使用金属制成的屏蔽网。

（三）维修开关

通常情况下，在新能源汽车的驾驶室中间扶手箱内均装有一个维修开关。维修开关又称为手动维修开关（MSD），是一种为了保护在高压环境下维修新能源汽车的工作人员的安全，或应对某些突发的事件，可以快速分离高压电路的连接，使维修等工作处于一种较为安全状态的应急救援必备的断开装置。在工作人员需要碰触高压部件或线束工作时，应拔下维修开关以保证车辆各高压部件断电。图2－37所示为维修开关。

某些品牌的新能源汽车没有维修开关，对这种新能源汽车进行高压操作时，通常采用断开高压控制单元与动力电池之间连接的方法断开高压连接。

（四）高压互锁

高压互锁（HVIL）又称为危险电压互锁，是指通过使用低压信号来检查新能源汽车上所有与高压母线相连的各支路，包括整个电池系统、导线、插接器、DC/DC变换器、电机控制器、高压控制单元及保护盖等电气连接的完整性（连续性），在识别到回路异常断开时，及时断开高压电。高压互锁结构图如图2－38所示。

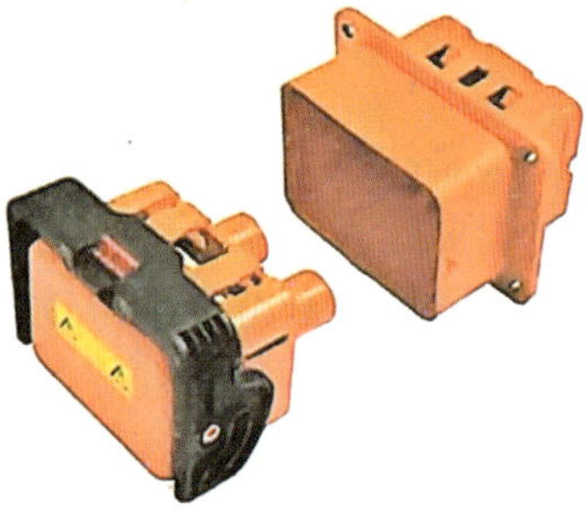

图2－37　维修开关

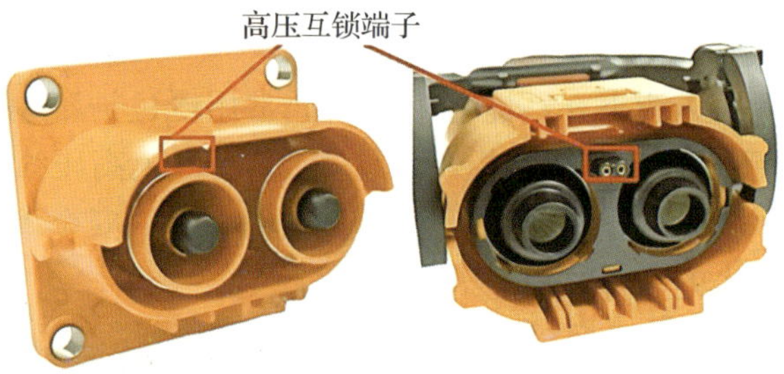

图2－38　高压互锁结构图

1. 高压互锁的作用

设计高压互锁回路的主要作用有：

（1）整车在高压上电前，确保整个高压系统的完整性，使高压处于一个封闭的环境中工作，提高安全性。

（2）当整车在运行过程中高压系统回路断开或者完整性受到破坏时，需要开启安全防护。

（3）防止带电插拔高压插接器给高压互锁端子造成拉弧损坏，甚至造成人身伤害。

2. 高压互锁的原理

带有高压互锁功能的高压插接器的特点是有一个双线的插头和插座。由于高压插头（高压插接器）中高压电源的正、负极端子和中间互锁端子的物理长度不一样，当要连接高压互锁的插头与插座时，高压插头的电源正、负极端子先于中间互锁端子连接好；当要断开高压插头时，高压插头的中间互锁端子先于高压插头中的电源正、负极端子断开，这样避免拉弧的产生，如图2－39所示。

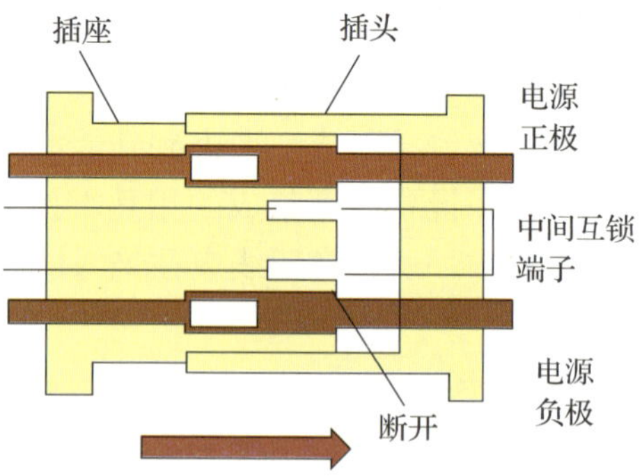

图2－39　高压互锁原理示意图

高压互锁电路从VCU输出信号，将所有高压部件串联在一起，只要有一个高压部件的插件松开或者断开，从VCU输出的信号将不能形成完整的回路，VCU就会开启安全防护，断开动力电池的高压电，从而保证安全，避免造成事故或人员伤害。

三、新能源汽车高压操作安全

（一）新能源汽车维修人员资质

我国将高于 1 000V 的电压定位为高压电，电压低于 1 000V 的电压定位为低压电，12V 的电压则属于微电压。由于 12V 的直流电压远小于安全电压范围，所以维修人员只需要了解电路的基础知识，即可对传统燃油汽车进行检修；而新能源汽车的工作电压通常在上百伏，显然是人体无法承受的，因此，维修人员必须经过相应的高压电气作业安全指导才能具备新能源汽车的维修资质。目前，我国的新能源汽车维修资质主要分为三级。

1. 一级资质

新能源汽车维修的一级资质通常是指接受过高压电气作业安全指导的人员，所接受的安全指导通常由高压电气工程师在操作开始前进行，指导员工了解高压系统带来的电气危害，使员工熟悉高压部件的标记和车辆安全操作方法。

所有需要在新能源汽车上完成作业的员工必须至少具备一级资质。事实上，只要高压系统运行正常，所有售后技术人员都允许进行新能源汽车的一般性维修工作（如混合动力汽车更换机油、纯电动汽车更换轮胎等），但前提是需要高压电气工程师预先识别可能存在的危险，再指导操作任务的分配、不当作业时的潜在危险以及必要的防护装置和安全措施等，并承担技术职责。同时，在接受了充分的作业安全指导后，一级资质人员应具备足够的新能源汽车高压系统维修能力。为此，高压电气工程师和一级资质人员在每次作业风险提示后，双方都必须签署相关的指导确认文件。

一级资质人员需要具备的能力主要包括：能够正确识别新能源汽车的类型，能够准确识别车载高压部件，熟悉高压系统及部件的基本结构，深刻理解高压系统的危险性，知道自己在允许操作电压下的作业范围，能够在配备高压系统的车辆上进行目测检查并且能够在保证安全的情况下完成非高压系统的维护与检修工作。

2. 二级资质

要对新能源汽车高压系统进行维修，维修人员必须通过针对高压系统及部件的培训认证。通过培训认证后的高压电气工程师可以对新能源汽车高压系统及部件进行检修；同时，可以对未经过认证的维修人员进行指导，使其他维修人员具备一级资质。

二级资质人员需要具备的能力主要包括：能够正确讲述高压系统的电气危害，能够确定针对高压系统的保护措施，能够断开车辆上的高电压并在工作期间保持断开状态，能够在整车断电后对高压系统进行检修，能够在整车断电后对高压部件进行更换。

目前，我国对于二级资质认证主要包括两方面：一方面，必须通过高压系统理论和实操培训认证，证明员工具备工作能力和知识；另一方面，必须经过相关具体车辆的车型认证。必须同时具备这两项认证，才有资格对认证的车型进行高压检修。

高压系统理论和实操培训认证是获得国家应急管理部（原国家安全生产监督管理总局）颁发的特种作业操作证（低压电工证）。而通过具体车辆的车型认证，则必须经过新能源车型厂家针对具体车型的培训与考核。由于不同品牌的技术路线不尽相同，同一品牌不同代系车型的技术也在不断发展，因此针对具体车型的认证无法通用。

经销商或受其委托的管理人员需要为企业劳动保护负责，所以在安排工作时，必须确保只有满足上述条件并具备认证资质的员工才能在搭载高压系统的新能源汽车上进行作业；同时，如果需要对高压系统或部件进行检修或相关操作，必须确保整个系统始终处于断电的状态，从而最大限度地避免危及员工生命和健康。另外，进行认证培训的培训师必须是通过培训师认证的人员，并具有一定的高压系统检修经验。

3. 三级资质

三级资质是指能够在带电状态下进行高压系统作业的资质，如进行接触电阻故障的检测和高压部件内部电路的维修。目前，主流品牌在国内通常只开放到二级资质，即不允许技术服务人员带电进行高压作业。

（二）新能源汽车断电操作

高压断电操作

新能源汽车在通、断电的运作过程中，控制逻辑是通过采集钥匙及踏板等驾驶人的动作信号，通过 CAN 总线、电池管理系统（BMS）及电机控制器（MCU）等子系统进行通信，来控制整车安全高压通、断电，同时在通、断电过程中，准确诊断出车辆动力系统的高压故障并迅速做出相应处理。

值得注意的是，新能源汽车在诊断或维修过程中，必须将车辆连接的电路全部断开，以保证作业人员在工作过程中的安全。同时，电路断开后短时间内不能作业，需要等待车辆高压部件中的电容放电完成后，车辆不存在高压电时才能对车辆进行作业。这个将车辆连接电路断开的过程称为新能源汽车的断电过程。

新能源汽车的断电也称为下电。通常情况下，新能源汽车的断电主要指高压系统断电，但为保证车辆作业安全，某些新能源汽车在为高压系统断电的同时也会为低压电路系统断电，以此来保证整个新能源汽车的完整断电状态，防止作业人员在误操作的时候出现安全隐患。

1. 断电操作流程

新能源汽车断电操作流程如下：

（1）检查作业环境，设立隔离柱，布置警戒线，隔离间距保持在 1 ～ 1.5m。

（2）隔离柱或作业环境内张贴标注有“高压危险”“有电危险”“禁止合闸”等警示牌，防止他人误碰。

（3）检查维修工位绝缘胶垫是否破损、脏污，若破损、脏污严重，则停止维修作业，及时清理或更换绝缘胶垫。

（4）作业前检查防护用具。检查内容包括：

①检查绝缘手套外观是否龟裂、老化，气密性是否良好。

②检查护目镜镜面是否有划痕、裂纹，镜带是否松弛、失效。

③检查安全帽外观有无破损，佩戴时必须紧固锁扣。

④检查绝缘鞋外观是否良好，是否有开胶、断底等现象。如有，则更换。

（5）作业前检查仪表工具。检查内容包括：

①检查维修工具车及工具是否放置在车辆的左前方，检查三件套等防护套是否齐全。

②检查绝缘万用表测试线束及表笔是否破损、折断，功能按钮是否正常显示。

③检查绝缘工具外观绝缘层是否破损严重，工具数量是否有缺失。

④检查放电工装测试线束及表笔是否破损、折断，功能是否正常。

（6）拔下车辆钥匙开关，将车辆钥匙锁入维修柜或由监督人员保管，保证他人不会误拿。按照对角线方向，分别在前、后车轮位置安装车轮挡块。

（7）封闭充电口，断开辅助电池负极连接，快、慢充电口需用醒目的绝缘胶带封闭并等待约 5min。

（8）拆卸维修开关，将维修开关锁入维修柜，防止他人碰触，在拆卸维修开关处放置"有电危险"的警示牌。

（9）断开动力电池高压插接件或线束，将线束插头用醒目的绝缘胶带缠绕封闭并等待约 5min，让车辆电容放电完成。使用万用表或断电检查工具进行检查，确定断电后才可开始作业。

（10）作业完成后，收集工具设备，整理现场，安全接回车辆线束及维修开关，完成所有步骤后，撤掉隔离柱等安全警示设备，放置"车辆带电"警示标识。

2. 断电注意事项

断电过程中的注意事项如下：

（1）高压插接件断开后，使用万用表对其进行测量，电压在 36V 以下时才能进行下一步作业。

（2）新能源汽车所有橙色线路均为高压系统线路，拆卸时必须穿戴防护用具。

（3）不得将喷水软管和高压清洗装置直接对准高压部件作业。

（4）高压部件插接口处不能使用润滑油、润滑脂和触电清洗剂等。

（5）在高压导电部件附近进行作业时，需将高压系统断电。

（6）所有松开的高压插接头必须严防浸水和污物，损坏的线束必须更换。

（7）佩戴有电子医学生命和健康维持装置的人员不得检修高压系统（包括点火系统）。

（8）测量仪器必须符合高压系统测量规格。

节能与新能源汽车动力系统的领军人

（三）新能源汽车验电操作

在电工行业，装设接地线前使用验电器进行验电可以确定停电设备是否有电压，以保证装设接地线人员的安全，防止带电装设接地线或带电合接地隔离开关等。

车辆断电前对其进行验电操作主要是确认车辆断电前是否存在漏电危险，在判定车辆存在漏电危险或工作环境具备触电危险的前提下，禁止对车辆进行断电操作。同样，在车辆断电前进行验电能判定车辆高压设备是否存在不绝缘问题，一旦验电过程中发现车辆高压部件绝缘电阻不达标，则应当立即终止作业或找出绝缘故障后才能继续作业。

断电操作后，验电作业除了判定车辆是否存在满足操作条件的绝缘电阻及漏电安全工作环境以外，还需要同时确认此时车辆电容是否放电完成，车内存在电压是否超过安全电压，车辆高压系统是否已经全部断电以及对作业人员是否存在安全隐患等问题。在完成这一系列验电作业，确认车辆不存在漏电或触电危险后才能对车辆进行作业。

1. 验电操作流程

新能源汽车验电操作流程包括断电前验电和断电后验电。

断电前验电：

（1）穿戴配套绝缘防护装备，检查绝缘防护装备是否可用。

（2）拿出验电仪器（钳形电流表或绝缘测试仪），检查验电仪器是否损坏，校准验电仪器。

（3）对绝缘胶垫进行绝缘检测。

（4）对车辆高压母线与车身之间进行绝缘检查。如果检测结果低于绝缘规定值，说明车辆存在漏电现象，应立即处理车辆漏电故障。如果测量结果正常，则表示车辆状态良好，可以进行断电操作。

断电后验电：

（1）穿戴配套绝缘防护装备，准备验电。

（2）检查断电检查工具外观是否完好、插头是否松动。

（3）在动力电池处断电进行验电，如果显示电压与断电电压不一致，则说明车辆未断电。

（4）在动力电池负极与搭铁之间进行验电，检测过程中，电压如果不为0，说明车辆存在漏电或短路故障。

（5）在直流母线与动力电池连接处进行验电，测量值应该低于3V；打开再关闭点火开关，重新测量，点火开关的转换会导致中间电路电容放电，但一旦断路，在验电过程中电压将不会有变化；如果测量值高于7V，则说明中间电路电容放电没有完成。

2. 验电注意事项

验电过程中的注意事项如下：

（1）所有验电过程必须穿戴高压防护用具。

（2）所有验电仪器必须严格检测，防止出现损坏、漏电等危险情况。

（3）不得将喷水软管和高压清洗装置直接对准高压部件作业。

（4）高压部件插接口处不能使用润滑油、润滑脂和触电清洗剂等。

（5）验电过程中，所有高压线束及零部件均需密封妥善保存，不得与水等任何导电介质进行接触。

（6）佩戴有电子医学生命和健康维持装置的人员不得进行验电作业（包括点火系统）。

（7）测量仪器必须符合高压系统测量规格。

（四）新能源汽车维修安全规范

1. 新能源汽车维修流程

（1）在维修作业前，应预先对工位采取安全隔离措施（如使用警戒栏隔离等），然后管理人员引导新能源汽车进入专用维修工位，维修人员在拿到起动钥匙后，立刻在维修工位设置高压警示标识。

（2）维修人员必须穿戴必要的安全防护用品，如绝缘手套、绝缘鞋、绝缘胶垫和护目镜等，其耐压等级必须高于需要测量的最高电压。

（3）在维修高电压部分之前，将车身用搭铁线连接到新能源汽车专用维修工位的接地线上，然后对新能源汽车进行断电和验电操作。

（4）在维修人员对车辆进行检修时，必须设置专职监护人 1 名。监护人的工作职责是监督维修的全过程，主要包括：监督维修人员的工具使用、防护用品穿戴、备件安全保护、维修安全警示标识等是否符合要求；检查维修开关的接通和断开；负责对维修过程中的安全维修操作规程进行检查；当发生触电事故时，监护人负责立即采取有效措施进行急救。

（5）检修完成后，必须依照次序将点火开关置于 OFF 位置；安装所有诊断时拆下或更换的部件或插接器；在拆下或更换部件或模块时，可能需重新进行程序的设定；将点火开关置于 ON 位置；清除故障码；将车辆与起动钥匙一并交还给管理人员。

2. 安全维修操作规范

（1）在检修前，需要确认车型高压部件的位置及整车线束的连接。整车橙色线束均为高压线；高压部件包括：电池包、高压配电箱、车载充电机、驱动电机、电机控制器、DC/DC 变换器、空调压缩机、PTC 加热器等。

（2）维修高压系统前必须进行高电压禁用操作，车辆在上电状态或充电过程中不允许对高压部件进行拆装、维修等工作。

（3）检修高压系统时，点火开关必须置于 OFF 位置（若为智能钥匙系统，则使车辆不在智能钥匙感应范围内，并且车辆处于非充电状态），并拔下维修开关。拔下维修开关后，将维修开关交由专职监护人保管，并确保在维修过程中不会有人将其插到高压配电单元上。需要注意的是，断开维修开关只是切断了从高压配电单元到各个高压用电设备的电源，并不能切断电池包到高压配电单元的电源。当需要维修或更换高压配电单元时，应小心地拔出连接电池包的电缆正、负极高压插接件，使用绝缘胶带包好裸露出的桩头，避免触电。

（4）在断开维修开关 5min 后，检修高压系统前应使用万用表测量整车高压回路，确保无电。确定方法：拔下维修开关后，测量电池包正极和车身之间的电压来初步判断是否漏电，若检测到电压不小于 50V，应立即停止操作，并按规定对电池包进行漏电检查。使用万用表测量高压时，需注意选择正确量程，检测用万用表精度不低于 0.5 级，要求具有直流电压测量挡位，量程范围不小于 500V，并遵守“单手操作”原则，每次测量时只能用一只手握住表笔；测量过程中，严禁触摸表笔金属部分。

（5）对于车辆维修过程中的高压配件，必须放置明显的“高压勿动”警示牌，并禁止将带有高压的部件放置在无人看管的环境中；更换高压部件后，需测量搭铁是否良好；高压部件的固定点和电缆接口必须按照标准力矩拧紧。

（6）调试低压电路前，必须断开维修开关；调试高压电路时，必须由专职监护人指导装配维修开关；调试高压电路必须在低压电路调试好的前提下进行，便于判断电池包是否有漏电的情况；如有漏电情况，应及时检查，不能进行高压电路调试。

（7）检修或更换高压线束、油管等经过车身钣金孔的部件时，需注意检查与车身钣金的防护是否正常，避免线束、油管破损。

（8）整个检修过程中，禁止未取得资质认证的维修人员进入工位。

3. 安全维修注意事项

（1）在维修作业前，应采用安全隔离措施（如使用警戒栏隔离等），并放置“高压勿动”警示牌，以警示相关人员，避免发生安全事故。

（2）高压系统修理与维护过程中，维修人员禁止携带手表、金属笔等金属物品在身上。

（3）在维修高压部分前，应将车身用搭铁线连接到混合动力及纯电动车型专用维修工位的接地线上。

（4）拆装电池包总成时，首先把高压配电单元连接高压线束插接件用绝缘胶带缠好，拆装过程中不要损坏线束，以免发生触电事故。

（5）在检修有电解液泄漏的电池包时，需佩戴护目镜，以防止电解液溅入眼中。

（6）在车辆上电前，注意确认是否还有人员在进行高压维修操作，避免发生安全事故。

（7）检修高压线束时，对拆下的任何高压配线应立刻用绝缘胶带包扎绝缘；进行高压线束装配时，必须按照车身固定孔位要求将线束固定好。

（8）不能用手指触摸高压线束插接件里的带电部分以免触电，另外，应防止有细小的金属工具或铁条等接触到插接件中的带电部分。

（9）发生异常事故或火灾时，操作人员应立即切断高压回路。

（10）其他未尽事项参考传统燃油汽车维修的操作规范。

项目小结

本项目包括两个任务：新能源汽车高压安全防护、新能源汽车高压部件与安全操作。需要了解高压的危害及触电急救规范操作、新能源汽车高压系统的组成、新能源汽车高压线束，能够规范地进行高压断电操作和验电操作。

项目三 动力电池系统原理与检修

任务一 动力电池单体

学习目标

知识目标：

1. 掌握电池的参数；
2. 掌握动力电池单体的结构与原理。

能力目标：

1. 能正确描述常用动力电池的优缺点；
2. 能正确描述三元锂离子电池与磷酸铁锂离子电池的特点；
3. 能描述常见典型动力电池单体。

素养目标：

1. 培养沟通交流、阅读资料以及自主学习的能力；
2. 尝试多元化思考解决问题的方法，形成创新意识；
3. 培养爱岗敬业、团队协作、勇于创新的精神，增强安全意识。

任务导入

小李是某汽车品牌4S店销售人员，该品牌新能源汽车使用的是三元锂离子电池。在接待客户王女士时，王女士告诉小李还有另一品牌某款车使用的是磷酸铁锂离子电池，但是对两款车使用的不同类型动力电池感到困惑，希望小李能帮忙解答。

知识框架

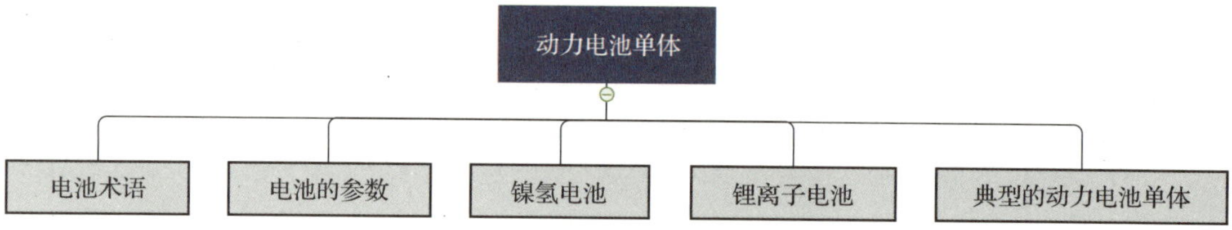

知识介绍

动力电池是指为新能源汽车动力系统提供能量的电池（蓄电池）。动力电池主要用于接受和储存由外置充电装置和制动能量回收装置提供的电能，并通过高压配电系统为驱动电机、电动空调压缩机、PTC 加热器等高压用电设备提供电能，其作用如图 3－1 所示。动力电池是纯电动汽车的核心部件，也是新能源汽车上价格最高的部件之一。动力电池的性能好坏直接决定了车辆的实际价值。动力电池主要由电池单体（Cell）组成的电池组、电池管理器、动力电池箱和辅助元器件等组成。动力电池一旦失效，车辆就会处于瘫痪状态。动力电池属于高压安全部件，内部机构复杂，工作时需要很苛刻的条件，任何异常因素都将导致动力被切断，因此对动力电池的诊断与测试需要具备丰富的动力电池的基础技术知识，对动力电池组的更换更需要专业规范的操作。

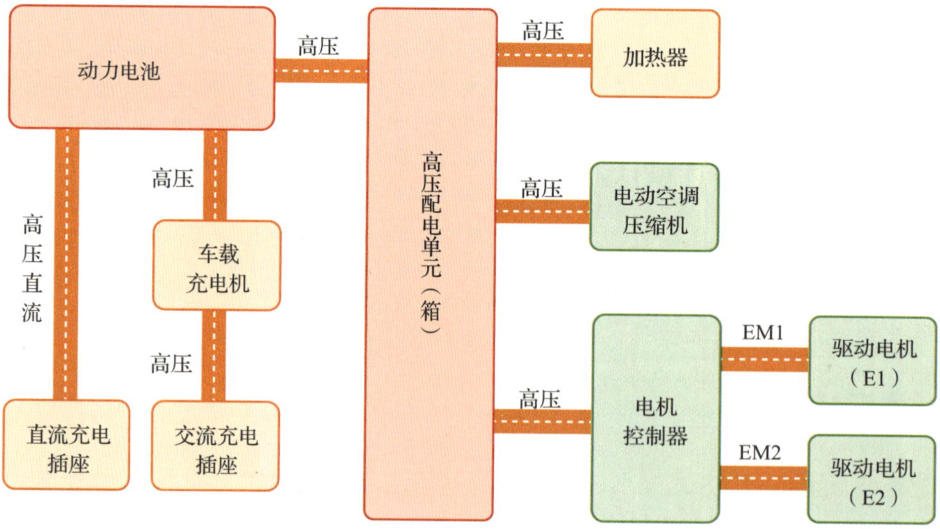

图 3－1　动力电池的作用

动力电池由数十、数百甚至数千个电池单体组成。电池单体（电芯）是电池系统的最小单元，其种类繁多。当前新能源汽车动力电池广泛使用的锂离子电池也有多种类型，了解电池的类型，掌握电池单体的结构原理和特性是制作和检测动力电池的基础。

一、电池术语

国标 GB/T 2900.41—2008《电工术语原电池和蓄电池》中对原电池、蓄电池的定义，以及电池术语做了详细规定，如表 3 - 1 所示。

表 3 - 1　原电池、蓄电池的定义及电池术语

项目	类型	定义
基本概念	电池单体	直接把化学能转化为电能的一种电源，由电极、电解质、容器、极端以及隔离层等组成
	原电池	按不可充电设计的电池
	蓄电池	按可以再充电设计的电池
	电池组	装配有使用所必需的装置（如外壳、端子、保护装置等）的一个或多个电池单体
	燃料电池	通过一个化学过程，将连续供应的反应物的化学能转化为电能的电池
	锂电池	含非水电解质，负极为锂或含锂的电池
	碱性电池	含碱性电解质的电池
	储备电池	以干态储存的电池，其所需的电解质与电池分开，在电池使用前立即通过注入或其他方式将电解质导入以激活电池
部件、组件和形状	极板	由集流体和活性物质构成的电池电极
	负极板	通常指含有在放电时发生氧化反应活性物质的电池组件
	正极板	通常指含有在放电时发生还原反应活性物质的电池组件
	隔板 / 隔离层 / 隔膜	由可渗透离子的材料制成，可防止电池内极性相反的极板之间接触的电池组件
	端子 / 极端	器件、电路或电网的导电部件，用来使器件、电路或电网与一种或多种导体相连接
	负极端子 / 负极极端	用于外电路连接电池负极的导电部件
	正极端子 / 正极极端	用于外电路连接电池正极的导电部件
	阳极	通常指发生氧化反应的电极。阳极是放电时的负极，充电时的正极
	阴极	通常指发生还原反应的电极。阴极是放电时的正极，充电时的负极
	电解质	含可移动离子，具有离子导电性的液体或固体物质
常见蓄电池术语	铅酸电池	含以稀硫酸为主的电解质，正极为二氧化铅、负极为铅的蓄电池
	镍氢电池 / 金属氧化物镍电池	含氢氧化钾水溶液电解质，正极为氢氧化镍、负极为金属氢化物的蓄电池
	锂离子电池	含有机溶剂电解质，利用储锂的层间化合物作为正极和负极的蓄电池，锂离子电池不含金属锂

续表

项目	类型	定义
常见蓄电池术语	电池充电	外电路给蓄电池供电，是电池内发生化学变化，从而将电能转化为化学能储存起来的操作
	电池的循环	对电池以相同的顺序有规律地反复进行的操作。对于蓄电池，这些操作由在规定条件下放电再充电或充电再放电组成，这一操作可以包含间歇时间。例如，一辆满电的新能源汽车，当天使用了 50% 的电量，夜间充满，第二天又使用了 50%，再充满，这样就完成了一次电池的循环
	快速充电	在短时间内使用比正常值大的电流或电压加速充电
	充电效率	输出的电量与前次充电期间输入的电量之比
	均衡充电	为了保证电池组中各电池单体荷电状态相同而延续充电
	能量效率	蓄电池放电时输出的电能与此前充电时输入的电能之比
	充电终止电压	以规定的恒流电压充电，在充电步骤结束时达到的电压。充电终止电压可以用来确定充电过程的终止

目前新能源汽车常用的动力电池有锂离子电池和镍氢电池。本书主要讲述这两种动力电池。

二、电池的参数

（一）电压

1. 额定电压

额定电压也称公称电压或标称电压，是指在规定条件下电池工作的标准电压。不同电化学类型的电池单体额定电压是不同的，根据额定电压也能区分电池的化学体系。表 3－2 所示为常用不同电化学体系电池单体额定电压值。

表 3－2　常用不同电化学体系电池单体额定电压值

电池单体类型	额定电压值 /V
铅酸电池	2
镍氢电池	1.2
磷酸铁锂电池	3.2
三元锂离子电池	3.7

2. 充电终止电压

电池充足电时，极板上的活性物质已经达到饱和状态，再继续充电，电池的电压也不会再上升，此时的电压称作充电终止电压。铅酸电池的充电终止电压约为 2.7V，镍氢电池的充电终止电压约为 1.4V，磷酸铁锂电池的充电终止电压约为 3.7V，三元锂离子电池的充电终止电压约为 4.2V。

3. 放电终止电压

放电终止电压是指电池在放电时，电压下降到不宜再继续放电的最低工作电压值。由于对电池的容量和寿命要求不同，以及不同的电池类型和放电条件，各种电池规定的放电终止电压也不同。一般而言，在低温或大电流放电时，放电终止电压规定得低些；小电流长时间或间歇放电时，放电终止电压值规定得高些。对于所有动力电池，放电终止电压都是必须严格规定的重要指标。铅酸电池的放电终止电压约为 1.75V，镍氢电池的放电终止电压约为 0.9V，磷酸铁锂电池的放电终止电压约为 2.3V，三元锂离子电池的放电终止电压约为 2.7V。

（二）容量

电池在一定的放电条件下所能放出的电量称为电池容量，以符号 C 表示，其单位常用 A · h 或 mA · h 表示。

1. 理论容量（C_0）

理论容量是假定全部活性物质参与电池的成流反应所能提供的电量。为了比较不同类型的电池，我们常用比容量来比较，即单位质量的电池所能释放出的理论电量，单位是 A · h/kg 或者 kA · h/kg。

2. 额定容量

额定容量是指保证电池在一定的放电条件（如温度、放电率、终止电压等）下放出的最低限度容量。

3. 实际容量

实际容量是指在实际应用情况下电池实际放出的电量，它等于放电电流与放电时间的积分。实际容量受放电率的影响较大，所以常在字母 C 的右下角以阿拉伯数字标明放电率，如 C_{20}=50A · h，表明在 20h 放电率下的实际容量为 50A · h。

（三）能量与能量密度

1. 能量

电池的能量是指在一定放电制度下，电池所能释放出的能量，通常用 W · h 或 kW · h 表示。电池的能量，表示储存电量的大小，直接影响续驶里程。电池的能量分为理论能量和实际能量。

（1）理论能量。

假设电池在放电过程中始终处于平衡状态，其放电电压保持电动势（E）的数值，而且活性物质的利用率为 100%，即放电容量为理论能量。

（2）实际能量。

实际能量是指电池放电时实际输出的能量。在实际工程应用中，作为实际能量的估算，经常采用电池组额定容量与电池放电平均电压的乘积进行电池实际能量的计算。由于活性物质不可能完全被利用，电池的工作电压总是小于电动势，电池的实际能量总是小于理论能量。

2. 比能量

比能量也称作能量密度，分质量比能量和体积比能量。质量比能量是指单位质量电池所能输出的能量，也称作质量能量密度，单位常用 W·h/kg。体积比能量是指单位体积电池所能输出的能量，也称作体积能量密度，单位常用 W·h/L。常用比能量来比较不同的电池系列。图 3－2 所示是未来新能源汽车电池单体质量比能量与体积比能量发展趋势。在新能源汽车应用方面，动力电池质量比能量将影响新能源汽车的整车质量和续驶里程，而体积比能量会影响到动力电池的布置空间。因而比能量是评价动力电池能否满足新能源汽车应用需要的重要指标。同时，比能量也是比较不同类型电池性能的一项重要指标。一般来说，纯电动汽车百公里电耗在 13 ～ 15kW·h。

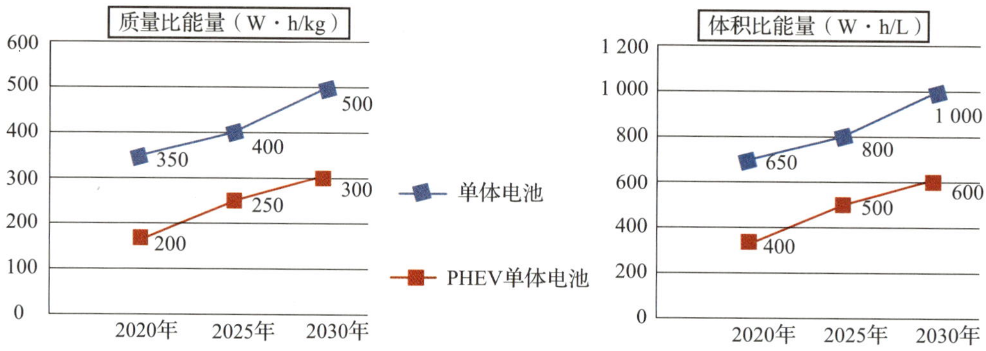

图 3－2　未来新能源汽车电池单体质量比能量与体积比能量发展趋势

（四）功率与功率密度

1. 功率

电池的功率是指在一定的放电制度下，单位时间内电池输出的能量，单位为瓦（W）或千瓦（kW）。

2. 功率密度

单位质量或单位体积电池输出的功率称为功率密度，又称作比功率，单位为 kW/kg 或 W/g。功率密度的大小表示电池所能承受的工作电流的大小，电池功率密度大，表示它可以承受大电流放电。功率密度是评价电池及电池组是否满足新能源汽车加速和爬坡能力的重要指标。

（五）电池内阻

电流通过电池内部时受到阻力，使电池的工作电压降低，该阻力称为电池内阻。由于电池内阻的作用，电池放电时，端电压低于电动势和开路电压；充电时，充电的端电压高于电动势和开路电压。电池内阻是化学电源的一个极为重要的参数，它直接影响电池的工作电压、工作电流、输出能量与功率等。对于一个实用的化学电源，其内阻越小越好。

（六）荷电状态

电池荷电状态（State of Charge，SOC）用于描述电池的剩余电量，是电池使用过程中的重要参数，此参数与电池的充放电历史和充放电电流大小有关。

动力电池的充放电过程是一个复杂的电化学变化过程，电池的剩余电量受到动力电池的基本特征参数（端电压、工作电流、温度、容量、内部压强、内阻和充放电循环次数）和动力电池使用特性因素的影响，因而对电池组荷电状态（SOC）的精确测定比较困难。

（七）充放电倍率

充放电倍率 C 是形容动力电池充放电大小的符号。1C 充放电就代表 1h 内把电池充满电到放空的电流大小，其数值等于电池的额定容量。

（八）使用寿命

1. 使用寿命的概念

循环寿命是评价电池寿命性能的一项重要的指标。电池经历一次充电和放电，称为一次循环，或者一个周期。按一定测试标准，当电池容量降到某一规定值（一般为额定值的 80%）以前，电池经历的充放电循环总次数，称为电池的循环寿命或使用周期。各类电池的循环寿命都有差异，即使同一系列、同一规格的产品，循环寿命也可能有很大差异。表 3－3 所示为常用不同电化学体系电池的循环寿命。

表 3－3　常用不同电化学体系电池的循环寿命

电池类型	铅酸电池（VRLA）	镍镉电池（Ni-Cd）	镍氢电池（Ni-MH）	锂离子电池（Li^{+}）	燃料电池
循环寿命（次）	400 ～ 600	600 ～ 1 000	800 ～ 1 000	800 ～ 3 000	10 000

2. 使用寿命的影响因素

动力电池使用寿命的影响因素主要包括充放电速率、充放电深度、环境温度、存放条件、电池维护过程、电流波纹以及过充电量和过充频度等。电池成组应用中，动力电池单体不一致性、电池单体所处温区不同、车辆的振动环境等都会对电池使用寿命产生影响。减少放电深度（即“浅放电”），二次电池的充放电循环寿命可以大大延长。

（九）自放电率

自放电率是指电池在存放时间内，在没有负荷的条件下自身放电，使电池容量损失的速度。自放电率采用单位时间（月或年）内电池容量下降的百分数来表示。自放电率通常与时间和环境温度有关，环境温度越高，自放电现象越明显，所以电池久置时要定期补电，并在适宜的温度和湿度下存放。

（十）电池不一致性

1. 电池不一致性的概念

电池不一致性是指同一规格、同一型号的电池单体组成电池组后，在电压、内阻及其变化率、荷电量、容量、充电接受能力、循环寿命、温度影响、自放电率等参数方面存在的差别。在现有的电池技术水平下，新能源汽车必须使用多块电池单体构成的动力电池组来满足使用要求。由于电池不一致性的影响，动力电池组在新能源汽车上使用的性能指标往往达不到电池单体原有水平，使用寿命会大大减少，严重影响新能源汽车的性能和应用。

2. 电池不一致性产生的原因

（1）在制造过程中，由于工艺上的问题和材质的不均匀，使得电池极板活性物质的活化程度和厚度、微孔率、连条、隔板等存在微小的差别，这种电池内部结构和材质上的不一致性，就会使同一批次出厂的同一型号电池的容量、内阻等参数不可能完全一致。

（2）在装车使用时，由于电池组中各个电池单体的温度、通风条件、自放电程度、电解液密度等差别的影响，在一定程度上会导致电池电压、内阻及容量等参数的不一致。

（十一）动力电池箱体防护等级

动力电池箱体防护等级是衡量动力电池箱体对外界环境因素（如灰尘、水等）的防护能力的一个标准。IP 等级由两位数字组成，第一位数字表示密封设备抗固体颗粒进入能力（等级为 0 ～ 6），第二位数字表示密封设备防水进入能力（等级为 0 ～ 8）。根据国家标准，纯电动汽车的动力电池箱体防护等级必须达到 IP67，这意味着动力电池箱体能够防止灰尘吸入，并且在常温常压下，当设备在深 1m 的水里时能够承受短时间（不超过 30min）的浸泡。这样的防护等级对于确保电池在多变的气候环境和复杂工况条件下保持密封防水性至关重要，避免因进水引发短路或更严重的安全事故。

三、镍氢电池

在镍氢电池（Ni-MH）出现之前，镍镉电池（Ni-Cd）已经获得了大规模的商业化应用，在早期的电动工具和电子产品上，大量应用镍镉电池作为可反复充放电的电源装置。金属镉具有很高的比电量，其值为 477A · h/kg，电池标称电压为 1.2V，因此镍镉电池的比能量可达 60W · h/kg。但是镍镉电池的“记忆效应”较为严重，循环寿命较短，而且镉是重金属，毒性较强，会带来严重的环境污染。为了解决这些问题，镍氢电池应运而生。

镍氢电池采用与镍镉电池相同的镍氧化物作为正极，金属氢化物作为负极，碱液作为电解液，主要组成部分包括正极板、负极板、隔膜、密封圈、正极接线柱、负极集电极、壳体等，如图 3 - 3 所示。

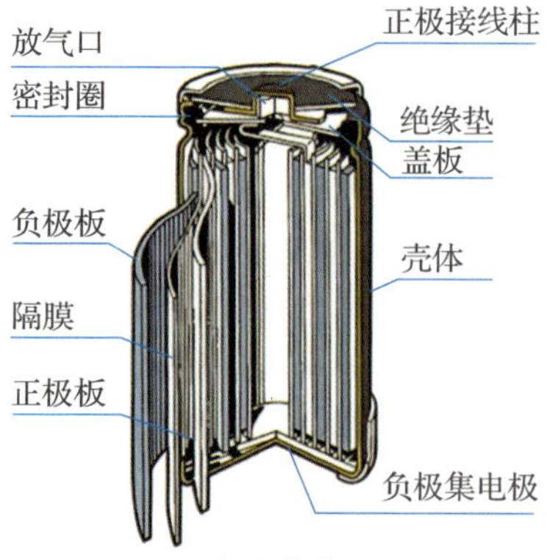

（a）结构

（b）外观

图 3 - 3　镍氢电池

镍氢电池具有无污染、高比能、大功率、快速充放电、耐用等优点。与铅酸电池相比，镍氢电池具有比能高、重量轻、体积小、循环寿命长的特点。

（1）比功率高。目前商业化的镍氢功率型电池能做到 1 350W/kg。

（2）循环次数多。目前应用在新能源汽车上的镍氢电池，80% 放电深度（DOD）循环可以达 1 000 次以上，为铅酸电池的 3 倍以上；100% 放电深度（DOD）循环也在 500 次以上，在混合动力电动汽车中可使用 5 年以上。

（3）无污染。镍氢电池不含铅、镉等对人体有害的金属，是“绿色环保电源”。

（4）耐过充过放。

（5）无记忆效应。

（6）使用温度范围宽。镍氢电池正常使用温度范围为 –30 ～ 55℃，储存温度范围为 –40 ～ 70℃。

（7）安全可靠。镍氢电池经过短路、挤压、针刺、跌落、加热、耐振动等安全性及可靠性试验，无爆炸、燃烧现象。

（8）镍氢电池的基本单元是电池单体，单体电压为 1.2V，按使用要求组合成不同电压和不同电荷量的镍氢电池总成。

镍氢电池目前主要应用于混合动力电动汽车，如丰田在普锐斯车型上首先采用镍氢电池作为储能装置，从而推动了镍氢电池在混合动力和纯电动汽车产品上的大规模应用。动力电池安装在后排座椅后面的行李舱内，如图 3–4 所示。

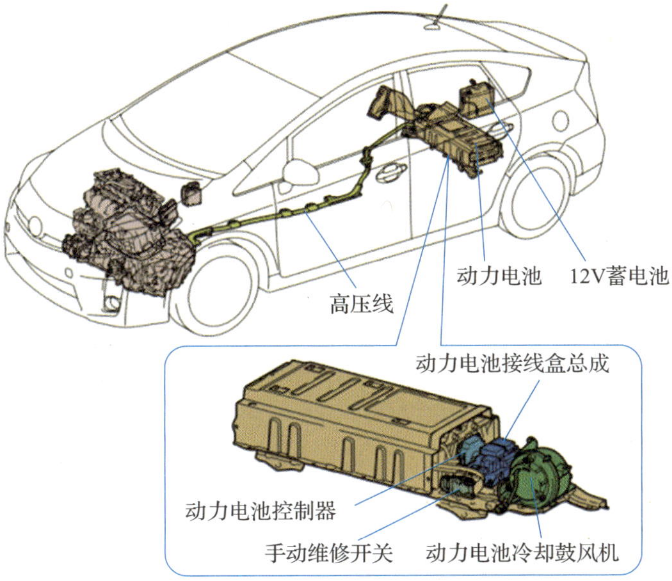

图 3–4　丰田普锐斯车型动力电池安装位置图

以丰田第三代普锐斯为例，其所采用的镍氢电池组由松下制造，重量为 53.3kg，使用 168 个电压为 1.2V 车用级镍氢电池串联而成，动力电池组总电压为 201.6V，电池容量为 13kW · h。丰田普锐斯车型动力电池的结构如图 3–5 所示。普锐斯车型采用的镍氢电池组，使用寿命可以达到 10 年。

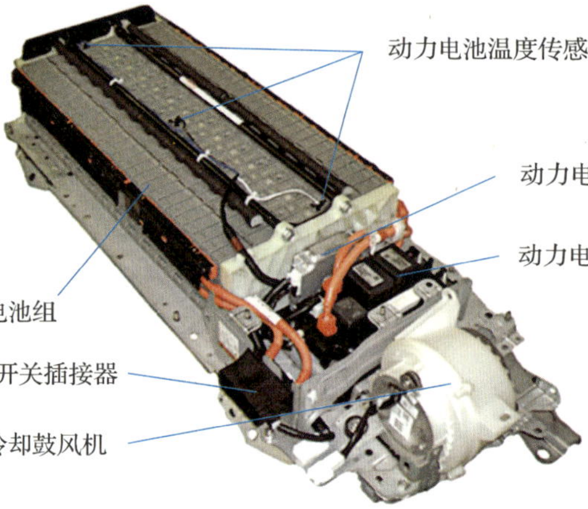

图 3－5　丰田普锐斯车型动力电池的结构

随着锂离子电池的快速发展，其优越的性能全面超越镍氢电池，因此在新能源汽车领域，镍氢电池逐渐被锂离子电池所取代，丰田的第四代普锐斯已经开始采用锂离子电池。

四、锂离子电池

锂离子电池可以多次进行充放电使用，它主要依靠锂离子在正负电极间的往返嵌入和脱嵌，来完成电池的充电和放电过程。自 20 世纪 90 年代以来，锂离子电池就以其能量密度高、循环寿命长、无记忆效应、环境友好等优点成为动力电池应用领域研究的热点。近年来，锂离子电池已经成为新能源汽车动力电池的主体。

（一）锂离子电池的分类

1. 按电池封装方式分类

按电池封装方式分类，锂离子电池可分为圆柱形锂离子电池、方形锂离子电池和软包锂离子电池，如图 3－6 所示。圆柱形锂离子电池前两位数字表示以 mm 为单位的最大直径，后三位数字表示以 0.1mm 为单位的最大高度，如 ICR 18650 型号，就是指直径为 18mm、高度为 65mm 的通用 18650 圆柱形锂离子电池。

方形锂离子电池的前两位数字表示电池的厚度，单位为 mm；中间两位数字表示电池的宽度，单位为 mm；后两位数字表示电池的高度，单位为 mm。例如，ICP 383450 型号，就是指实体部分厚 38mm、宽 34mm、高（长）50mm 的方形锂离子电池。若电池型号后带 P，表示功率型，此电池可以大倍率放电；若带 E，表示容量型，属于大容量电池。

软包锂离子电池只是液态锂离子电池套上一层聚合物外壳，在结构上采用铝塑膜包装。软包锂离子电池的机械强度不高，在出现安全事故（如内短路等）情况下，电池容易鼓起排气，降低了爆炸风险，在发生安全隐患的情况下软包电池最多只会鼓气裂开。

不同封装方式的锂离子电池各有优缺点，如表 3－4 所示。圆柱形锂离子电池方面，目前多个国家都有成熟的生产企业，采用圆柱形锂离子电池的代表车企为特斯拉。方形锂离子电池的壳体多为铝合金，内部采用卷绕式或叠片式工艺，机械强度高，对电芯的保护作用优于软包锂离子电池。在安全性方面，方形锂离子电池含有防爆阀，安全性能比圆柱形锂离子电池好。目前乘用车 EV 主要采用方形、圆柱形和软包锂离子电池，PHEV 主要采用方形和软包锂离子电池；商用车主要采用方形和软包锂离子电池，低速车和物流车主要采用圆柱形和软包锂离子电池。

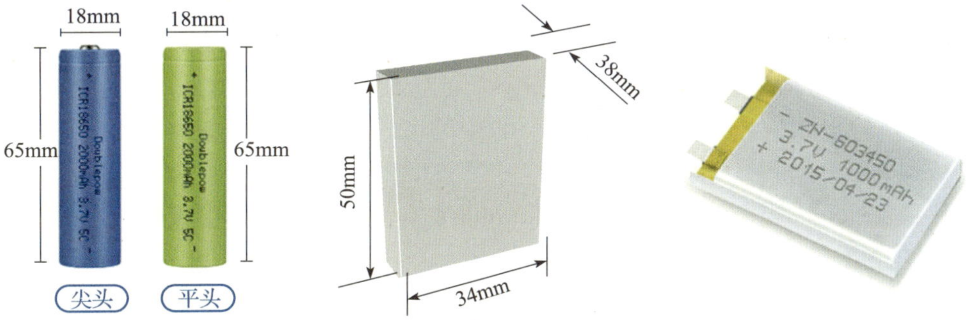

（a）圆柱形锂离子电池（ICR 18650型号）　（b）方形锂离子电池（ICP 383450型号）　（c）软包锂离子电池

图 3－6　不同封装方式的锂离子电池

表 3－4　不同封装方式锂离子电池的优缺点

封装方式	优点	缺点
圆柱形	工艺成熟、组装成本低、成品率高、一致性好、便于各种组合	重量重、比能低、热量难释放、安全性不好
方形	高硬度、重量轻、散热好、易于组成模组、含防爆阀、安全性较好	型号太多、尺寸变化需开模、成本较高
软包	比能高、尺寸变化灵活、成本低、循环性能好、安全性好	机械强度差、封口工艺较难、模组结构复杂、散热性差

2. 按正极材料分类

按正极材料分类，锂离子电池可分为磷酸铁锂离子电池、锰酸锂离子电池、钛酸锂离子电池和三元锂离子电池（包括镍钴锰、镍钴铝），钛酸锂用作锂离子电池负极。第一代车用锂离子电池主要是锰酸锂离子电池，第二代车用锂离子电池主要是磷酸铁锂离子电池，第三代车用锂离子电池主要是三元锂离子电池。不同正极材料的锂离子电池性能对比如表 3－5 所示。

表 3－5　不同正极材料的锂离子电池性能对比

正极材料	磷酸铁锂离子电池（LFP）	三元锂离子电池（NCM）	锰酸锂离子电池（LMO）	钛酸锂离子电池（负极）（LTO）
能量密度理论极限（W · h/kg）	170	280	100	80
标称电压（V）	3.3	3.7	3.7	2.2
循环寿命	2 000 ～ 3 000	2 000	600 ～ 1 000	10 000
安全性	好	较差	较好	好
成本	较低	高	最低	最高

（1）磷酸铁锂离子电池。

磷酸铁锂离子电池是目前国内新能源汽车较常用的锂离子动力电池之一。磷酸铁锂离子电池的优点有：

①安全性能好。可以在 390℃以下高温保持稳定，不会因过充、温度过高、短路、撞击而产生爆炸或燃烧，可以轻松通过针刺实验。

②循环使用寿命较长。理论循环使用寿命为 2 000 ～ 3 000 次，装车正常可以使用 7 ～ 8 年。实验显示，经过 3 000 次 0 ～ 100% 的充放电使用，磷酸铁锂离子电池的容量才会衰减到 80%。

③热稳定性好。当电池温度处于 500 ～ 600℃高温时，其内部化学成分才开始分解。

磷酸铁锂离子电池的主要缺点有：

①能量密度较低。磷酸铁锂离子电池的理论能量密度极限为 170W · h/kg，形成动力电池系统的能量密度在 100W · h/kg 左右，和三元锂离子电池相比有不小差距，这对整车的续驶里程有一定影响。

②电池容量较小。同样的电池容量，磷酸铁锂离子电池的重量更重、体积更大，这也影响了其续航能力。

③低温充放电性能较差。低温时充电对电池寿命有极大的影响，低温放电容量及放电功率也有所下降，因此冬季低温时整车会出现续航能力低及动力性下降的现象。此外，磷酸铁锂离子电池平整的放电平台也给电池荷电状态 SOC 估算带来了困难。

（2）三元锂离子电池。

三元锂离子电池是指正极材料使用镍钴锰酸锂或镍钴铝酸锂作为三元正极材料的锂离子电池。三元锂离子电池的优点有：

①能量密度高。三元锂离子电池的理论能量密度达 280W · h/kg，目前多数电池厂家生产的三元锂离子电池的能量密度已经达到了 200W · h/kg。随着电池技术的发展，三元锂离子电池的能量密度会进一步提高。因此在同样的能量下，三元锂离子电池系统的重量更轻，体积更小，使整车的续驶里程大幅提升。

②与磷酸铁锂离子电池相比，三元锂离子电池放电倍率高，一致性好，SOC 估算简便。

③低温性能好，动力电池系统可实现 –20℃直接充电。

三元锂离子电池的主要缺点有：

①热稳定性不如磷酸铁锂离子电池。当其自身温度达到 250 ～ 350℃时，内部化学成分就开始分解。因此对电池管理系统提出了极高的要求，需要加装电芯保险装置，这就会提高其经济成本。

②成本高。对比磷酸铁锂离子电池，电池容量每 W · h 价格高出 30% 左右。

③安全性比磷酸铁锂离子电池差。三元锂离子电池材料的脱氧温度是 200℃，放热能量超过 800J/g，电池外壳损坏的情况下，很容易引发燃烧、爆炸等安全事故。

④循环使用寿命短。由于三元锂离子电池材料本身的性质，三元锂离子电池的循环使用寿命相对较短。三元锂离子电池的理论循环使用寿

从“草根”到百亿富豪的新能源领军人物

命是 2 000 次，但在实际使用中，当进行 900 次的深度充放电循环后，电池容量就基本衰减到了 55%。若将电池充放电深度都控制在 0 ～ 50%，即使经过 3 000 次的充放电循环，电池容量基本能够保持在 70% 左右。

（3）锰酸锂离子电池。

锰酸锂离子电池的标称电压达到 3.7V，能量密度中等。由于锰元素储量高，资源丰富，生产制造锰酸锂离子电池的成本也较低。同时，锰酸锂离子电池的安全性较好。但因能量密度不高、循环寿命衰减较快，现已逐渐退出车用动力电池应用。

（4）钛酸锂离子电池。

钛酸锂离子电池快充性能好，放电倍率大，循环寿命长，安全性能好，低温性能好；但因能量密度低、成本高，只在个别新能源客车上使用，如银隆新能源客车。

（二）锂离子电池的充放电特性

1. 锂离子电池的充电特性

锂离子电池对充电终止电压的精度要求很高，一般误差不能超过额定值的 1%。充电终止电压过高，会影响锂离子电池的寿命，甚至造成过充现象，对电池造成永久性的损坏；充电终止电压过低，又会使充电不完全，电池的可使用时间变短。

在充电电流方面，锂离子电池的充电电流应根据电池生产厂的建议进行选用。理想的充电电流通常为 0.5 ～ 1C。大电流充电可缩短充电时间，但充电过程中电池内部的电化学反应会产生热量，因此会有一定的能量损失，同时必须监测电池的温度以防过热损坏或产生爆炸。锂离子电池的充电温度一般控制在 0 ～ 60℃。

锂离子电池有不同的充电方法，最简单的就是恒压充电。恒压充电时，充电电流不断下降，当充电电流降到低于 0.1C 时，就认为电池被充分充电了。但是，恒压充电方式需很长的充电时间。兼顾充电过程的安全性、快速性和高效性，锂离子电池常采用先恒流后恒压的充电方式，如图 3－7 所示。对于放电电压低于 3V 的电池，一开始就采用大电流充电对电池来说是一种损害，这时采用 0.1C 的小电流进行恒流预充电，可有效修复过放电的电池。因此先恒流后恒压的充电方式通常包括三个过程：预充电、恒流充电、恒压充电。

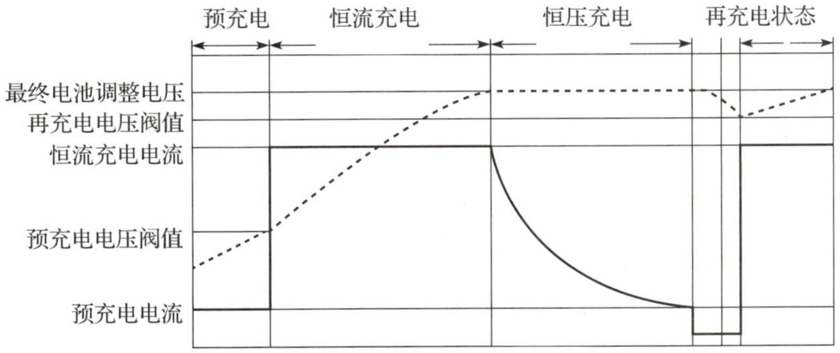

图 3－7　先恒流后恒压的充电方式

图 3－8 所示为三元锂离子电池采用先恒流后恒压充电方式时的充电特性，恒流电流为 0.2 ～ 1C，恒压充电电压为 4.2V。从图 3－8 可以看出，1C 恒流充电结束时，电池容

量已达到 80% 以上，充电时间约为 50min。

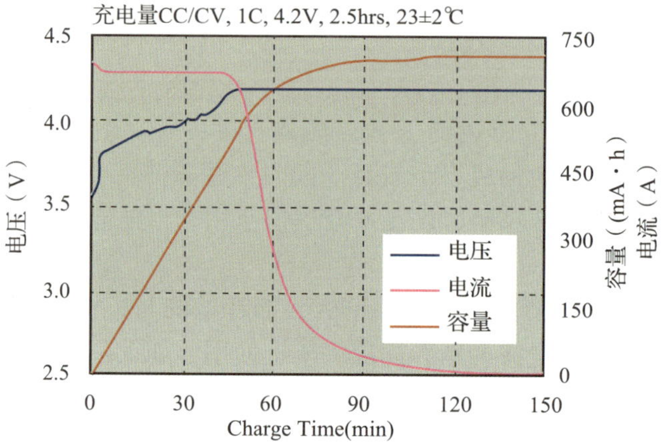

图 3－8　三元锂离子电池采用先恒流后恒压充电方式时的充电特性

2. 锂离子电池的放电特性

在放电方面，锂离子电池的最大放电电流一般被限制在 2 ～ 3C。更大的放电电流会使电池发热严重，对电池的组成物质造成损坏，影响电池的使用寿命。同时，由于大电流放电时，电池的部分能量转变成热能，因此电池的放电容量将会降低。在过放电时，还可能会造成电池的失效。

（1）不同放电倍率的放电特性。

图 3－9 所示为不同放电倍率下锂离子电池的放电特性。锂离子电池放电时有以下要求：一是放电电流不能过大，过大的放电电流会导致内部发热，有可能会造成永久性的伤害；二是电池电压低于放电终止电压后，若仍然继续放电，将产生过放现象，这也会造成电池永久性损坏。不同的放电倍率下，电池电压的变化有很大的区别。放电倍率越大，相应剩余容量下的电池电压就越低。从图 3－9 可以看出，采用 0.2C 放电倍率，电池单体电压下降到 3V 时，放电容量约为 700mA·h，而采用 2C 放电倍率时，放电容量只有约 620mA·h，大电流放电时，电池的放电容量下降。

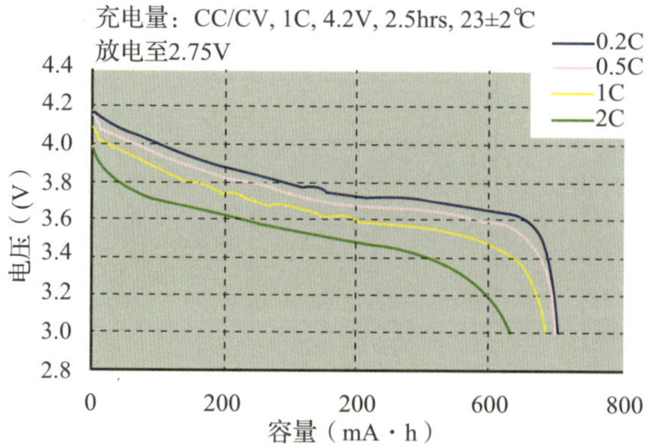

图 3－9　不同放电倍率下锂离子电池的放电特性

（2）不同温度的放电特性。

温度对放电性能的影响直接反映到放电容量和放电电压上。温度降低，电池内阻增大，电化学反应速度放慢，极化内阻迅速增加，电池放电容量和放电平台下降，影响电池功率和能量输出。锂离子电池的工作温度为 –25 ～ 45℃，随着电解质及正极的改进，有望扩展到 –40 ～ 70℃。不同温度下锂离子电池的放电特性如图 3-10 所示。从图 3－10 可以看出，锂离子电池最理想的放电温度在 20℃左右，此时的充放电性能均能最大化。

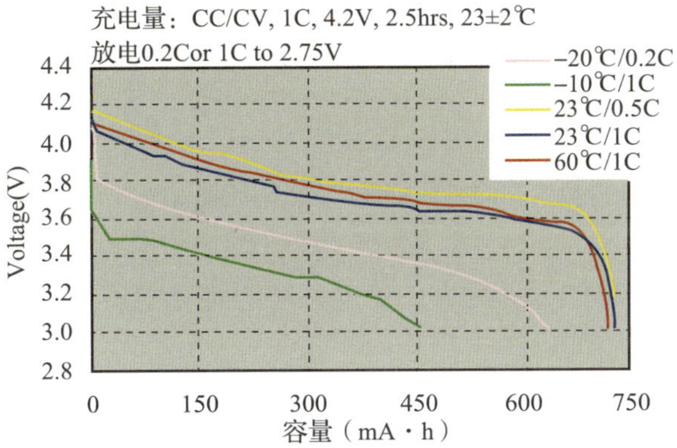

图 3－10 不同温度下锂离子电池的放电特性

通过以上锂离子电池的充放电特性可以看出，在新能源汽车使用过程中，理想的充放电要求是浅充浅放。具体是指在车辆使用过程中，减少使用大电流的放电情况，如果急加速，这样会导致电池的放电容量急剧减小，使得单次行驶续驶里程快速缩短。最好在车辆电量低于 20% 之前就开始充电，条件许可的情况下，做到随用随充，这对提高电池的使用寿命是有益的。

五、典型的动力电池单体

目前新能源汽车上使用较多的锂离子电池为三元锂离子电池和磷酸铁锂离子电池。下面主要介绍的动力电池有 18650、21700 以及 4680 圆柱形锂离子电池、宁德时代的麒麟电池（三元锂离子电池）、神行电池（磷酸铁锂离子电池）、巨鲸电池（三元锂和磷酸锰铁锂），以及比亚迪的刀片电池。

（一）18650、21700、4680 圆柱形锂离子电池

1. 18650 圆柱形锂离子电池

18650 圆柱形锂离子电池，是商业化最早、生产自动化程度最高、当前成本最低的一种动力电池。特斯拉的 Model S 所搭载的就是 18650 圆柱形锂离子电池。

电池单体主要由正极、负极、隔膜、正 / 负极集电极、安全阀、过流保护装置、绝缘件和壳体共同组成。早期钢壳较多，当前以铝壳为主。

电池单体过流保护装置，每个厂家的设计并不相同，根据对安全性要求的不同，价格也不同，可以进行定制。一般的保护装置主要有 PTC 正温度系数电阻和熔断装置两大类。

当出现过大电流时电阻发热，温度提升促进 PTC 正温度系数电阻增加，当温度超过一个阈值后陡然升高，相当于把故障电芯从总体回路中隔离开来，避免进一步热失控的发生。熔断装置在原理上就是一个熔丝，遇到过大电流时熔丝熔断，回路被断开。

两种保护装置的区别在于前者可恢复，后者的保护是一次性的，一旦故障发生，系统认为必须更换问题电芯才能正常工作。

18650 电池的优点有：

（1）电池单体一致性较好。

（2）电池单体自身力学性能好，与方形和软包锂离子电池相比，封闭的圆柱体，近似尺寸下可以获得更高的弯曲强度。

（3）技术成熟，成本低。

（4）电池单体能量小，发生事故时，形式易于控制。

18650 电池的缺点有：

（1）电池系统的电池单体数量过大，这就使得电池系统复杂度大增，系统成本较高。

（2）能量密度的上升空间已经很小。

2. 21700 圆柱形锂离子电池

特斯拉 Model 3（2022 款）高性能四驱版车型搭载的 21700 电池是三元锂离子电池，如图 3－11 所示，其正极材料使用的是镍钴锰酸锂三元正极材料。

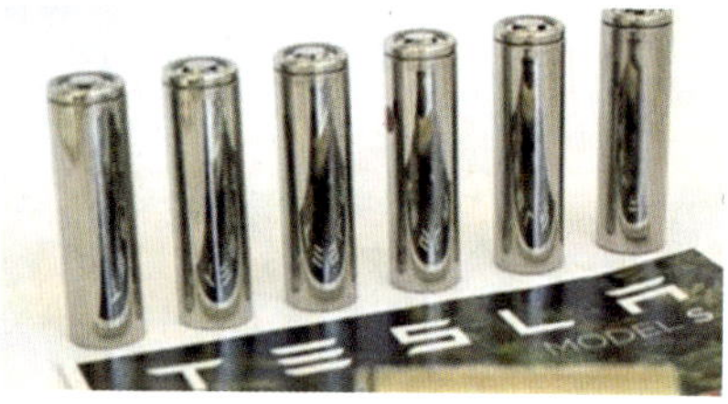

图 3－11　21700 电池

21700 电池有以下优点：

（1）重量更轻，整车空间变得更大。单体电池的比能较高，因此相同能量所需的电池单体可以减少 1/3 的数量；与此同时，大大降低系统管理的难度，也会减少电池运用的金属结构件和电气配件的数量，进而大大降低了锂离子电池的重量，整车的比能将得到部分提升。

（2）拥有更高的性价比。选用 21700 电池后，电池节数必将大幅减少。在大大降低系统管理难度的同时，将同比例减少电池包选用的金属结构件及导电连接件等配件数量。特斯拉的 Pack 项目成本占总系统项目成本约 24%，预计电池包项目成本降幅相对比较乐观。

（3）电池比能大幅提升。2020 年动力电池单体比能要攻克 300W · h/kg，动力电池系统比能达到 260W · h/kg。目前做得最好的 18650 电池达不到这个技术要求，绝大多数国产电池的相对密度都是在 100 ～ 150W · h/kg。

21700 电池目前主要的缺点是工艺技术不够成熟。21700 电池的生产加工设备、工艺技术等并非一朝一夕就能准备好，现在还不能大批量生产，没有 18650 电池的工艺技术发展趋势快。

3. 4680 圆柱形锂离子电池

4680 电池，是指外壳直径为 46mm、高度为 80mm 的圆柱形锂离子电池，正极材料可以是三元高镍锂芯，负极材料是石墨混合硅。

特斯拉 Model Y 采用 4680 电池作为动力源。4680 电池采用“无极耳”设计，“无极耳”即为一种全极耳（示意图见图 3-12），通过巧妙的结构设计直接利用整个集流体尾部作为极耳，并通过盖板（集流盘）结构设计增大极耳传导面积及其连接处的连接面积、缩短极耳传导距离。

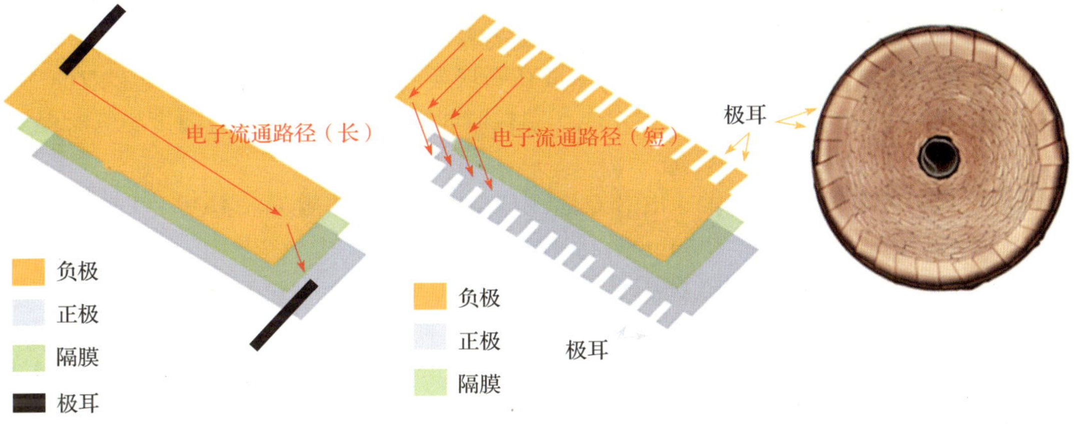

（a）传统圆柱形锂离子电池解卷结构　　（b）4680电池解卷结构　　（c）4680电池极耳俯视图

图 3－12　4680 电池全极耳示意图

当采用传统的极耳设计时，热量损失是“无极耳”设计时的 5 倍，所以 4680 电池采用激光雕刻的“无极耳”技术。相较于 21700 电池，4680 电池的能量密度整体提升了 5 倍，功率输出提升了 6 倍，续驶里程提升了 16%，且每千瓦时的成本下降了 14%。总体来说，这种设计大幅提升了电池功率、散热性能、生产效率、充电速度。

另外，4680 电池较之前 21700 电池在直径和高度上都有提升，直径从 27mm 变为 46mm，高度从 70mm 变为 80mm，电芯厚度增加，曲率降低，空心部分更大。

随着电池尺寸的增大，电池组中电池单体数量减少，金属外壳占比减少，正极、负极等材料占比增加，能量密度提高。与 21700 电池相比，4680 电池在能量方面提高了 5 倍，目前续驶里程的提升主要来自 CTC 技术，随着材料体系的不断升级，电池能量密度有进一步的提升空间。

（二）麒麟电池

麒麟电池（见图 3－13）为宁德时代第三代 CTP（Cell to Pack）技术。相较于传统“电芯－模组－电池包”三级结构，CTP 技术省去或减少模组组装环节，将电芯直接集成至电池包或更大的模组，最终达到提高系统层级能量密度、降低成本的目的。

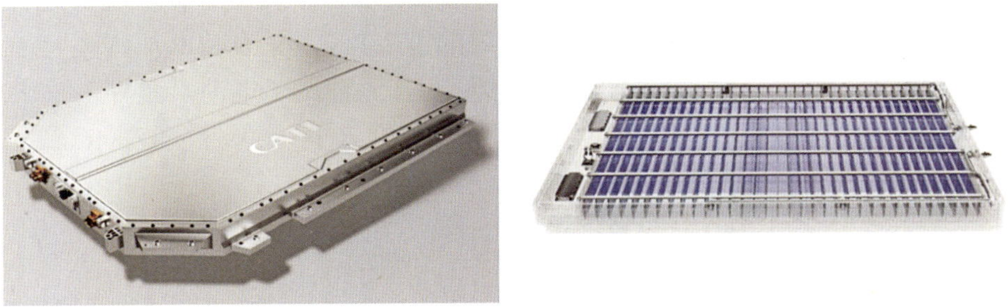

图 3－13　麒麟电池

第三代 CTP 技术：一是完全取消模组形态布局；二是取消电池包横纵梁、底部水冷板以及隔热垫的单独设计，集成为多功能弹性夹层。

麒麟电池具备以下优势：

（1）极速温控，安全性提升。麒麟电池在两块电芯中间设计水冷板，电芯双面冷却，换热面积较原底部冷却方案扩大 4 倍，电芯温控时间缩短 50%，在电芯温度异常时极速降温，有效阻隔热失控，安全性更优。

（2）支持 4C 高压快充技术。电芯双面冷却设计带来散热效率的提升，进而可适应更大电流和高压快充（4C），做到 5min 热起动、10min 充电 80%。

（3）电池寿命长。中间多功能弹性夹层设计可在电芯膨胀时起到一定缓冲作用，相比电芯贴电芯的设计，电池循环寿命延长，如图 3－14 所示。

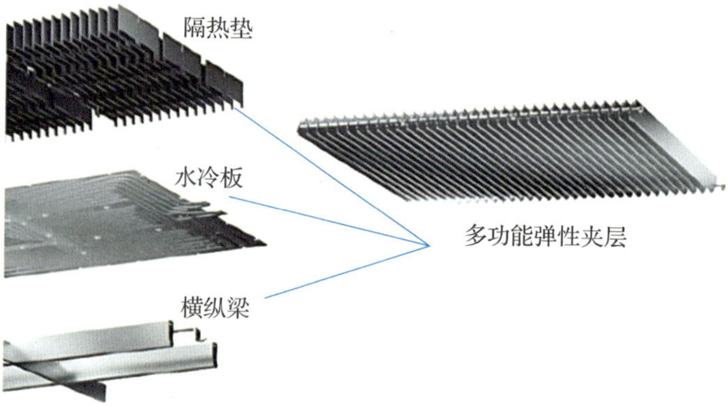

图 3－14　麒麟电池多功能弹性夹层设计

（4）比能高。麒麟电池完全取消模组形态布置，进一步减少了结构件的用量；同时，一体化设计的冷却结构，兼具水冷、缓冲、结构支撑多重作用，减少了横纵梁设计，使得电池包空间利用率提升，从第一代 CTP 到麒麟电池，电池包空间利用率从 55% 提升至 72%，间接提升了系统能量密度，磷酸铁锂系统能量密度为 160W · h/kg，三元可达 255W · h/kg，较 4680 电池多容纳 13% 的电量，匹配三元技术可支持新能源汽车实现 1 000km 以上的续驶里程。

极氪 009 就是最早搭载麒麟电池的车型之一，它的电池容量不仅达到了 140kW · h，实际整包能量密度更是达到了 192.6W · h/kg。即使极氪 009 已经是一台车重接近 3t 的“庞然大物”，麒麟电池也能让它拥有 822km 的超长 CLTC 续驶里程，可见其在性能上的优势。同样是“庞然大物”的理想 MEGA 搭载的 102.7kW · h 麒麟电池则主打 5C 超充，最快 12min 就能充 500km，是目前充电最快的量产三元锂离子电池。此外，小米 SU7 与宁德时代共同研发了一款 101kW · h 的麒麟电池，除了支持 800V 高压和 4C 快充，还重新设计了电芯的泄压阀位置，提升了电池热失控后的安全性。

（三）神行电池

宁德时代的神行电池，作为一款磷酸铁锂离子电池，以其在安全性、耐用性以及快速充电能力方面的卓越表现，成为新能源汽车领域的理想选择。该电池在保持磷酸铁锂离子电池固有的高热稳定性和长循环寿命的同时，实现了至少4C倍率的超快速充电功能，满足了现代家用车型对可靠性和效率的双重需求。

神行电池的超充速度是其显著的技术亮点。以极氪001为例，该车型搭载的95kW·h的神行电池，不仅全面兼容800V高压平台，更在充电倍率上达到了5C的高水准。这一突破性进展意味着，极氪001在最短的时间内（12min），即可实现至少500km的续驶里程补充，极大地提升了用户的充电便利性和车辆的使用效率。

然而，尽管神行电池在安全性和充电速度上具有明显优势，而在能量密度方面的表现则相对有限。目前，神行电池的整包能量密度尚未达到150W·h/kg，这意味着在相同体积和容量的前提下，磷酸铁锂离子电池的重量会超过三元锂离子电池。这一特性在一定程度上限制了其在追求轻量化设计的高性能新能源汽车上的应用。

宁德时代的神行电池以其在安全性、耐用性和快速充电能力方面的优秀表现，为家用新能源汽车提供了一种高效、可靠的动力解决方案。尽管在能量密度方面存在局限，但其在提升用户充电体验和保障车辆安全运行方面的贡献不容忽视。随着电池技术的持续发展和创新，神行电池有望在未来实现性能的进一步提升，更好地满足市场和用户的需求。

（四）巨鲸电池

巨鲸电池是华为与宁德时代联合研发的创新成果，代表了动力电池技术的新突破。这款电池的电芯材料既不是三元锂，也不是磷酸铁锂，而是二者“混合”后的三元锂和磷酸锰铁锂，旨在融合两种材料的特性，实现性能与安全的最优化平衡。

巨鲸电池的核心优势在于其材料的复合特性，不仅继承了三元锂离子电池高能量密度和长续航能力的优点，同时也吸收了磷酸铁锂离子电池较高的热稳定性和安全性。巨鲸电池虽然在单一性能参数上可能不及其他顶尖电池产品，但在综合性能上的均衡表现，使其在实际应用中展现出更为全面的优势。

以问界M9搭载的100kW·h巨鲸电池为例，该电池系统不仅支持800V高压充电平台，确保了快速充电的可能性，而且整包能量密度达到了186.1W·h/kg，这一数据在当前电池技术中极具竞争力。此外，其最高充电倍率也达到了3.2C，为用户提供了快速充电的便利。

华为选择巨鲸电池的决策背后体现了务实的战略考量。一方面，鉴于国内800V超充充电桩的覆盖尚在完善之中，巨鲸电池的高兼容性确保了车辆能够适应不同的充电环境；另一方面，通过适度调整充电速度，巨鲸电池在保障快速充电的同时，更注重电池的循环寿命、稳定性以及综合性能的均衡，为用户提供了更为可靠的电力保障。

华为与宁德时代巨鲸电池的推出，不仅丰富了动力电池市场的产品线，也为新能源汽车的多元化发展提供了新的技术选项。巨鲸电池有望在未来的新能源汽车领域发挥更加重要的作用，满足用户对高效能、高安全性和长使用寿命电池的期待。

（五）刀片电池

比亚迪的刀片电池就是典型的磷酸铁锂离子电池。磷酸铁锂离子电池包括正极、负极、电解质、聚合物隔膜、正极引线、负极引线、中心端子、绝缘材料、安全阀、密封圈、正温度控制端子、电池壳等。其内部结构如图 3－15 所示。

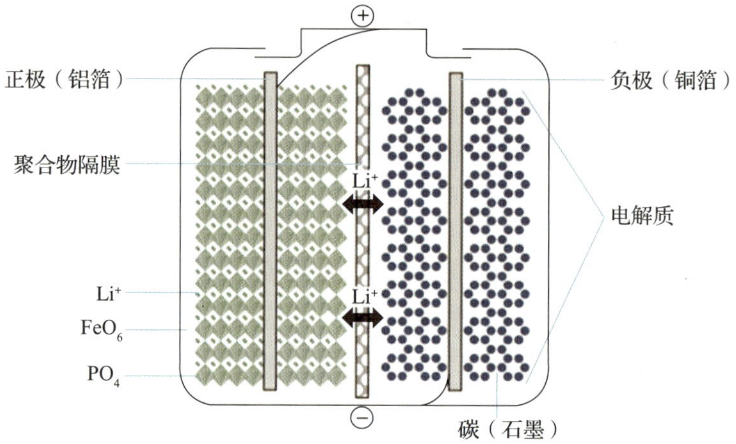

图 3－15　磷酸铁锂离子电池的内部结构

刀片电池的内部结构是叠片、形状长而薄、酷似刀片的新型电池包。刀片电池是一种针对电池包的设计专利，它的内部将很多形似刀片的电池单体集合成电池阵列。刀片电池改变了电池单体的形状，不需要模组，可以直接布置在电池包内，并具有较大的散热面积和较薄的厚度，所以刀片电芯的散热性能较好。其外形结构如图 3－16 所示。

图 3－16　刀片电池的外形结构

刀片电池具有其他同类型电池不具备的优点，主要是：

（1）电池能量密度较高。刀片电池取消了模组设计，减少了很多结构件设计，上下箱体与电芯紧密连接，使体积能量密度提高 50%。

（2）成本低。刀片电池优化了电池结构设计，电池二级零部件数量减少 40%，并适用低成本的 LFP 体系，有效降低了成本。

（3）结构强度高。刀片电池在 Pack 设计中，电芯的上、下两面各使用了结构胶粘贴高强度的强度板，形成了类似蜂窝铝板的结构，使每一个电芯充当结构梁。传统电池包一般只有 4 ～ 5 根梁，而刀片电池是让每一个电芯都充当结构件，当电池底部发生碰撞的时候，电芯可以直接承受一定范围的力。

（4）热管理优异。刀片电池的水冷板布置在电芯上方，同时在电芯与电芯之间设计了导热层，这种方案的热交换面积比传统方形电芯大很多，能够有效地将电芯的热量传递给水冷板，再加上刀片电芯的散热性能本来就好，能将电池内最大温差控制在 1℃内，大大优于目前行业内普遍的5℃。

（5）集成化。刀片电芯是有不同规格的，长度可以在435～2 500m之间变换，再加上是标准的平板式电池包，刀片电池可以根据整车空间变化电池包的尺寸，开发不同规格的电池，这种集成化的电池有效地降低了开发费用和缩短了开发时间。

（6）电池包高度低。正常电芯的高压线束和温度、电压传感器都在电芯的上方，都要占据一定的空间，上箱体要与这些零部件保持至少5mm的距离，而刀片电池的高压线束和传感器都在电芯的高度方向，所以上箱体可以直接与电芯接触，使刀片电池可以比同规格的电池高度节约10～20mm。

刀片电池的缺点主要有：

（1）维修成本高。刀片电池采用CTP方案，电芯通过特殊胶水固定，虽然可以提高安全性和稳定性，但电芯被粘在一起后很难再拆开，这可能对电池的维修和回收造成一定困难。

（2）低温性能受限。刀片电池作为磷酸铁锂离子电池的一种，低温性能较差，电池包的整体重量相对较大，这可能对车辆的整体重量和能耗效率产生一定影响。

任务二 动力电池管理系统

学习目标

知识目标：

1. 掌握新能源汽车动力电池包的结构与原理；
2. 掌握新能源汽车动力电池管理系统的结构与功用。

能力目标：

1. 能准确说出动力电池包的结构及主要组件；
2. 能准确分析动力电池管理系统的工作原理。

素养目标：

1. 掌握分析问题和解决问题的一些基本方法；
2. 尝试多元化思考解决问题，形成创新意识。

任务导入

请你就目前市场上常见车型的动力电池包，描述动力电池包的构成；根据动力电池包的参数及串并联关系，计算其电池单体的电压、容量等参数，并在学习小组或班级里进行交流汇报。

知识框架

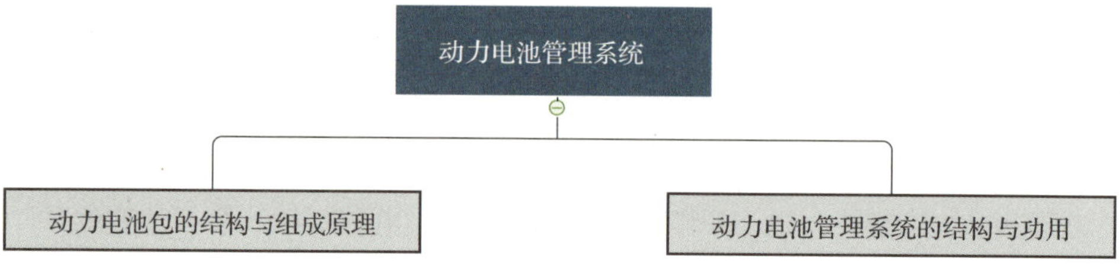

知识介绍

动力电池管理系统（BMS）是电池保护和管理的核心部件，在动力电池系统中，它的作用相当于人的大脑，它不仅要保证电池安全可靠的使用，而且要充分发挥电池的能力和延长其使用寿命。作为电池和整车控制器（VCU）以及驾驶人沟通的桥梁，BMS 控制动力电池组的充放电，并向整车控制器上报动力电池包的基本参数及故障信息。

一、动力电池包的结构与组成原理

（一）动力电池包的结构

动力电池包一般主要由动力电池模组、动力电池管理系统、动力电池箱及辅助元器件等部分组成。图 3－17 所示为某 EV 车型动力电池包的结构与组成。

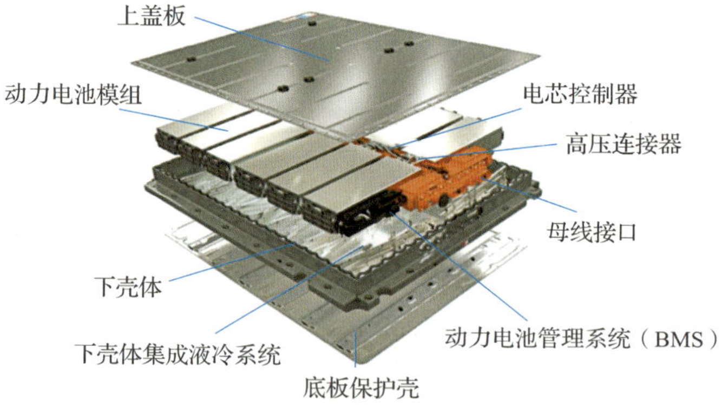

图 3－17　某 EV 车型动力电池包的结构与组成

1. 动力电池模组

电池单体（电芯）：构成动力电池模组的最小单元，一般由正极、负极、电解质及壳体等构成，可实现电能与化学能之间的直接转换。

电池模块：一组并联的电池单体的组合，该组合的额定电压与电池单体的额定电压相等，是电池单体在物理结构和电路上连接起来的最小分组，可作为一个单元替换。

电池模组：由多个电池模块或电池单体串联组成的一个组合体。

将电芯装到车上，传统的主要步骤是：电芯（Cell）→模组（Module）→电池包（Pack）→

车身（Body/Chassis）。动力电池高效成组 CTP（Cell to Pack）技术跳出了行业原先的电芯、模组、电池包的三级设定。CTP 就是将模组这一步给省掉，从电池包角度出发，对结构进行高度集成，并对新工艺进行研发，优化热管理解决方案，实现从电芯直接到电池包的高效集成，提高了整包的体积成组效率，同时减少了零部件的数量，进而提高了生产效率和整包的重量能量密度。CTP 技术现有两种不同的方案：一是彻底取消模组的方案，以比亚迪刀片电池为代表；二是小模组整合为大模组的方案，以宁德时代麒麟电池 CTP 技术为代表。

而 CTB（Cell to Body）与 CTC（Cell to Chassis）是相似的，就是进一步将电池包这一步给省掉。CTB 是比亚迪在发布海豹时讲述的概念，核心特点是指将车身地板与电池上盖合二为一，这样可以使体积利用率提升至 66%，垂直空间增加 10mm。特斯拉或者零跑 C01 的 CTC，与比亚迪的 CTB，其实是异曲同工之妙，都是将电池结构的一部分与整车的内饰地板做整合，从而实现高度集成化，减少零部件开发，增大车内空间。同时，电池作为车身刚度支撑的一部分，使整车刚度进一步提升。

2. 动力电池管理系统（BMS）

动力电池管理系统（BMS）是电池保护和管理的核心部件。BMS 通过电压、电流及温度检测等功能实现对动力电池系统的过压、欠压、过流、过高温和过低温保护，并实现继电器控制、SOC 估算、充放电管理、均衡控制、故障报警及处理、与其他控制器通信等功能。此外，BMS 还具有高压回路绝缘检测功能，以及为动力电池系统加热功能。BMS 又分为主控制器板（主板）和从控制器板（从板），如图 3－18 所示。

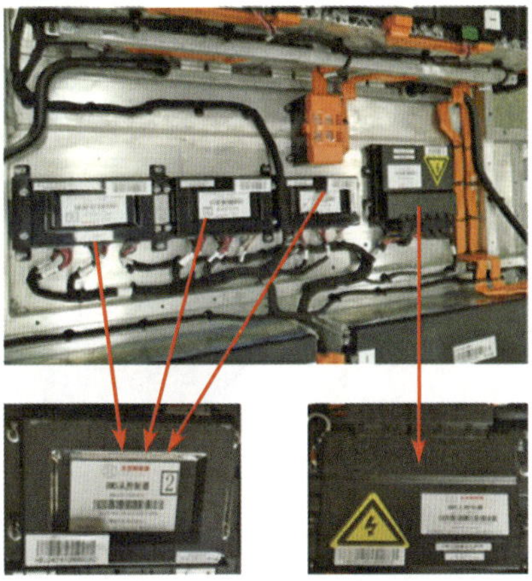

从板　　主板

图 3－18　BMS 主、从板

3. 动力电池箱

动力电池箱是支撑、固定、包围动力电池系统的组件，主要包含上盖、下托盘及辅助元器件（如过渡件、护板、螺栓等）。动力电池箱有承载及保护动力电池组与电气元器件的作用。

动力电池箱体一般通过螺栓连接在车身底盘上，其防护等级为 IP67。整车维护时需观察动力电池箱体螺栓是否有松动，动力电池箱体是否破损或严重变形，密封法兰是否完整，确保动力电池可以正常工作。

动力电池箱体外表面颜色要求为银灰或黑色，亚光；动力电池箱体表面不得有划痕、尖角、毛刺、焊缝及残余油迹等外观缺陷，焊接处必须打磨圆滑。

4. 辅助元器件

辅助元器件主要包括动力电池系统内部的电子电器元器件，如熔断器、继电器、分流器、接插件、紧急开关、烟雾传感器等，维修开关、电流传感器以及电子电器元器件以外的辅助元器件，如密封条、绝缘材料等。接触器位于线束和继电器模块内，用于控制高压电器盒的通断（见图 3－19）。

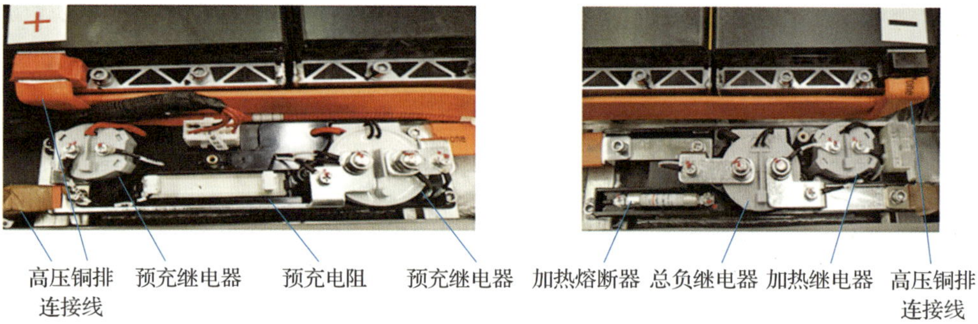

图 3-19　高压电器盒

（二）动力电池包的组成原理

新能源汽车的动力电池系统的工作电压通常为 200 ～ 800V，需要将多节电池单体通过串并联的方式组成动力电池包（Battery Pack），以满足电池模组的电压和容量要求，串联可提升电池模组的电压，并联可提高电池模组的容量。

n 个电池单体通过串联构成电池模组（简称 *n*S）时，电池模组的电压为电池单体电压的 *n* 倍，而电池模组的容量为电池单体的容量。例如，4 节同样的锂离子电池通过串联组成电池模组，电池模组电压变为 14.8V，而额定容量仍为 1A · h，如图 3-20 所示。

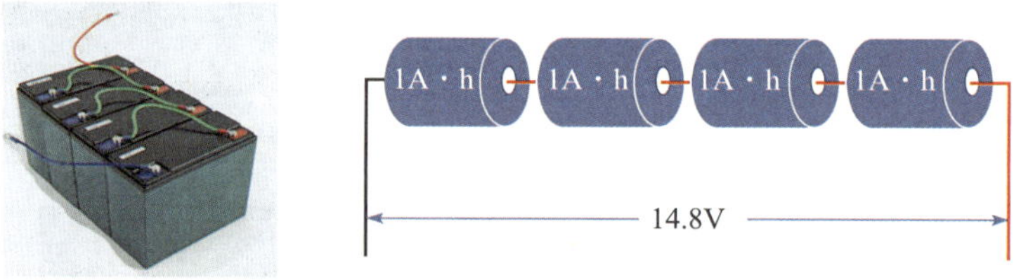

图 3-20　电池模组的串联

电池并联方式通常用于满足大电流的工作需要。*m* 个电池单体通过并联构成电池模组（简称 *m*P）时，电池模组的容量为电池单体容量的 *m* 倍，电池模组的标称电压为电池单体的标称电压。例如，4 节标称电压为 3.7V、额定容量为 1A · h 的三元锂离子电池通过并联组成电池模组，电池模组电压仍为 3.7V，而额定容量变成了 4A · h，如图 3-21 所示。

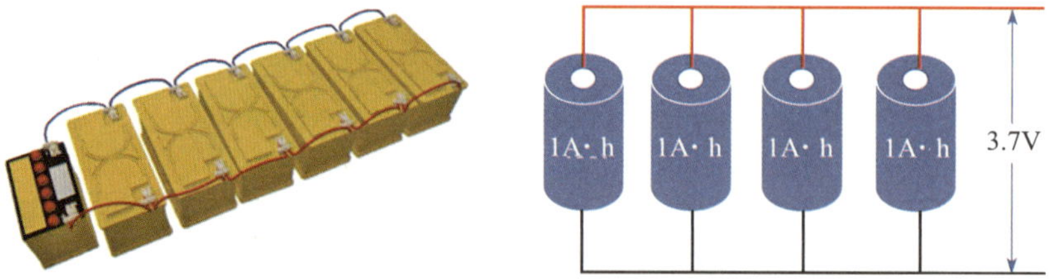

图 3-21　电池模组的并联

为了形象地表达电池模组的电池单体连接关系，通常对动力电池模组进行编号，用字母 S 表示串联，用字母 P 表示并联。如某电池模组型号为 2P5S，则代表该电池模组由

2 个电池单体并联，再由 5 组并联后的电池串联组成，如图 3－22 所示。该电池模组共包括 10 个电池单体，输出电压为 18.5V，容量为 2A·h。

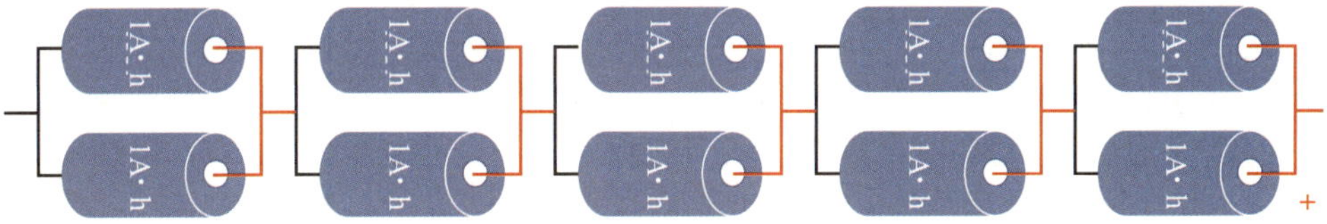

图 3－22　2P5S 电池模组

动力电池包并不是简单地将电池单体串并联，而是根据动力电池箱的结构、尺寸先将电池单体组成电池模组，再将电池模组串并联组成动力电池包，并根据需要在动力电池包内系统集成接触器、热管理系统、电池信息采集系统、电池管理系统等。

二、动力电池管理系统的结构与功用

（一）动力电池管理系统概述

新能源汽车动力电池包通常由若干个电池模组组成，每个电池模组由多节电池单体通过串并联构成。例如，三元锂离子电池单体，其标称电压为 3.7V，最大充电电压为 4.2V，最小放电电压为 2.5V，欠压会给电池造成不可逆的损害，如容量衰减和自放电加速，而过压则可能会引起过温自燃，存在安全风险。若某个电池单体性能下降或故障将导致动力电池模组性能下降或出现故障而报废，因此必须确保电池模组中的每个电池单体处于最佳工作状态。动力电池管理系统（Battery Management System，BMS）正是对动力电池包进行监测、保护和运行管理的一套系统，它是新能源汽车动力电池核心技术之一。BMS 通过对动力电池包及其电池单体状态进行监测、运算分析、能量控制、均衡控制、故障自诊断等，不仅要保持动力电池正常运行、保证车辆运行安全和提高动力电池使用寿命，而且 BMS 是动力电池与整车控制器（VCU）以及驾驶人之间的沟通桥梁，向整车控制器上报动力电池的各项信息并在仪表上显示出来，如图 3－23 所示。

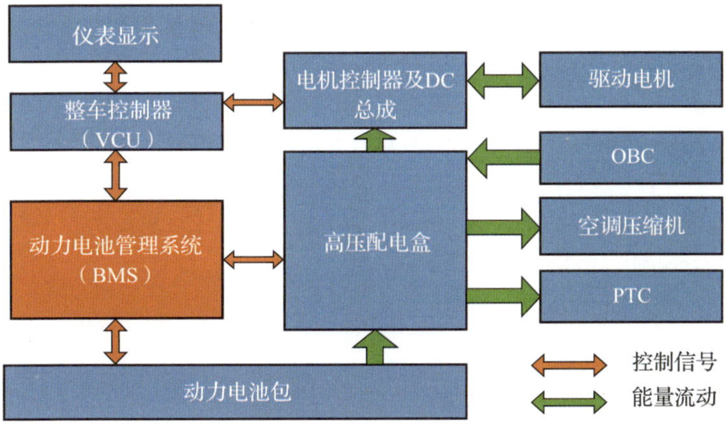

图 3－23　BMS 定位

（二）动力电池管理系统的组成

动力电池管理系统（BMS）的组成如图 3－24 所示。BMS 一般由 CSC 监测模块（从控模块）、控制单元 BMU（主控模块）、高压配电盒、电流传感器和热管理系统五个部分组成。集中式 BMS 将从控模块与主控模块集成为一个整体。

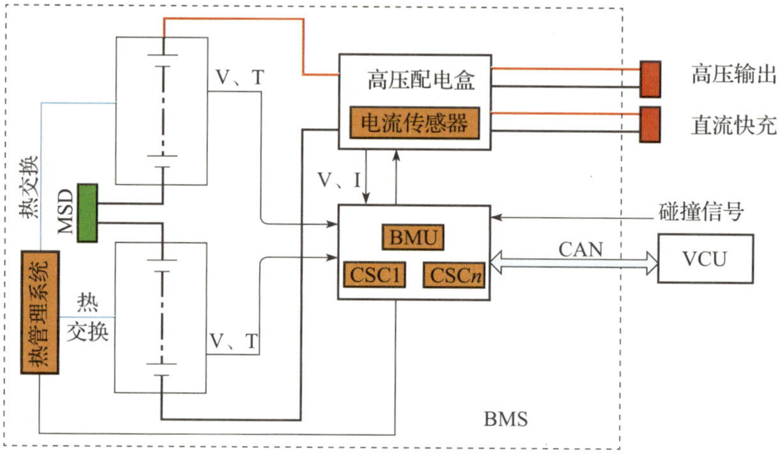

图 3－24　BMS 的组成

1. CSC 监测模块

CSC（Cell Supervising Circuit）又称为电池单体监测电路，一般做成一个专用的集成数据采集模块，负责对单个动力电池模组的各电池单体电压、温度和采样线的异样进行监测。有些动力电池管理系统将该模块称作电池信息采集器（Battery Information Collector，BIC）。

2. 控制单元 BMU

控制单元 BMU（Battery Management Unit）又称作 BMC（Battery Management Controller），它是动力电池管理系统（BMS）的"大脑"，通常集成有动力电池总电压检测、绝缘检测模块，负责收集 CSC 监测模块、总电压、总电流、动力电池绝缘性监测的数据，通过 CAN 网络与整车控制器（VCU）、车载充电机（OBC）等进行交互，控制高压配电盒中的继电器等，完成车辆预充、上电、下电和充放电控制。当动力电池存在过压、欠压、过温、过流时，采取安全保护措施。

3. 高压配电盒

高压配电盒主要包括主正接触器、主负接触器、预充接触器、预充电阻、熔断器等，有些车型还包括充电接触器。高压配电盒的继电器接收控制单元 BMU 指令，完成整车预充、上电、下电过程，在短路、过温或故障情况下切断动力电池输出。

4. 电流传感器

一般动力电池管理系统设有独立的电流传感器，通常置于高压配电盒内，负责对动力电池工作过程的总电流进行检测。

5. 热管理系统

热管理系统是动力电池管理系统的重要组成部分之一。以锂离子电池为例，其理想的工作温度是 20 ～ 40℃，当工作温度低于 20℃时，随温度的降低，电池内阻迅速增大，电池的效率及可用于驱动的功率迅速降低，0℃时，这种低效率差别可达 30%，低于 –20℃时差别更大；工作温度高于 40℃时，锂离子电池加快老化，循环寿命缩短。研究表明，工作温度每升高 10℃，电池循环寿命减半。除此以外，热管理系统还要尽可能确保各电池单体的均匀冷却，一般来说，同一位置的电池单体间的温差不得超过 5℃。

（三）动力电池管理系统的功用

动力电池管理系统的常见功能模块可以分为测量功能、状态估计功能、能量管理功能和通信与故障诊断功能。

1. 测量功能

基本信息测量包括动力电池电压、电流信号的监测及动力电池温度的检测。动力电池管理系统最基本的功能就是测量电池单体的电压、电流和温度，这是所有动力电池管理系统顶层计算、控制逻辑的基础。

（1）电池单体的电压测量和电压监控。电池单体的电压，对于动力电池管理系统的意义有：一是可以用来累加获取整个电压，二是可以根据电池单体的电压压差来判断电池单体的差异性，三是可以用来检测电池单体的运行状态。采集电压的精度不仅需要考虑集成电路本身的精度，也需要考虑电池单体电压采样线束、线束保护用熔丝、均衡状态等多项内容。电池单体电压电路检测如图 3－25 所示。

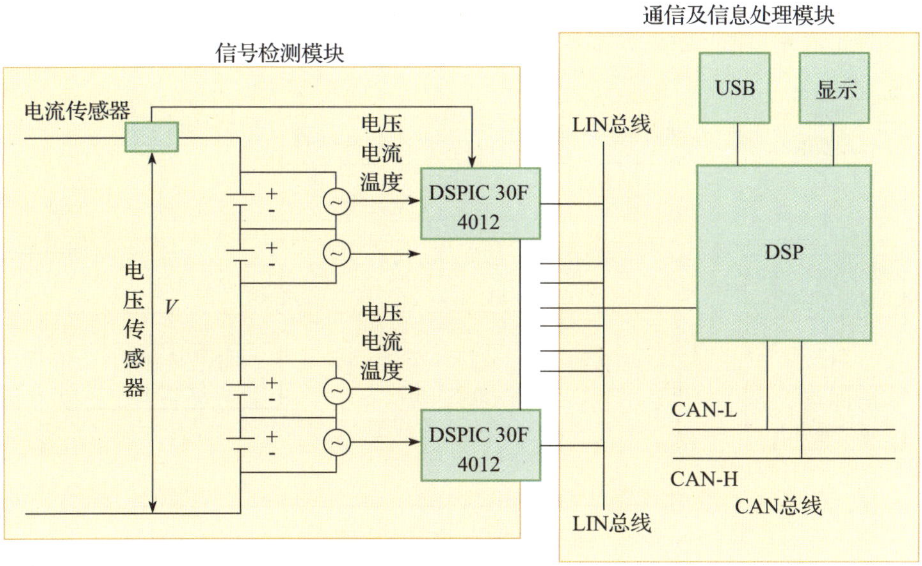

图 3－25　电池单体电压电路检测

（2）动力电池的电压测量。电池单体的电压采样有一定的时间差异性，难以与电池传感器的数据实现精确对齐，因此往往采集动力电池电压作为主参数来进行运算。在诊断继电器的时候，是需要动力电池内外电压一起比较的，所以一般测量动力电池电压至少有两路（U_0 和 U_1），如图 3－26 所示。

动力电池模块
温度传感器
检测

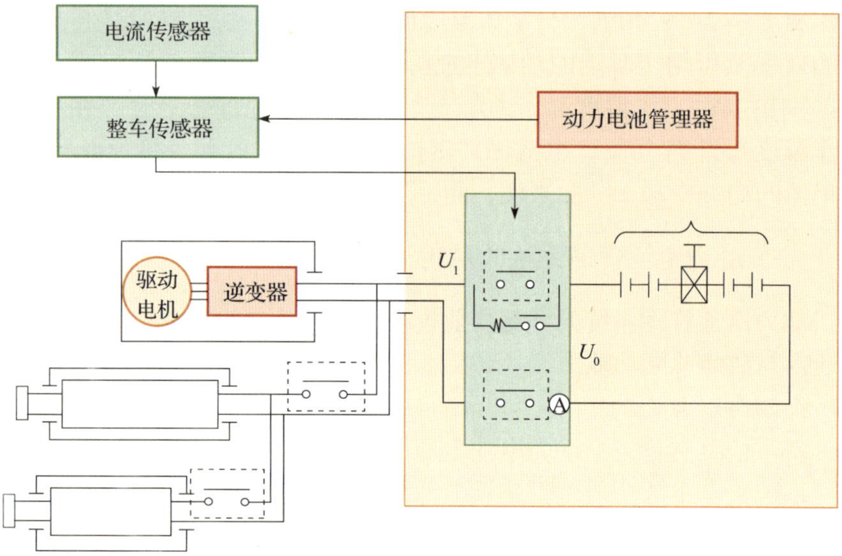

图 3－26　动力电池的电压测量

（3）动力电池的温度测量。将温度传感器安装在电池模组不同采集点处，当电池模组温度发生变化时，传感器感受到温度变化，其自身电阻发生变化，且阻值随温度变化呈现唯一性。BMS 控制器通过子板芯片采集到各温度点的传感器电阻后，根据温度阻值对应矩阵表实现温度的查表计算。目前集成电路也会将温度采集的功能涵盖进去，温度采集电路如图 3－27 所示。

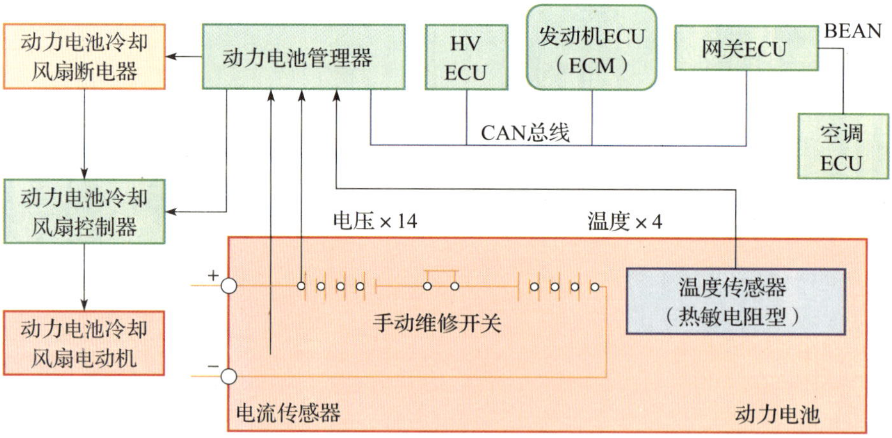

图 3－27　温度采集电路

（4）动力电池的冷却液温度检测。动力电池管理系统在整个动力电池热控制中，一般作用是监测温度以及冷却液入口和出口的温度，检测电路与电池单体检测类似。

（5）电流测量。目前动力电池一般仅在电池单体这一层级做并联，动力电池内的电池单体串联起来给整车提供电能，因此一般只需要测量一个电流。动力电池管理系统需要处理的电流数值往往瞬时很大，如车辆加速所需的放电电流和能量回收时的充电电流，因此需要评估测量动力电池的输出电流（放电）和输入电流（充电）的量程和精度。电流是引起电池单体温度变化的主要原因，其与内阻作用发热和化学发热一起构成了电池发热；电流的变化也会引起电压的变化，这是核算电池状态的必备元素。

动力电池管理系统充放电总电流是重要的控制参数，动力电池电流的检测需将电流信号转换成电压信号进行测量，目前新能源汽车动力电池管理系统电流检测主要采用的是霍尔式电流传感器（见图 3－28）。霍尔式电流传感器是利用霍尔效应原理来检测电流的一种电子元器件，可以测量各种类型的电流，从直流电流到几十千赫兹的交流电流。霍尔式电流传感器通过电磁感应得到的电压信号通常较小，只有几毫伏，因此在输入 AC/DC 转换器前，同样需要放大电路来对电压信号进行放大。目前，大部分的霍尔式电流传感器已将放大电路集成到传感器内部，传感器输出的电压信号可直接被利用。

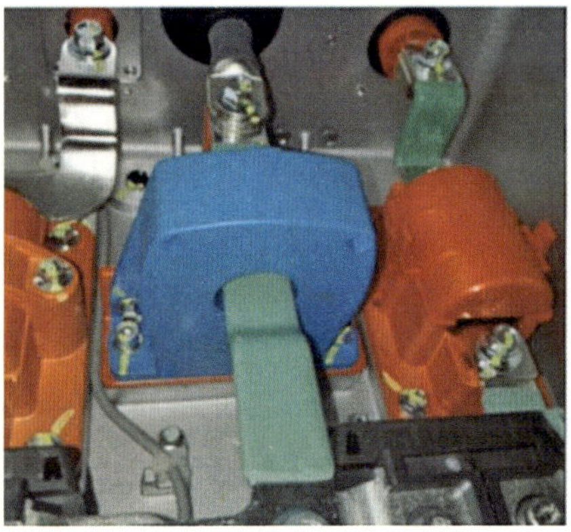

图 3－28　霍尔式电流传感器

（6）绝缘电阻检测。动力电池管理系统内，一般需要对整个动力电池系统和高压系统进行绝缘检测，比较简单的是依靠电桥来测量总线正极和负极对地线的绝缘电阻。绝缘电阻检测如图 3－29 所示。

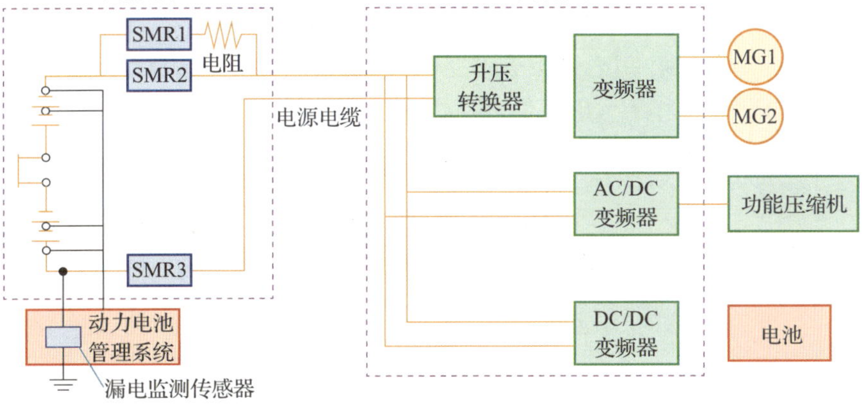

图 3－29　绝缘电阻检测

（7）高压互锁检测（HVIL）。新能源汽车高压互锁，也指危险电压互锁回路（High Voltage Interlock Loop，HVIL），通过使用电气小信号来检查车辆高压器件、线路、连接器及护盖的电气完整性，若识别出回路异常断开时，可在毫秒级时间内断开高压电，保障用户安全。高压互锁确保高压上电前高压系统的完整性，提高高压系统的安全性；运行过程中高压回路断开或者完整性受到破坏时，开启安全防护程序；防止带电插拔高压连接器给高压端子造成拉弧损坏。

高压互锁
故障的检修

高压互锁就是用低压信号来监测高压回路电气连接完整性与控制功能完整性，也就是说在动力电池系统主负继电器闭合上电之前就防患于未然。高压互锁主要是通过插接器的低压连接回路完成的，动力电池管理系统一般需要提供电路的检测回路。比亚迪 e5 高压互锁回路如图 3－30 所示。

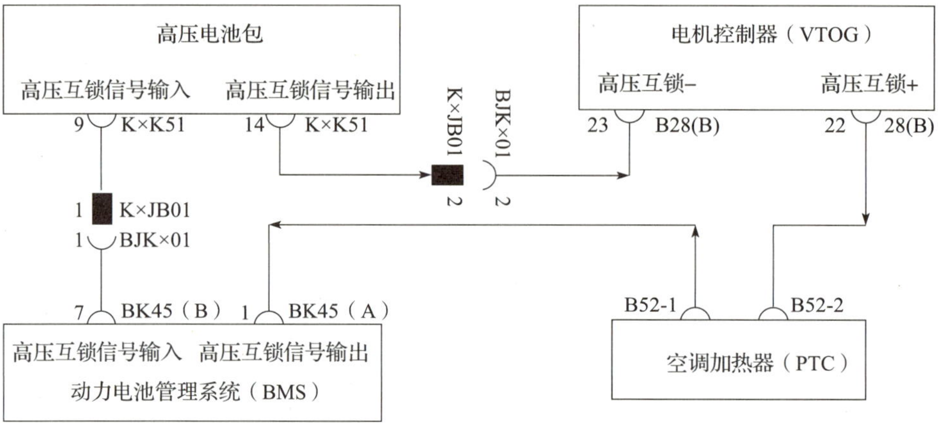

图 3－30　比亚迪 e5 高压互锁回路

动力电池管理系统高压继电器作用与检测

（8）接触器预充控制。由于整车端高压电气系统中存在大量的容性负载（尤其是逆变器），直接接通高压主回路的瞬间，电容相当于短路，高压回路会产生上万安培的大电流冲击，导致高压继电器等部件损坏。为了避免接通瞬间的大电流冲击，高压电气系统需具有预充保护功能。

根据车型，预充回路与动力电池的正极侧或负极侧相连。下面以预充回路与正极侧相连为例进行说明，典型车辆的预充保护回路如图 3－31 所示。

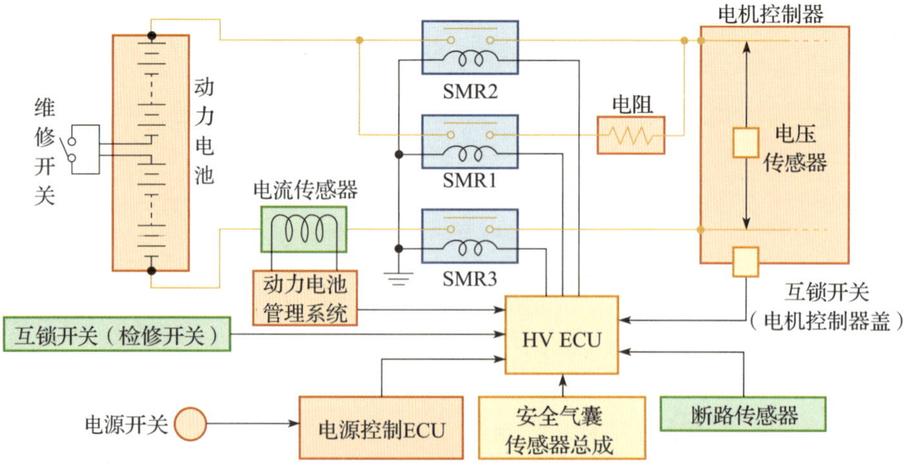

图 3－31　典型车辆的预充保护回路

电池包内接触器一般有主正、主负、预充继电器和充电接触器，电池包外还有独立的配电盒对整个电流分配进行更细致的保护。对电池包的继电器控制，闭合、断开的状态以及开关的顺序都很重要。系统主继电器（SMR）是根据动力电池 ECU 信号连接或切断高压供电电路的继电器，一般采用 3 个接触器以确保正常工作，其中 2 个接触器（SMR2、SMR1）用于正极侧，1 个接触器（SMR3）用于负极侧，控制信号如图 3－32 所示。

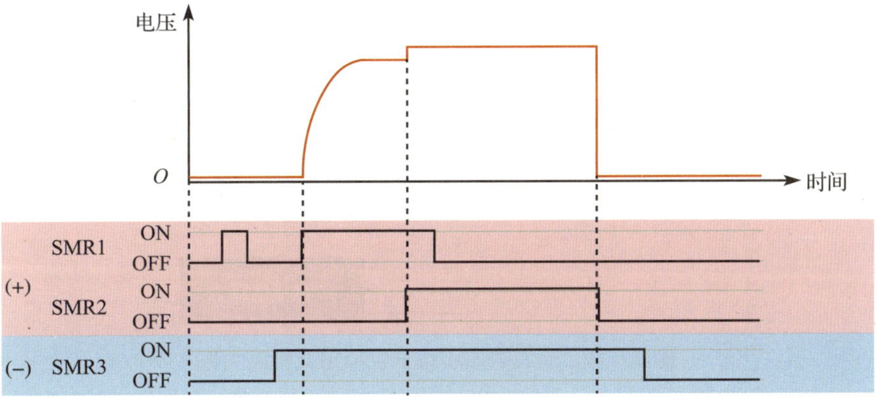

图 3－32 SMR 控制信号

预充过程中，先闭合主负接触器 SMR3，再闭合预充接触器 SMR1，动力电池与预充电阻构成了回路，减小了电流。当容性负载端电压达到动力电池端电压的 90% 以上时，接通主正接触器 SMR2，再切断预充接触器 SMR1，预充完成。通常，要求预充电时间不超过 1 000ms，并且短时间内的频繁上下电不能出现预充电阻过热损坏的现象。预充电过程中，动力电池管理系统（BMS）应能对整车端高压回路的绝缘、短路状态进行判断和失效保护。

当驾驶人尝试将车辆置于 READY-ON 状态时，SMR 按下列顺序运行：SMR3 切换至 ON，SMR1 切换至 ON，SMR2 切换至 ON，然后 SMR1 切换至 OFF。由于电流首先通过 SMR1 中的预充电电阻器，从而保护了 SMR2 中的触点，避免其因涌流而受损。

当驾驶人关闭 READY 模式时，SMR2 切换至 OFF，然后 SMR3 切换至 OFF。连接高压供电电路前，SMR1 先切换至 ON，再切换至 OFF，以检查 SMR3 的状态。

2. 状态估计功能

动力电池状态分析是动力电池管理系统的管理核心之一，对于整个动力电池的能量管理、续驶里程预测具有重要的意义。动力电池状态分析包括动力电池荷电状态分析（SOC）、健康状态分析（SOH）、功率状态分析（SOP）、剩余使用寿命、实时容量等，如图 3－33 所示。

（1）SOC 估算。SOC（State of Charge）值表示动力电池系统的剩余电量与满电电量的比值。当 SOC 值为 100% 时，表示动力电池系统完全充满；当 SOC 值为 0 时，表示电池系统完全放空。该功能模块在实时评估蓄电池系统的荷电状态的同时，还提供可用容量的估算，用于车辆剩余续驶里程的评估。SOC 值估算功能在提供精确的 SOC 值及可用容量估算的同时，还会考虑 SOC 值显示对用户的感官体验，如 SOC 值不会波动、行车过程中 SOC 值不上涨等。

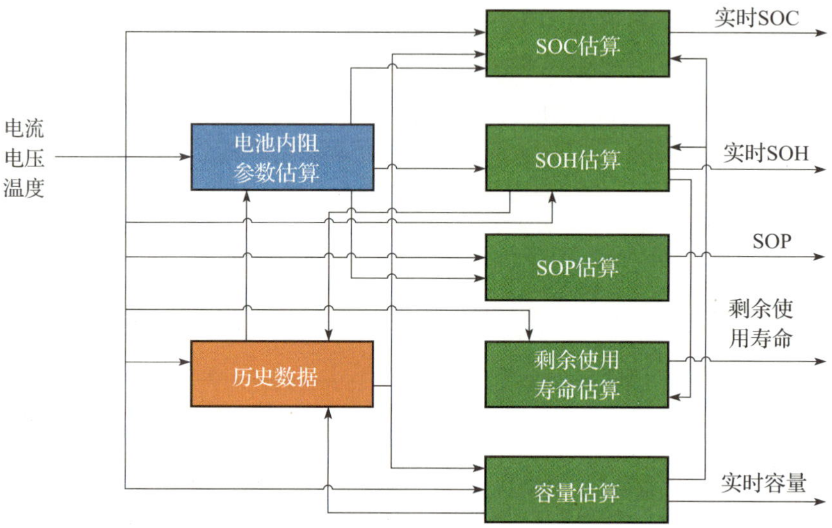

图 3－33　动力电池状态分析项目及相互关系

（2）SOH 估算。动力电池健康状态（State of Health，SOH）是对电池健康寿命状况的体现，是电池的电量、能量、充放电功率等状态的体现。动力电池老化后，其内阻增大，将产生更多热量，更容易引发热失控。SOH 是估算新能源汽车续驶里程的基础，也是辅助纠正与提升 SOC 估算精度的重要参数，同时是预测性维护的基础。对健康状态进行精准评估可充分了解电池当前的状态，依照底层提前做出维护计划，修正各项参数性能指标，降低危险系数，对性能不能满足使用要求的电池单体进行维护。只有精确估算电池健康状态，才能避免电池的过充或过放电行为，延长电池使用寿命，充分发挥电池能力，降低使用成本。

（3）SOP 估算。动力电池功率状态（State of Power，SOP）是指某一时刻动力电池可以提供给负载的最大功率。SOP 与动力电池的工作温度、SOC 等有关。SOP 常常作为一个实时的控制参数由 BMS 提供给整车控制器（VCU）。

3. 能量管理功能

动力电池能量管理主要包括充电管理、放电管理和均衡管理。

（1）充电管理。充电管理是指 BMS 与车载充电机进行交互，在动力电池充电过程中，对充电电压、充电电流等进行优化控制。

可组合电池单体充放电仪的使用

（2）放电管理。新能源汽车中的电池容量是不同的，动力电池系统为整车特别是驱动电机提供能量，需要满足驱动电机的功率要求。而一定容量的动力电池在不同的 SOC、温度下，其输入和输出的功率是有一定限制的。电池管理系统需要发送给整车控制器一个功率限制参数，这是根据一个控制表核算出来的，包含温度、SOC、电池容量，如图 3－34 所示。BMS 对动力电池放电过程中的状态进行监测，对放电电流等进行控制，发挥动力电池最大效能。例如，当荷电状态 SOC 小于 10% 时，对最大放电电流进行限制，防止电池过放。

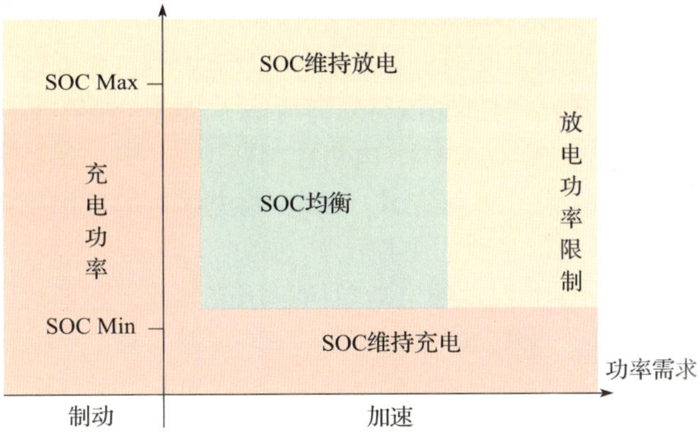

图 3-34 SOC 控制表

（3）均衡管理。新能源汽车动力电池组由大量的电池单体通过串联组成，由于电池单体生产工艺、自放电率的先天差异和使用过程中温度、放电倍率不同造成的后天差异，各个电池单体总会产生不同程度的不一致性。动力电池组中的电池单体不均衡会影响电池组整体性能。如图 3-35 所示，由于动力电池组中的电池单体不均衡，充电时为防止过充，达到最高电量电池单体充电电压时停止充电，导致其余电池单体仍未充满；放电时，为防止过放，达到最低电量电池单体放电电压时停止放电，导致其余电池单体电量不能充分利用。BMS 的均衡管理就是尽量消除电池单体间的不一致性，从而提高动力电池组的整体性能和使用寿命。

（a）充电时　　（b）放电时

图 3-35 电池单体不均衡产生的影响

动力电池的均衡管理是指通过特定的技术手段和策略，对动力电池组中的各个电池单体进行能量的重新分配和调节，以减少电池单体间的不一致性，确保动力电池组整体性能的稳定性和延长使用寿命。

均衡管理的作用主要包括以下几点：1）提高动力电池组的整体性能。通过均衡管理，可以使动力电池组中的电池单体的电荷状态达到均衡，从而提高动力电池组的整体性能。2）延长电池的使用寿命。均衡管理可以避免某些电池因为过度充放电而导致的损伤，有效控制电池的充放电过程，延长电池的使用寿命。3）保障动力电池组的安全性。动力电池组内部电压差异可能导致局部电压过高或过低，增加安全隐患，均衡管理可以降低这种风险。4）优化动力电池组的能量利用率。通过均衡管理，可以优化动力电池组的能量利用率，提高新能源汽车的性能和安全性。5）减少电池组的不一致性。电池由于自身内部差异或外部使用状态不同而形成的电池容量、SOC、内阻和电压等参数不同，均衡管理可以尽量减少这种不一致性，避免形成恶性循环。

4. 通信与故障诊断功能

动力电池管理系统通信包括内部通信与外部通信。动力电池管理系统外部通信主要为主控模块（BMU）与整车控制器（VCU）、电机控制器（MCU）、车载充电机（OBC）的通信，常采用高速率动力 CAN 总线通信方式。BMU 与充电桩的通信采用低速率 CAN 总线通信方式。电池系统内部的通信主要为主控模块（BMU）与从控模块（CSC）之间的通信，CSC 将实时检测数据向 BMU 上报，如电池单体过压或欠压、通信故障、采样线束断路、电池单体温度过高或过低等，如图 3－36 所示。

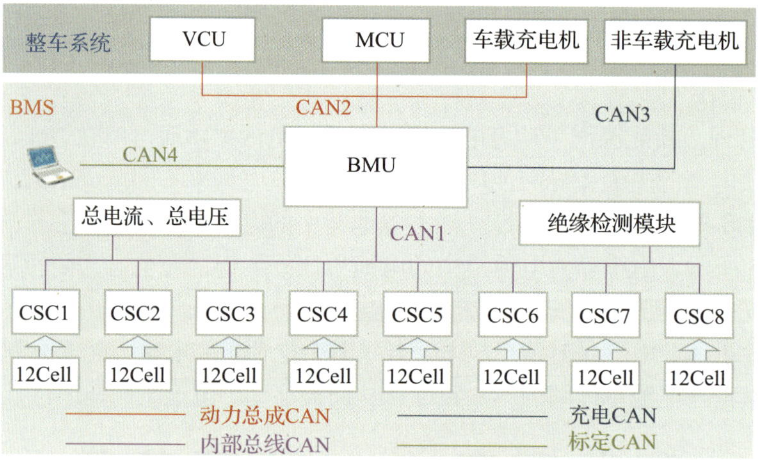

图 3－36　BMS 通信拓扑结构图

任务三　动力电池总成的检查与拆装

学习目标

知识目标：

1. 了解动力电池箱的结构；
2. 掌握动力电池基本检查和维护方法。

能力目标：

1. 能正确表述动力电池的基本检查和维护方法；
2. 能正确进行动力电池的拆装工作。

素养目标：

1. 培养良好的职业道德和精益求精的工匠精神；
2. 培养探究学习、终身学习、分析问题和解决问题的能力。

任务导入

一辆行驶里程达 10 万公里的某品牌纯电动汽车，用户反映车辆近期充电时间延长，续驶里程明显缩短，需要你对动力电池总成进行更换。

知识框架

知识介绍

一、动力电池基本检查和维护

（一）动力电池外部检查

外部结构对动力电池箱的内部有很大的影响，在维修和保养新能源汽车时，应检查动力电池箱的外部。通常在外部环境下，影响动力电池与系统安全性的机械故障主要有：

（1）动力电池箱的安装固定支架断裂，造成动力电池箱与车体连接松动。

（2）动力电池箱上下壳体连接螺栓疲劳断裂松动，影响密封性。

（3）动力电池箱壳体破裂，影响密封性。

（4）动力电池箱内部组成模块连接螺栓断裂松动，造成连接不可靠。

（5）动力电池箱内部高压连接线或采样线绝缘层磨损暴露造成电池短路。

（6）动力电池箱内部高压连接线断裂，造成断路或打火花。

（7）动力电池箱内部电压、温度传感器连接松动，造成采样数据失真。

（8）电池管理系统安装固定螺栓松动，造成连接不可靠。

（9）电池管理系统内部元器件损坏，造成功能故障。

为了确保电池包不受到外界因素影响，需要对电池包外观进行检查，目测电池包无变形、无裂痕、无腐蚀、无凹痕。电池包外观检查主要有：

（1）检查动力电池外观，检查动力电池正、负极标识和高压警示标识是否清晰、无破损，检查动力电池正、负极引出插孔内有无异物。

（2）目测密封条及进、排气孔，进行动力电池箱体的密封检查。

（3）目测动力电池高低压插接件，检查是否有变形、松脱、过热、损坏的情况。

（4）检查动力电池正、负极引出附近螺栓是否断裂，检查动力电池采样线接口是否破损。

（5）检查 BMS、绝缘电阻、接插件与紧固件的情况。

（6）检查固定螺栓力矩，按照维修手册标准力矩紧固。

（7）检查线束和插件连接的紧密性，不得有松动、损坏、腐蚀等问题。

（8）检查动力电池高压接头、低压插接器是否变形、松动、过热、损坏。

（9）检查电气插接器和线束插接器是否正确插入，连接是否可靠，线束和插脚是否牢固连接，插脚是否缩回、弯曲。

同时，为了保证动力电池有足够的输出功率，其端电压一般高于人体安全电压。在动力电池的工作环境中，振动、温度、湿度、酸碱气体腐蚀等都会导致高压线路绝缘材料老化甚至损坏，危及人身安全。对此，我国对车载可充电储能系统的绝缘性能做出了严格的规定：动力电池高压电路对车身接地的绝缘电阻不应小于 500Ω/V。动力电池绝缘故障检查的一般步骤如下：

（1）确保高压电路被切断。

1）整车下电。

2）断开辅助电池负极电缆，等待 5min。

3）断开动力电池高压线束插接器，戴上绝缘手套使用万用表检测动力电池高压线束正负极间的电压，电压应≤ 5V。

（2）检查动力电池的绝缘电阻。

1）保证车辆安全下电。

2）断开直流母线。

3）拆卸动力电池高压线束插接器。

4）准备高压绝缘检测仪，校零并调到合适挡位。

5）分别用高压绝缘检测仪测量动力电池高压线束插接器正极端子、负极端子与车身接地之间的电阻，标准电阻应≥ 20MΩ。

6）确认测量值是否符合标准。若不符合，则更换线束。

（二）动力电池内部检查

动力电池箱长时间使用后会产生很多粉末层，影响正常的数据通信。因此，将动力电池箱从车上拆下后，在维护动力电池时，应拆卸动力电池箱的上盖，使用高压气枪清除里面的粉末层，然后再进一步检查其内部。动力电池周期性保养项目如表 3－6 所示。

表 3－6　动力电池周期性保养项目

序号	项目	方法	目的	工具
1	绝缘检查（内部）	断开 BMS 插头，用绝缘表测试总正、总负对地电阻，阻值应≥ 20MΩ	防止动力电池内部短路	绝缘表
2	模块连接件检查	用做好绝缘的扭力扳手紧固，检查完成后，做好极柱绝缘	防止螺钉松动，造成故障	扭力扳手
3	熔断器检查	用万用表二极管挡测量通断	检查熔断器状态是否良好，遇事故时可正常工作	万用表

续表

序号	项目	方法	目的	工具
4	动力电池箱密封检查	目测密封条或更换密封条，使用气密仪测试	保证动力电池箱密封良好，防止水进入	气密仪
5	继电器测试	用电脑上的专用监控软件，关闭总正、总负继电器，并用专用万用表进行测试	防止继电器损坏车辆，无法上高压	万用表、电脑、CAN 卡
6	动力电池箱高低压线缆安全检查	目测动力电池箱内部线缆是否破损、挤压	确保动力电池箱内部线缆无破损、漏电	目测
7	电芯防爆膜、外观检查	目测电芯防爆膜、电芯外观绝缘是否破损	防止电芯损坏漏电	目测
8	CAN 电阻检查	用万用表电阻挡测量 CAN-H 对 CAN-L 电阻，60Ω 为正常	确保通信质量	万用表
9	动力电池箱内部干燥性检查	打开动力电池箱，观察动力电池箱内部是否有水渍，测量动力电池箱绝缘	确保电池箱内部无水渍	绝缘表
10	电池加热系统测试	向动力电池箱通 12V 电压，打开监控软件，启动加热系统，风扇是否正常工作或者加热膜片是否正常工作	确保加热系统正常工作，避免冬季影响热电	12V 电源、电脑、CAN 卡

动力电池内部检查流程如下：

（1）将动力电池放在安全拆卸区，检查其安全防护和工具状态，取下动力电池组上盖后，可以看到内部组件的分布和结构。

（2）拆下模块上的插接器，查阅维修手册，查看动力电池的总电压值，然后计算每组块的平均电压值。注意：一定要戴护目镜。大多数动力电池的电解液对人体组织有严重的腐蚀性，可能会对包括眼睛在内的人体组织造成化学灼伤，应在现场放置灭火器。

（3）测量模块。检查每组模块的电压，并与计算的平均值进行比较。注意以下几点：

①除了更换损坏的部件外，不允许在动力电池内部进行维修工作。

②线束不可维修，直接更换。

③更换损坏的部件时，必须严格遵循维修手册中的工作步骤，并做好安全防护。

（4）检查结束后，更换模块连接器。注意螺栓的拧紧力矩，应根据维修手册调整，以防损坏连接位置。

（5）从动力电池盖上拆下旧的黏结剂，用新的密封胶更换，然后按照与拆卸相反的顺序安装动力电池组。

安装时注意：动力电池组的盖应有效地密封在托盘和车身上。装配后，与车身的接头必须拧紧，可以使用气密仪测试电池包的密封性。

动力电池总成拆卸

二、动力电池的拆装

动力电池存在容量衰减问题，国家有关政策明确规定动力电池的保修期不能低于 8 年或 12 万公里。当动力电池的容量衰减到 80% 以下时，需要逐步回收利用；同时，如果动力电池组受到冲击损坏，则需要修理。如果无法修复，则需要更换新的动力电池。下面以吉利 EV450 新能源汽车为例，介绍动力电池的更换方法。

动力电池举升台的使用与维护

（一）更换前准备工作

作业前应设置安全隔离，设置安全警示标志，穿戴个人安全防护用品。由于是带电作业，作业人员需要持证上岗。检查调整设备、仪表和绝缘工具，测试绝缘胶垫对地的绝缘性能，检查动力电池举升台（见图 3 - 37）的工作状态是否正常。注意：在日常工作中，新能源汽车维修工具为耐高压的绝缘工具，要经常维护，确保正常，绝缘良好，移动电动工具要接漏电保护开关，以防触电。漏电的工具需维修合格后方可使用。动力电池举升台在使用之前应当检查其液压升降性能，操作方法为：接通设备电源，按压设备的起动按键将举升台升起到一定的高度，注意不要满负荷升到极限高度，然后再泄压将举升台降下。

将车辆移至双柱举升台并检查，以确保车辆正确停放。连接故障诊断仪，车辆上电，确认车辆处于空挡状态，读取是否有故障码。如有其他故障，应先排除。确认为动力电池故障后，关闭点火开关，将钥匙放在口袋里安全保存，做好更换动力电池准备工作。

图 3 - 37　动力电池举升台

（二）动力电池总成拆卸

准备更换动力电池前应关闭点火开关，拆下低压辅助电池负极连接线与高压母线插头，当车辆举升到合适高度时，举升机要锁止安全锁；当动力电池举升台上升至接触到动力电池底部时再进行拆卸工作。

（1）关闭点火开关，打开机舱。

（2）断开辅助电池负极连接线。辅助电池负极接线柱如图 3 - 38 所示。

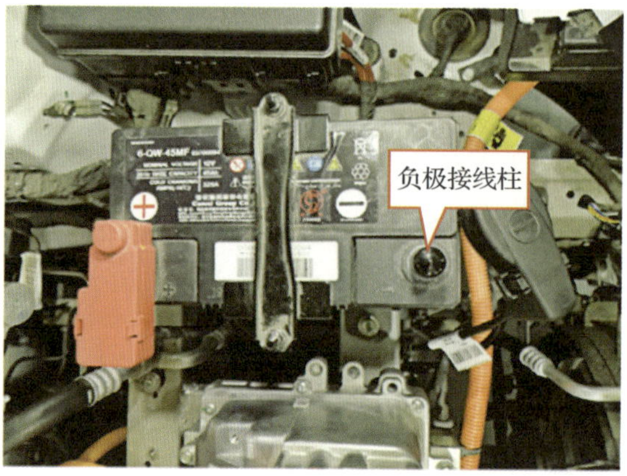

图 3 - 38　辅助电池负极接线柱

（3）断开直流高压母线。

①向上推动直流母线插头卡扣保险，如图 3－39 所示。

②拆卸直流母线连接充电机端插件，如图 3－40 所示。

图 3－39　向上推动直流母线插头卡扣保险

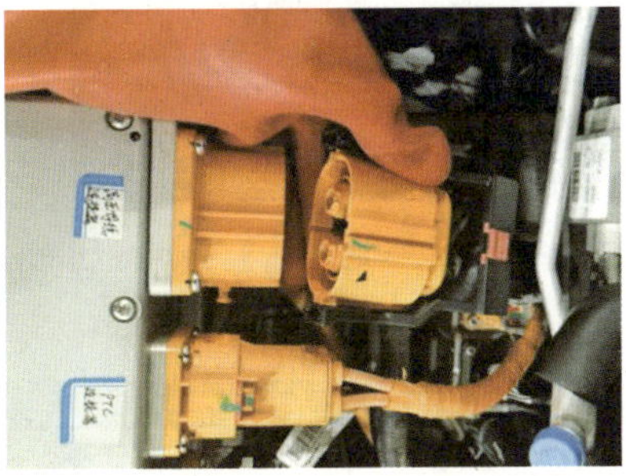

图 3－40　拆卸直流母线连接充电机端插件

（4）支撑动力电池总成。

①将车辆用举升机升起。

②置入平台车，使用平台支撑动力电池总成。

（5）拆卸动力电池总成。

①断开动力电池出水管与水泵（电池）的连接，断开动力电池进水管与电池膨胀壶的连接（已提前将电池冷却液排出），如图 3－41 所示。

②断开动力电池的 2 个高压线束连接器，断开动力电池与前机舱线束的 2 个低压线束连接器，如图 3－42 所示。

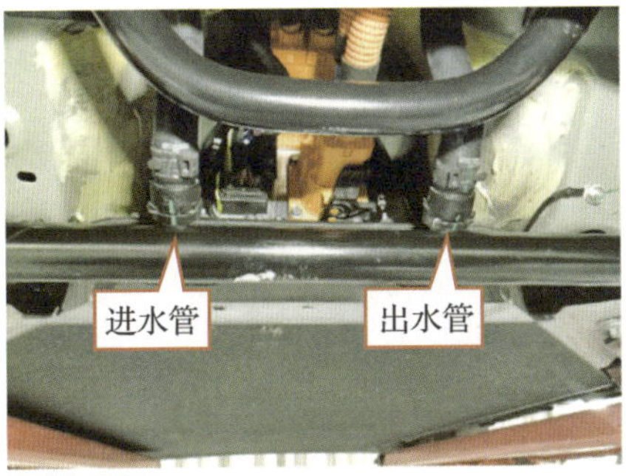

图 3－41　动力电池进、出水管与电池膨胀壶和水泵的连接

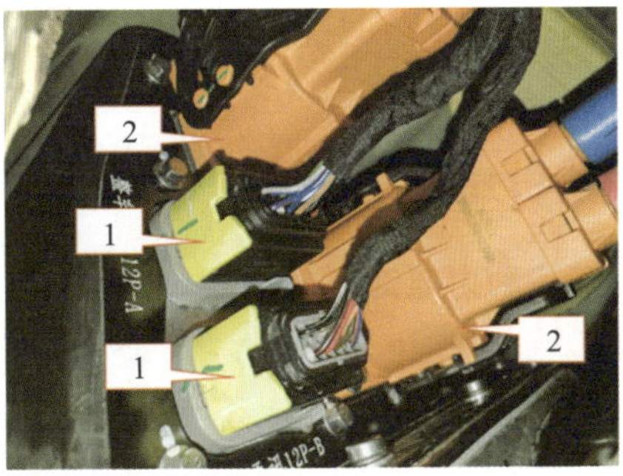

图 3－42　动力电池的高、低压线束连接器

注：1—动力电池高压线束的连接器；
2—动力电池与前机舱线束连接器

③拆卸动力电池搭铁线固定螺栓，如图 3－43 所示。

④拆卸动力电池防撞梁 4 个固定螺栓，如图 3－44 所示。

⑤拆卸动力电池总成后部 3 个固定螺栓，如图 3－45 所示。

⑥拆卸动力电池总成前部 2 个固定螺栓，如图 3－46 所示。

图 3-43　动力电池搭铁线固定螺栓

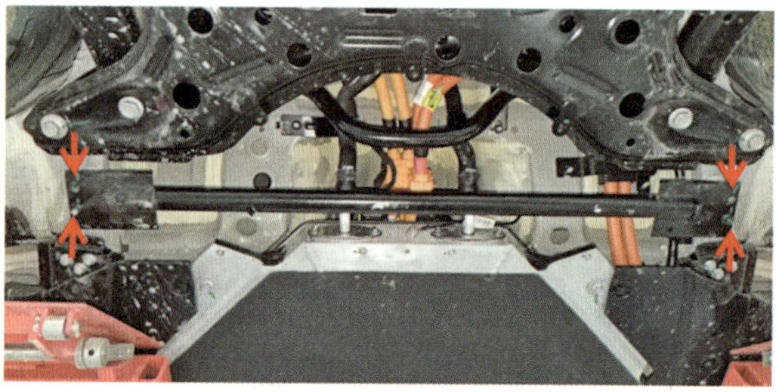

图 3-44　动力电池防撞梁 4 个固定螺栓

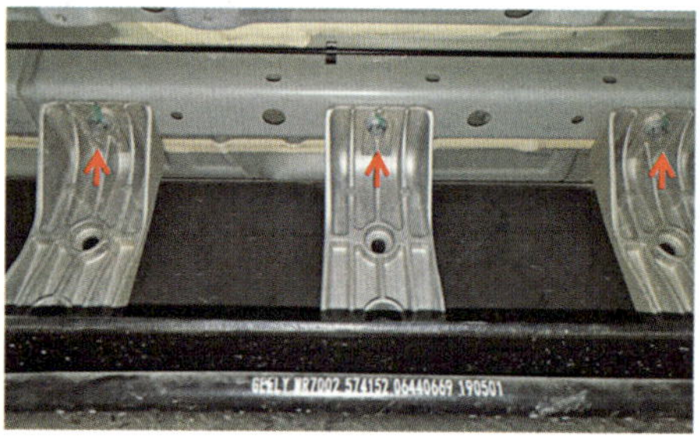

图 3-45　动力电池总成后部 3 个固定螺栓

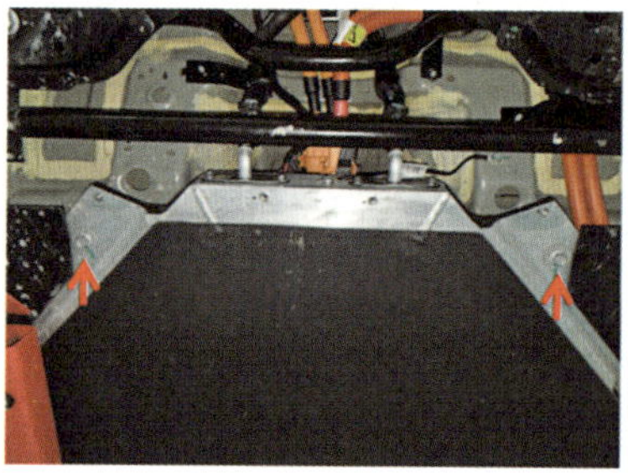

图 3-46　动力电池总成前部 2 个固定螺栓

⑦拆卸动力电池总成左、右侧各 7 个固定螺栓，如图 3-47 所示。

⑧缓慢下降平台车，取出动力电池总成。

注意：动力电池下降过程中，平台车缓慢向前移动，可以避免动力电池与后悬架的干涉。

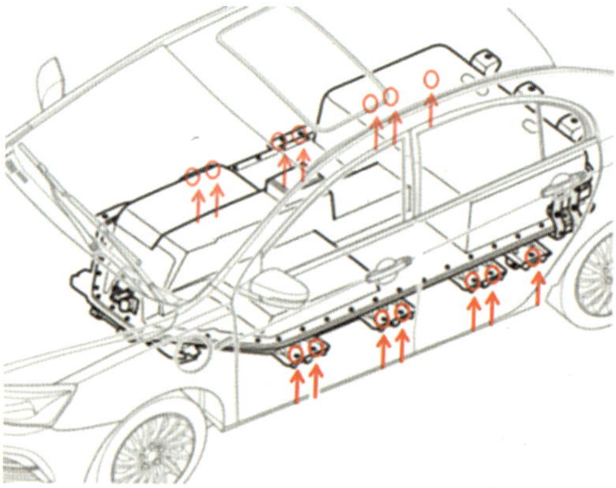

图 3-47　动力电池左、右侧各 7 个固定螺栓

（三）动力电池总成安装

1. 安装动力电池总成

（1）缓慢举升平台车，调整平台车的位置，使动力电池总成上的安装孔与车身对齐。

注意：动力电池上升过程中，降下举升平台缓慢向后移动，可以避免动力电池与车身的干涉。

（2）安装并紧固动力电池总成后部 3 个固定螺栓，力矩：78N · m。

（3）安装并紧固动力电池总成前部 2 个固定螺栓，力矩：78N · m。

（4）安装并紧固动力电池总成左、右侧各 7 个固定螺栓，力矩：78N · m。

（5）连接动力电池与前机舱线束的 2 个线束连接器。

（6）连接动力电池的 2 个高压线束连接器。

注意：插接时注意“一插，二响，三确认”。

（7）安装动力电池搭铁线固定螺栓，力矩：9N · m。

（8）连接动力电池出水管与水泵（电池）。

（9）连接动力电池进水管与电池膨胀壶。

（10）连接直流母线连接充电机端插件。

（11）连接电池负极电缆。

（12）加入电池冷却液，规范进行排气操作。

（13）关闭机舱盖。

2. 动力电池安装前的检查要求

（1）检查电源线、插头、延长线、保护器是否破裂或损坏。

（2）检查是否有过热、冒烟、冒火花的迹象；检查是否有电池系统损坏（如破裂）、漏电情况出现。

（3）检查动力电池系统、电源线是否出现进水现象。

（4）按照操作说明进行操作时，检查是否有不正常运行现象。

（5）将诊断仪与车内诊断接口连接，打开电源，然后进入诊断系统进行测试，并清除故障码。

（四）动力电池拆装安全注意事项

（1）操作人员在接触高压部件时，必须穿戴安全防护用具，如绝缘手套、绝缘胶鞋等，在车辆被举升的环境工作时应戴好安全帽。

（2）为防止维修动力电池时电解液泄漏造成人身伤害，维修人员必须戴上酸碱手套和护目镜，防止电解液腐蚀皮肤和溅入眼睛。

（3）为了防止有人未经授权进入工作站，确保高压安全，应使用隔离带。

（4）在拆下盖之前，清除高压动力电池单元盖区域中残留的水分和杂质。

（5）在每个工作步骤之前和之后，应仔细对工作部件进行目测检查。例如，在拆卸一个部件时，检查露出来的其他部件是否损坏。

（6）拆卸和插入 BMS 的绝缘监测导线时必须特别小心，因为较薄的导线上存在高压。拔下插头时必须小心，不要拔电线。注意插头是否锁好。如果未正确锁定，则可能无法识别绝缘故障。

（7）要使维修开关处于断开状态，解除高压危险，拔出维修开关后，维修开关端口需要阻塞。

（8）拔出维修开关只会切断从动力电池到高压电气设备的电源，动力电池需要修理时，裸露在外的高压部件应用绝缘胶带包好，以免触电。

（9）不要使用有锐边或尖锐的工具在高压部件或插接器上工作。例如，禁止使用螺钉旋具、偏口钳、刀具等。

（10）当需要拆卸动力电池时，使用双柱举升机和液压升降车。

（11）当将动力电池运送到专用电池维护工作台时，应使用专用的动力电池吊架，严禁用手直接提起动力电池。

（12）液压升降台的中心应支撑在动力电池组的底部中心约 2/3 处，以防止电池掉落。

（13）要将前部、后部连接线全部连接完毕后，再进行另外一侧连接线的安装。

（14）拆卸或安装电池模块紧固件时，先将前部或后部模块安装螺栓全部安装完毕后，再进行另一侧所有螺栓的安装。

（15）动力电池箱用螺栓固定在车身地板下，螺栓拧紧力矩为 80 ～ 100N·m。在车辆维修过程中，要观察动力电池箱的螺栓是否松动，动力电池箱是否严重损坏或变形，密封件是否完整，以保证动力电池能正常工作。

（16）小心轻放，不要乱扔乱挤，防止造成电池系统损坏或人身意外伤害。

（17）当工作中断时，应盖住已拆下的壳体端盖，并通过拧入几个螺栓防止其意外打开。

（18）不允许切断高压导体上的电缆扎带，可以松开卡子或将高压线连同支架零件一同拆下。

（19）如果高压动力电池组内部有杂质，应在查明原因后仔细清洗相关零件。

（五）动力电池储存条件

（1）动力电池储存温度为 20 ～ 35℃，相对湿度应 < 75%（无水冷凝）。

（2）储存室应保持清洁、通风、干燥和凉爽，避免接触腐蚀性物体或气体。

（3）标记清晰，不应置于阳光直射下，远离火源和 60℃以上热源。

（4）确保动力电池箱防护罩安装牢固，避免出现表面撞击、损坏等缺陷。

（5）正负端子需用绝缘胶带或其他绝缘材料绝缘，不得有金属外露。

（6）短期储存（1 个月以内）SOC ≥ 30%，电池电压≥ 2.5V。

（7）长期储存（3 个月以上）SOC ≥ 50%，电池电压 > 3V。

（8）定期进行充放电试验（3 个月），严禁 SOC 低于 10% 的储存。

（9）禁止露天堆放废旧电池，以免污染环境。

项目小结

本项目包括三个任务：动力电池单体、动力电池管理系统和动力电池总成的检查与拆装。需要了解电池的参数，掌握电池单体的结构与原理，能描述三元锂离子电池与磷酸铁锂离子电池的特点与区别，了解常见典型动力电池单体及其特点，掌握新能源汽车动力电池管理系统的结构、功能及工作原理，能够规范进行动力电池总成的检查与拆装。

项目四

驱动电机系统原理与检修

任务一　驱动电机系统认知

学习目标

知识目标：

1. 理解驱动电机系统的功能与分类；
2. 理解驱动电机技术参数；
3. 理解P位电机控制器原理。

能力目标：

1. 具备识别不同类型驱动电机的能力；
2. 具备识别驱动电机铭牌位置及技术参数的能力。

素养目标：

在操作中熟悉流程的标准，提高团队合作能力。

任务导入

小张刚刚来到修理厂实习，一位新能源汽车车主询问他驱动电机铭牌的位置在哪里，但他不知道如何回答，你能告诉他吗？

知识框架

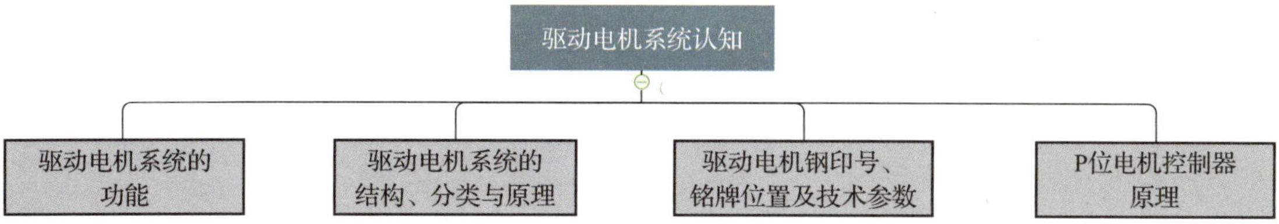

知识介绍

一、驱动电机系统的功能

驱动电机系统主要由驱动电机与电机控制器构成，是车辆行驶的主要执行机构，直接影响车辆动力性、经济性和舒适性。驱动电机系统的主要功能是实现电能与机械能之间的转换，一般有两种工作模式，如图 4－1 所示。

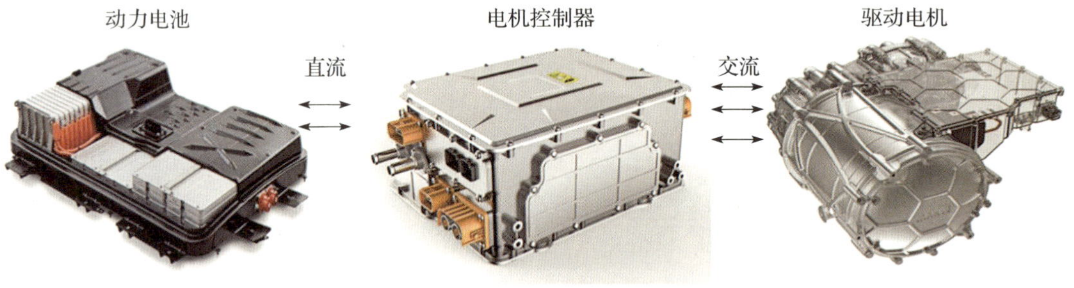

图 4－1　驱动电机系统工作模式

（1）驱动。

驱动电机以电动机模式运行时，系统输入电功率，输出转矩和转速。

（2）能量回收。

驱动电机以发电机模式运行时，系统将机械能转换为电能，产生电压和电流。

驾驶车辆时，整车控制器（有些车型不单独设立该模块，而是与电机控制器等集成设计）判断驾驶人意图并发出控制指令给驱动电机系统为车辆提供驱动转矩，以实现对整车的怠速、前行、倒车、停车、能量回收及驻坡等功能。有些版本的驱动电机系统具备 P 位驻车功能。驱动电机系统功能框架简图如图 4－2 所示。

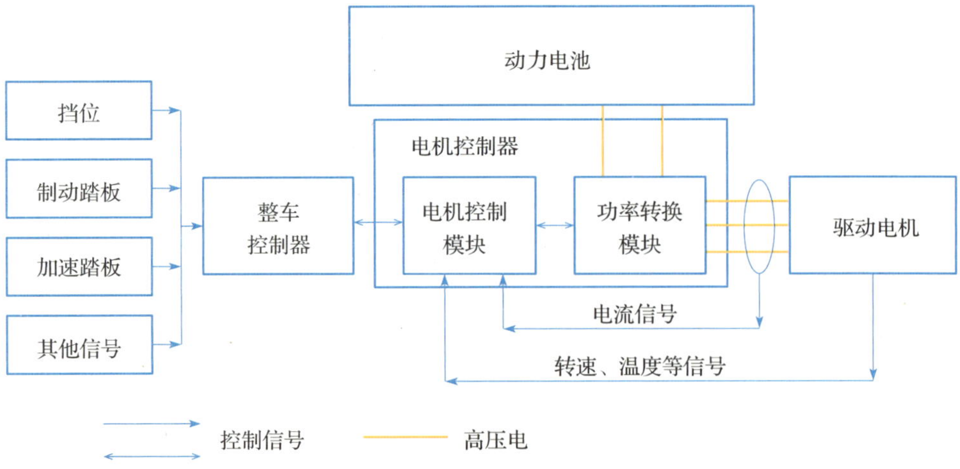

图 4－2　驱动电机系统功能框架简图

二、驱动电机系统的结构、分类与原理

（一）驱动电机系统的结构

驱动电机系统主要由整车控制器（VCU）、驱动电机、电机控制器、机械传动装置和冷却系统等构成。不同品牌新能源汽车，驱动电机系统存在一定差异。以比亚迪纯电动汽车驱动电机系统为例，在比亚迪的众多车型中，秦 EV、唐 EV、宋 Pro 及相关混合动力车型搭载的都是三合一动力总成，将驱动电机、电机控制器（逆变器）、减速器（变速器）集成为一个紧凑型的产品单元——电桥（eAxle），如图 4－3 所示。驱动电机与电机控制器采用直连的方式，省去了三相线束，共用冷却系统。

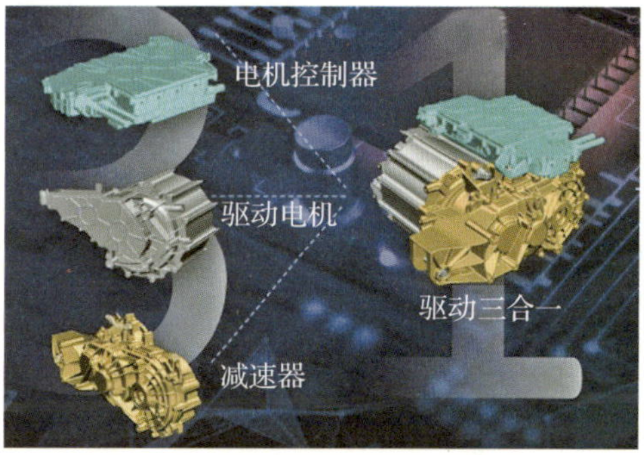

图 4－3　比亚迪三合一动力总成

同时，比亚迪 e 平台采用八合一电动力总成，将驱动电机、减速器、电机控制器、直流转换器（简称 DC/DC）、车载充电机（OBC）、高压配电箱（PDU）、动力电池管理系统（BMS）以及整车控制器（VCU）这八大关键模块巧妙地集成在一起。图 4－4 所示为比亚迪八合一电动力总成结构图。

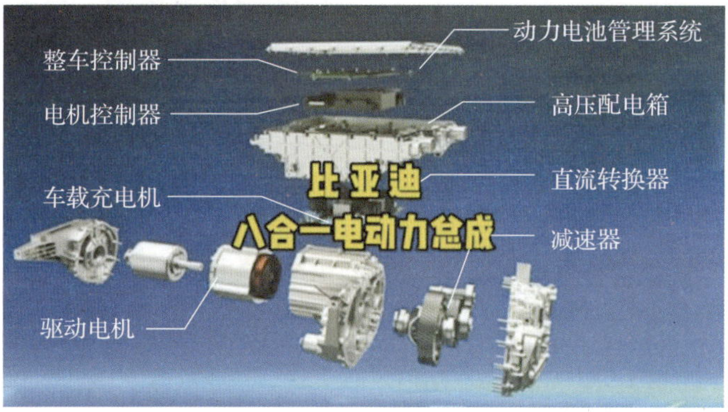

图 4－4　比亚迪八合一电动力总成结构图

1. 整车控制器（VCU）

整车控制器（Vehicle Control Unit，VCU）作为新能源汽车中央控制单元，是整个控制系统的核心。VCU 采集驱动电机及电池状态，采集加速踏板信号、制动踏板信号、执行器及传感器信号，对驾驶人意图综合分析做出相应判定后，监控下层各部件控制器的动作，它负责汽车的正常行驶、制动能量回馈（根据制动踏板和加速踏板信号、车辆行驶信息、动力电池状态信息，判断制动模式，计算制动力矩分配，回收部分能量）、整车发动机及动力电池的能量管理（通过对新能源汽车的驱动电机系统、动力电池管理系统、传动系统以及其他车载耗能部件的协调和管理，获得最佳的能量利用率，延长使用寿命）、网络管理（组织信息传输、网络状态监控、网络节点管理等）、故障诊断及处理（进行故障

诊断，并及时进行相应的安全保护处理、故障码的储存和回调）、车辆状态监控（将各自管辖对象的状态信息和故障诊断信息发至总线，由整车控制器通过综合数字仪表显示出来）等，从而保证整车在较好的动力性、较高的经济性及可靠性状态下正常稳定地工作。图 4－5 所示是整车控制器架构图。

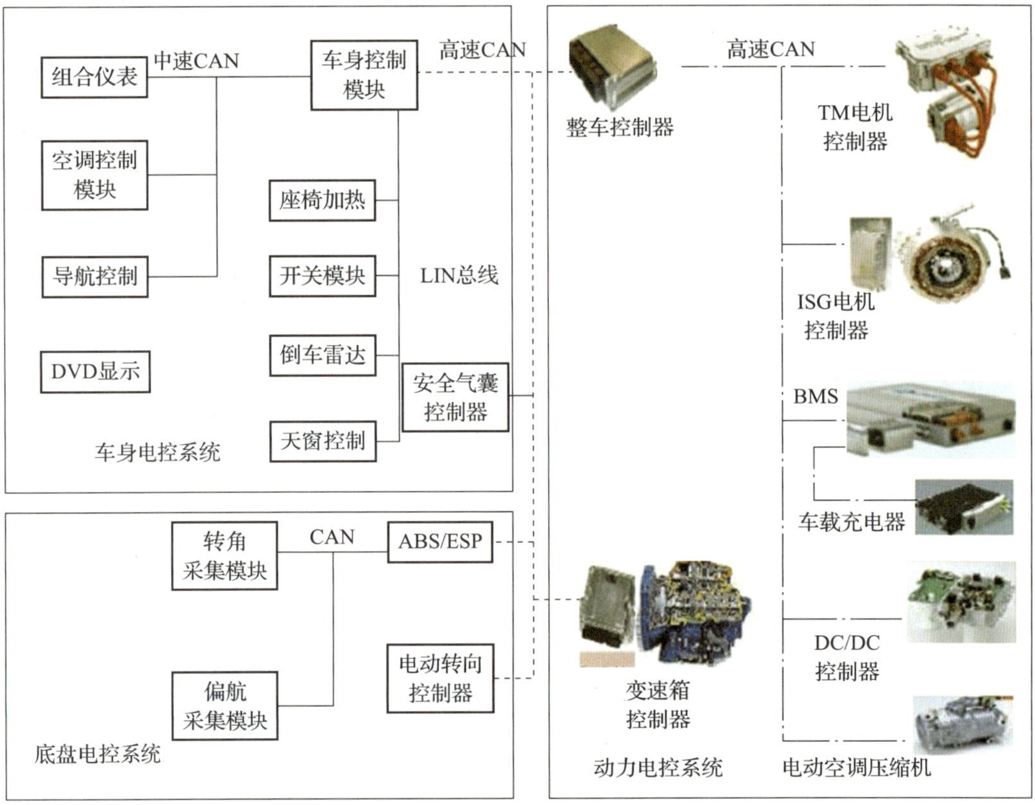

图 4－5　整车控制器架构图

（1）识别驾驶人意图。对驾驶人操作信息及控制命令进行分析处理，将加速踏板、制动踏板的机械位移量转换为相应的电信号，输入到整车控制器（VCU），VCU 根据某种规则将相应电信号转化成驱动电机的需求转矩命令。驱动电机对驾驶人操作的响应性能取决于 VCU 对加速踏板电信号的解释结果，直接影响驾驶人的控制效果和操控感觉。

（2）驱动控制。根据驾驶人对车辆的操纵输入（加速踏板、制动踏板以及选挡开关）、车辆状态、道路及环境状况，经分析和处理，向电机控制器（MCU）发出相应指令，控制驱动电机的转矩来驱动车辆，以满足驾驶人对车辆驱动的动力性要求；同时，根据车辆状态，向 MCU 发出相应指令，以保证行驶的安全性、舒适性。

（3）制动能量回馈。在滑行制动和刹车制动过程中，整车控制器（VCU）根据加速踏板和制动踏板开度、车辆行驶状态信息以及动力电池的状态信息（如 SOC 值）来判断某一时刻能否进行制动能量回馈，在满足安全性能、制动性能以及驾驶人舒适性的前提下，回收部分能量。制动能量回馈示意图如图 4－6 所示。

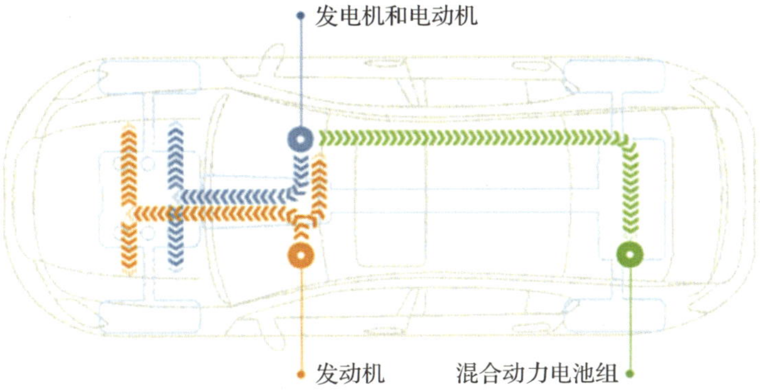

图 4－6　制动能量回馈示意图

根据加速踏板和制动踏板信号，制动能量回馈可以简单地分为两个阶段。第一个阶段：在车辆行驶过程中，驾驶人松开加速踏板但没有踩下制动踏板；第二个阶段：驾驶人踩下制动踏板。

制动能量回馈的原则：能量回馈制动不应该干预 ABS 的工作；当 ABS 进行制动力调节时，制动能量回馈不应该工作；当 ABS 报警时，制动能量回馈不应该工作；当驱动电机系统有故障时，制动能量回馈不应该工作。

（4）整车能量优化管理。通过对新能源汽车的驱动电机系统、动力电池管理系统（BMS）、传动系统以及其他车载能源动力系统（如空调、电泵等）的协调和管理，提高整车能量利用效率，延长续驶里程。

（5）高压上下电控制。根据驾驶人对点火开关的控制，进行动力电池的高压接触器开关控制，以完成高压设备的电源通断和预充电控制；协调相关部件的上电与下电流程，包括电机控制器（MCU）、动力电池管理系统（BMS）等部件的供电，预充电继电器、主继电器的吸合和断开时间等。

（6）车辆状态的实时监测和显示。整车控制器（VCU）对车辆的状态进行实时检测，并将各个子系统的信息发送给车载信息显示系统，其过程是通过传感器和 CAN 总线，检测车辆状态、动力系统及相关电气附件各子系统状态，将状态信息和故障诊断信息通过数字仪表显示出来。状态信息显示如图 4－7 所示。

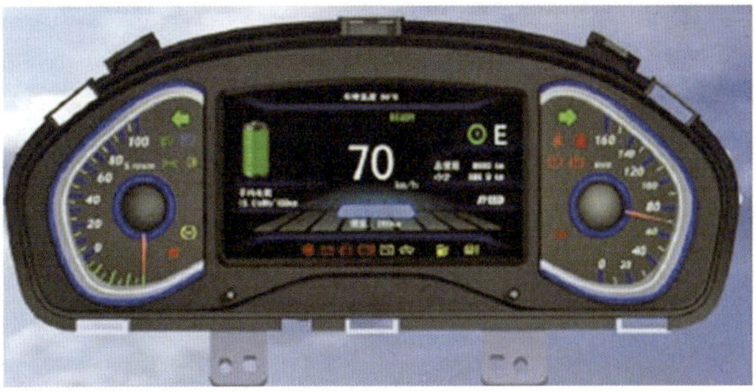

图 4－7　状态信息显示

（7）故障诊断与处理。连续监视整车电控系统并进行故障诊断，及时进行相应安全保护处理。根据传感器的输入及其他通过 CAN 总线通信得到驱动电机、电池、车载充电机等信息，对各种故障进行判断、等级分类、报警显示；储存故障码，供维修时查看。故障指示灯显示出故障类型和部分故障码。故障分级及处理方式如表 4－1 所示。

表 4－1　故障分级及处理方式

等级	名称	故障后处理	故障列表
一级	致命故障	紧急断开高压	MCU 直流母线过电压故障、BMS 一级故障
二级	严重故障	零转矩	MCU 相电流过流、IGBT、旋转变压器等故障；电机节点丢失故障；挡位信号故障
三级	一般故障	跛行回家	加速踏板信号故障
		降功率	MCU 电机超速保护
		限功率 <7kW	跛行故障，SOC<1%，BMS 单体欠电压，内部通信、硬件等二级故障
		限速 <15km/h	低压欠电压故障、制动故障
四级	轻微故障	仪表显示、能量回收故障，仅停止能量回收	MCU 电机系统温度传感器、直流欠电压故障；VCU 硬件、DC/DC 异常等故障

（8）其他功能。VCU 除了上述功能外，还具有充电过程控制、防溜车功能控制、电动化辅助系统管理、整车 CAN 总线网关及网络化管理、换挡控制、远程控制等功能。其中，远程控制包括远程查询功能、远程空调控制及远程充电控制。

2. 驱动电机

常见的驱动电机主要由静止的定子、运动的转子等部件构成。定子绕组通电后产生磁场，在驱动模式时，生成电磁转矩驱动转子运转，通过传动机构驱动车辆行驶。图 4－8 所示是带变速器的驱动电机。

图 4－8　带变速器的驱动电机

3. 电机控制器

电机控制器的功能等同于传统燃油汽车的节气门调节机构，都是根据加速踏板的位置来进行动力输出调节的，但电机控制器的结构与功能更复杂。电机控制器不仅接受加速踏板信号，还接受制动踏板、驱动电机转速、车速、驱动电机电压与电流等信号，对这些信号分析后对驱动电机进行控制；电机控制器还会与其他相关模块通信，在仪表上显示驱动电机系统信息。电机控制器在驱动电机发生过电流、过电压、过热时，自动切断主电路以保护汽车以及乘员的安全。电机控制器内部结构图如图 4－9 所示，其基本构成简图如图 4－10 所示，各部件功能如表 4－2 所示。

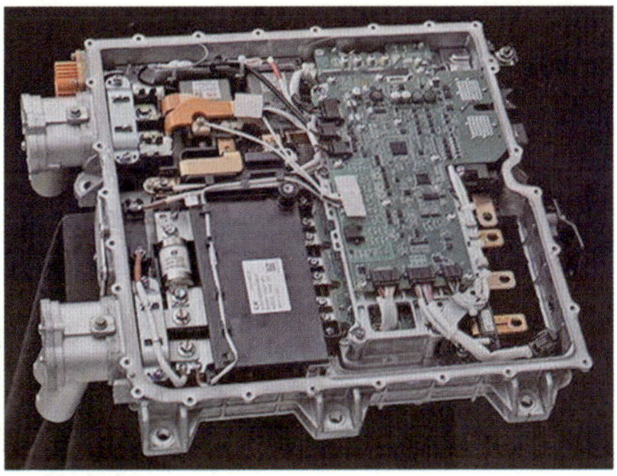
图 4－9　电机控制器内部结构图

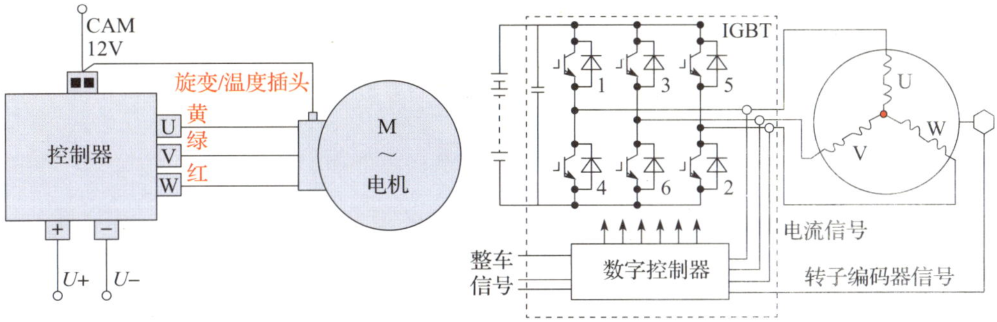

图 4－10　电机控制器基本构成简图

表 4－2　电机控制器各部件功能

部件名称	功能
IGBT 模块	由 6 个 IGBT 组成的功率模块，根据 PEU 的指令控制功率模块将高电压的直流电转换成三相交流电（电动）或将三相交流电转换成直流电（充电）
超级电容	主要作用是保持直流母线电压的稳定，为系统提供瞬时大电流
控制主板（数字控制器）	为逆变器与整车控制器（VCU）和负载的通信接口，控制软件可实现一定的保护功能，如路护、过电流保护、过欠压保护、IGBT 与电机的过热保护等
电流传感器	将逆变器输出电流转化为与其呈线性关系的电压信号，实现电流的闭环控制

注：本表仅指常见电机控制器各部件基本功能，不包括不同品牌的特殊结构。

动力电池组和驱动电机正负极分别与 IGBT（Insulated Gate Bipolar Transistor，绝缘栅双极晶体管）模块的输入端和输出端连接，IGBT 输出电压由主控制器向其输入的 PWM（Pulse Width Modulation，脉宽调制）信号控制。在控制器运行过程中，主控制器通过分析加速踏板、制动踏板、车速、驱动电机转速等传感器信号进行驱动电机电压的控制，输出方式是将 PWM 信号传递到 IGBT 模块，通过采集电压、电流、温度等信号进行系统的过电压、过电流、过热保护。

4. 机械传动装置

机械传动装置的主要功能是将驱动电机的转速降低、扭矩增加，以实现整车对驱动电机的扭矩、转速需求。

当采用轮毂式电机分散驱动方式时，又可以省去驱动桥、机械差速器、半轴等传动部件。比亚迪八合一减速器如图 4－11 所示。

图 4－11　比亚迪八合一减速器

（二）驱动电机的分类

目前，新能源汽车的驱动电机常采用永磁同步电机、异步电机和开关磁阻电机等。其中，开关磁阻电机在乘用车市场并未得到大面积应用，而永磁同步电机是各新能源汽车品牌应用最多的类型。驱动电机分类如表 4－3 所示。

表 4－3　驱动电机分类

类型	永磁同步电机	异步电机	开关磁阻电机
实物图	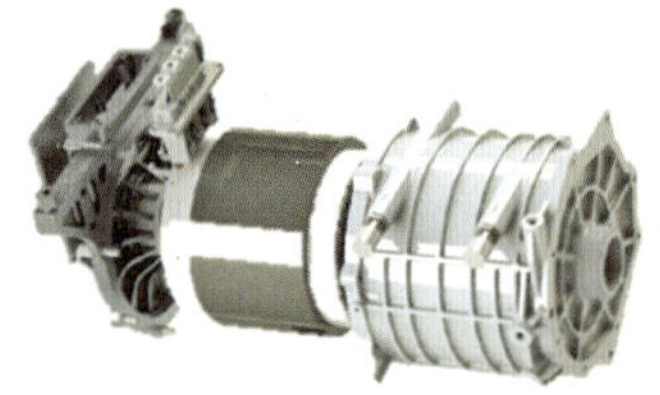		
优点	体积小，重量轻，功率输出密度大，低速输出转矩大，效率高，维护简单	结构简单，造价低，可高速运行，调速范围大，转动惯性小，维护简单，技术成熟	结构简单，机身更坚固，效率高，起动转矩大，价格低且免维护
缺点	高速运行控制复杂，需要检测转子位置，部件较多，故造价高	高速运转时发热严重，故冷却系统复杂，控制系统复杂，成本高，效率和功率密度偏低	目前技术仍有瓶颈，如噪声、振动较大无法达到乘用车使用标准等，导致不能大面积普及

电机控制器（MCU）按是否作为单独部件分类，可分为分体式和集成式两种，分体式

如图 4－12 所示，集成式如图 4－13 所示。

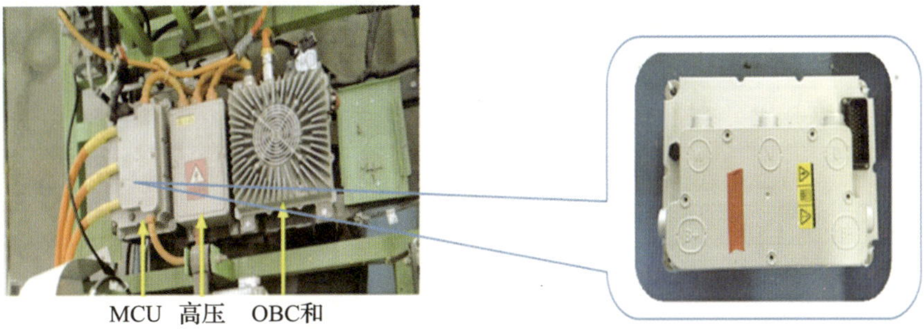

图 4－12　分体式电机控制器

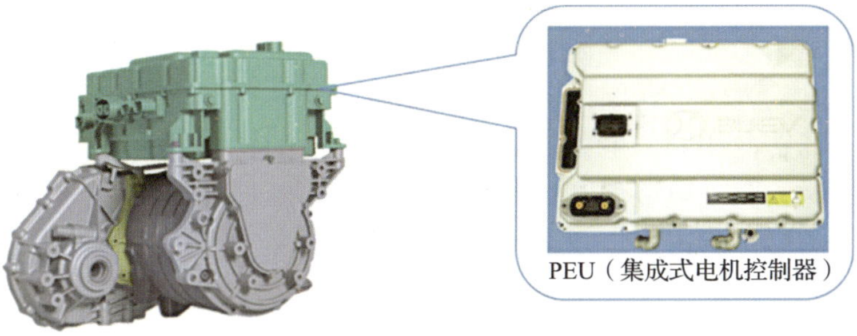

图 4－13　集成式电机控制器

1. 永磁同步电机

驱动电机的拆卸

永磁同步电机是目前新能源汽车应用最广泛的电机类型，实物拆解如图 4－14 所示。

永磁同步电机一般由壳体、转子、定子、旋转变压器、温度传感器等部件构成，如图 4－15 所示（其中温度传感器图中未画出），各部件功能如表 4－4 所示。

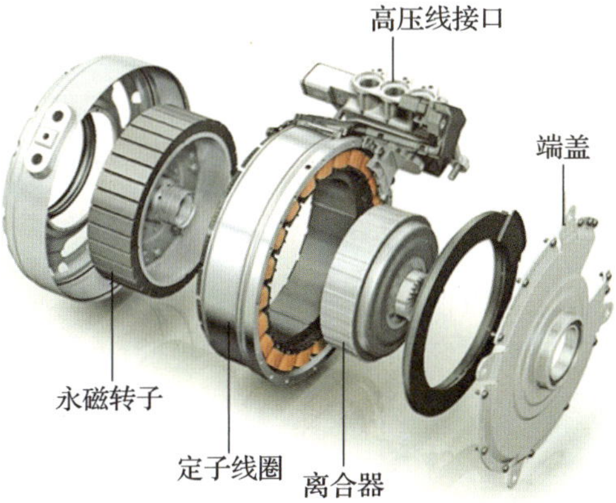

图 4－14　永磁同步电机实物拆解

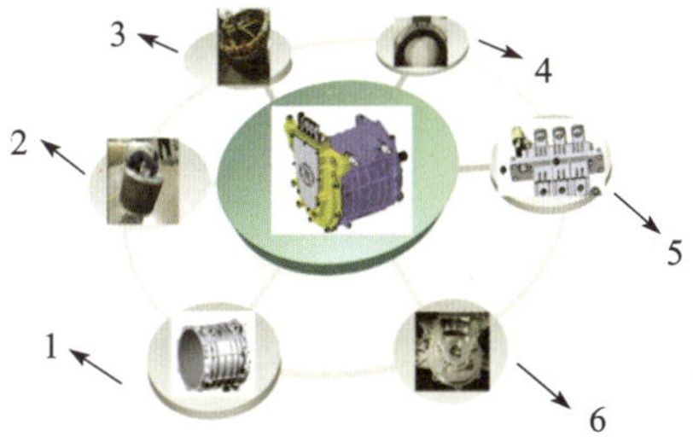

1—壳体　2—转子　3—定子
4—旋转变压器　5—高压连接器　6—端盖

图 4－15　永磁同步电机基本构造

表 4－4　驱动电机各部件功能

部件名称	功能
定子	定子铁心中绕制有三相对称绕组，当绕组中接入三相对称电流时，产生旋转磁场
转子	采用永久磁铁制成，工作中与定子产生的旋转磁场相互作用，产生电磁转矩
旋转变压器	简称旋变，一般安装在电机后端盖中，用以检测电机转子转速、初始位置、转角等信号，反馈给电机控制器，从而控制电机转速、转向
温度传感器	一般安装在定子绕组的表面，用以检测定子绕组的工作温度
高压连接器	将定子三相绕组与电机控制器的高压线路连接
壳体、端盖	为电机部件提供安装位置

驱动电机在驱动工况时，控制器根据车辆工况，将输入的直流电逆变成电压、频率可调的三相交流电输入定子绕组，定子绕组产生的旋转磁场与永磁体转子相互作用，产生与定子旋转磁场转向相同的电磁转矩输出。当输出的转矩超过转子的摩擦转矩以及永磁体的阻尼转矩时，驱动电机便开始对外做功，并不断地加速直至同步；改变电源频率可控制驱动电机的转速，改变定子绕组相序可以改变驱动电机的转向。永磁同步电机原理图如图 4－16 所示，其三相绕组控制工作过程如表 4－5 所示。

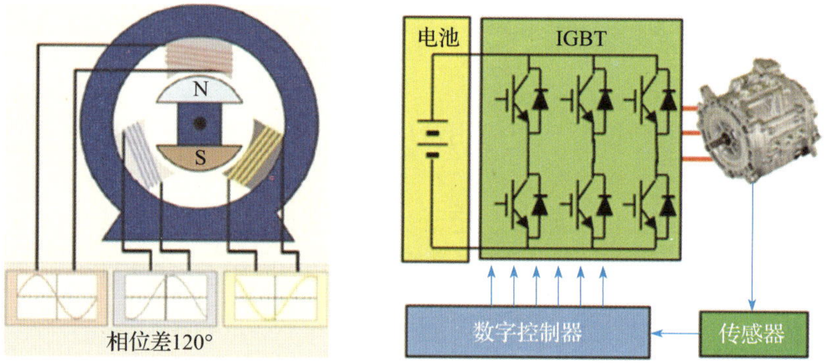

图 4－16　永磁同步电机原理图

表 4－5　永磁同步电机三相绕组控制工作过程

序号	示意图	说明
1	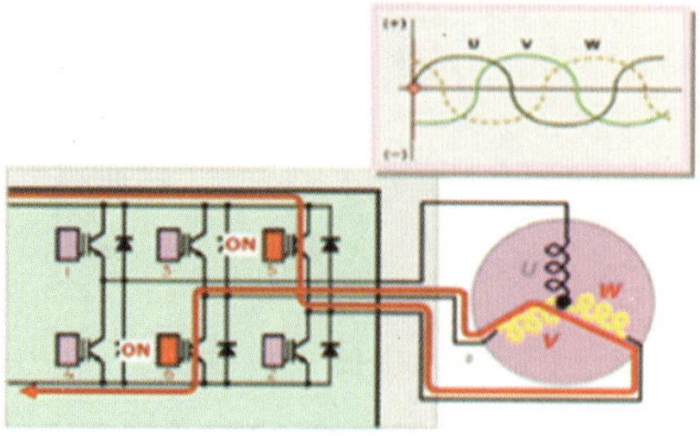	控制主板根据当前三相交流电波形（见波形图中红色竖线标记点）控制 IGBT5、6 导通，W 相通电

续表

序号	示意图	说明
2	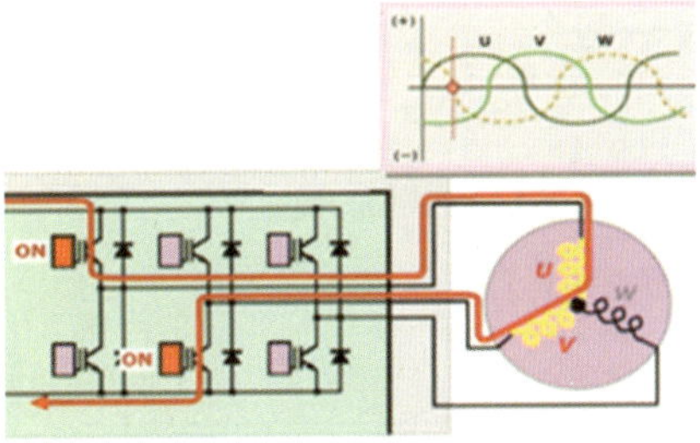	控制主板根据当前三相交流电波形（见波形图中红色竖线标记点）控制 IGBT1、6 导通，U 相通电
3	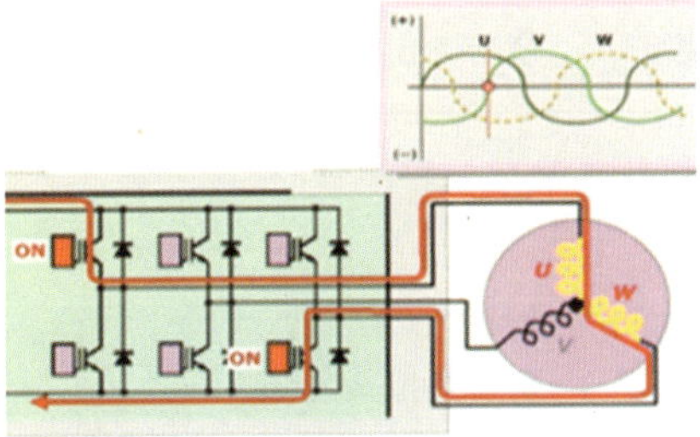	控制主板根据当前三相交流电波形（见波形图中红色竖线标记点）控制 IGBT1、2 导通，U 相通电
4	控制主板根据三相交流电波形，依次控制相应 IGBT 切换导通与截止，控制三相绕组依次通电	

注：本表格仅给出部分通电情况

（1）旋转变压器：旋转变压器（简称旋变）一般安装在驱动电机尾端盖中，其基本结构为变压器，用来检测转子的位置、转速、转向。实物图如图 4-17 所示。

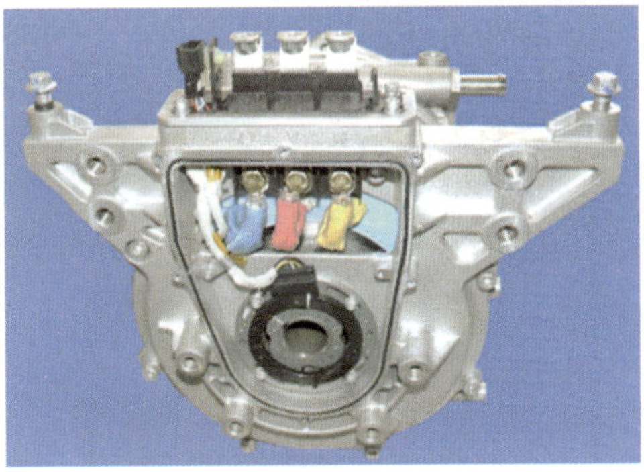

图 4-17　旋转变压器实物图

电机旋变传感器结构与检测

目前，永磁同步电机多采用磁阻式旋转变压器（构造原理简图如图 4-18 所示，电路图如图 4-19 所示），有 3 个绕组放在同一套定子槽内，包括一个励磁绕组 R、两个输出绕组 S，随电机转子运转的旋变转子磁极形状做特殊设计，使气隙磁场近似于正弦形状。转子形状的设计也必须满足所要求的极数，转子的形状决定了极对数和气隙磁场形状。输出绕组输出信号随转子转角做正弦变化，为彼此相差 90° 的电信号。

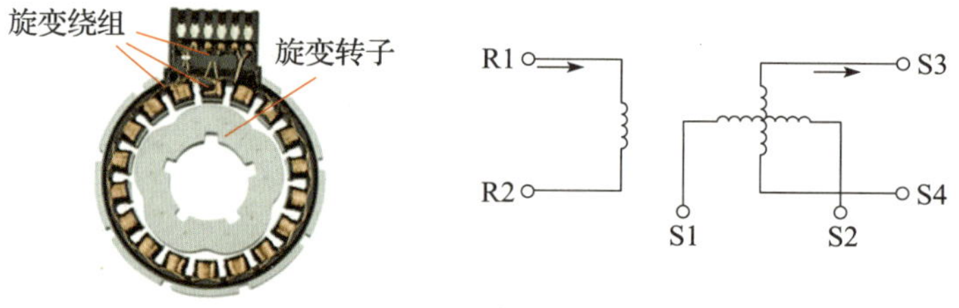

（a）实物图　　（b）原理图

图 4－18　旋变构造原理简图

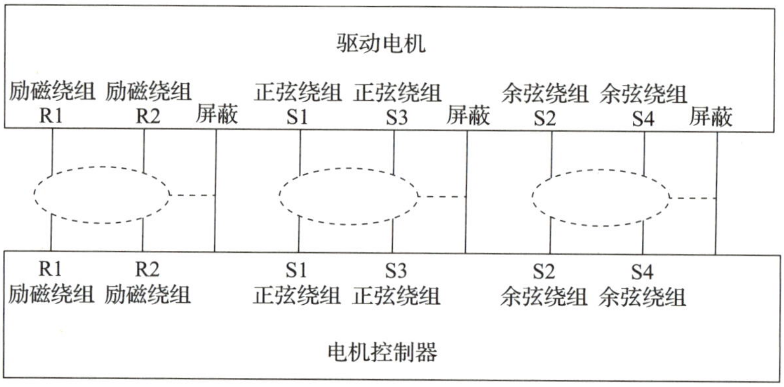

图 4－19　旋变电路图

（2）电机温度传感器（见图 4－20）：一般采用 PTC 测量电机定子绕组的温度，很多车型固定在绕组表面，无法单独更换。当定子绕组温度超过温度阈值限制时，控制器通过减小功率保护电机避免过热，并提供散热风扇起动信号之一。例如，比亚迪新能源 EV 系列，当散热风扇起动温度的范围为 90℃≤温度 <110℃时，冷却风扇低速起动；当温度≥ 110℃时，冷却风扇高速起动；当温度降至 90℃以下时，冷却风扇停止工作。

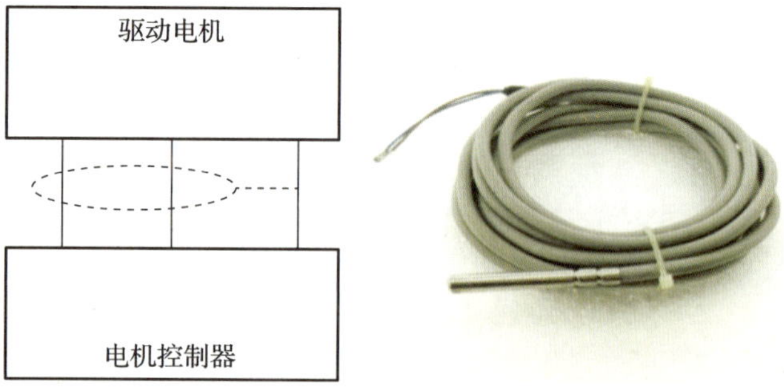

（a）电路图　　（b）实物图

图 4－20　电机温度传感器

2. 异步电机

异步电机又称交流感应电机，一般指三相异步交流电机，其剖开图示例如图 4－21 所示。

（1）结构与工作原理。

图 4－21　异步电机剖开图示例

三相异步交流电机的基本结构如图 4－22 所示，主要由定子、转子、传感器部分、相应的电机轴和轴承、机壳等组成。定子和转子均包括铁心和绕组，转子常采用空心结构，适用于高转速。当三相异步电机接入三相交流电时，三相定子绕组会产生旋转磁场，该旋转磁场切割转子绕组，从而在转子绕组中产生感应电流（转子绕组为闭合通路）。转子导体在定子旋转磁场的作用下产生电磁力，从而在电机轴上形成电磁转矩，驱动电机转子旋转。由于三相异步电机的转子与定子旋转磁场以相同的方向、不同的转速旋转，有转速差，因此叫作异步电机。

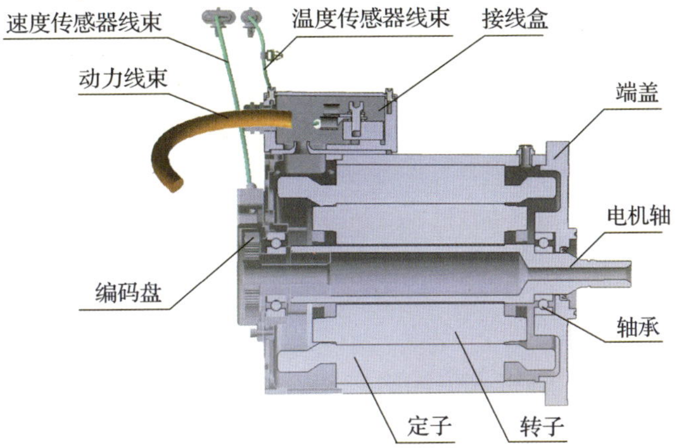

图 4－22　三相异步交流电机的基本结构

异步电机直接转矩控制系统的结构与原理简图如图 4－23 所示，它主要包括磁链调节器、转矩调节器、磁链和转矩估计等。其中，磁链调节器对磁链的调节是否准确对整个控制系统的稳定性有着举足轻重的作用，而开关策略和磁链、转矩调节是先进控制算法的核心部分。

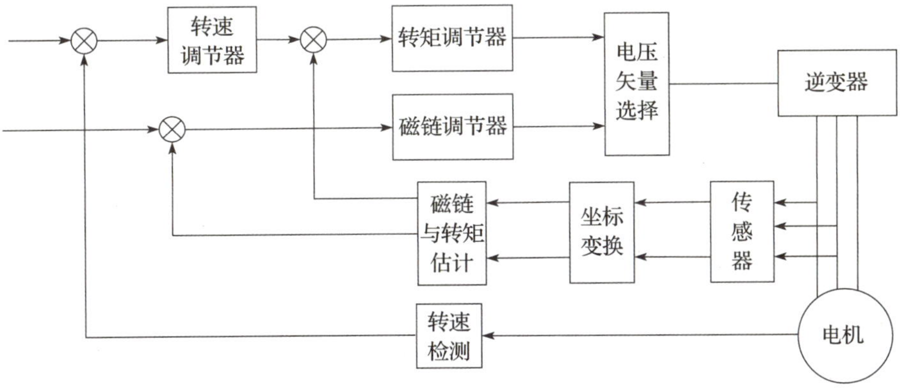

图 4－23　异步电机直接转矩控制系统的结构与原理简图

（2）转速传感器。

交流异步电机一般装配有转速传感器（见图 4－24），因为控制系统只需要检测电机的速度即可，无须检测电机初始位置、转角等信号。

（a）异步电机转速传感器（霍尔式）

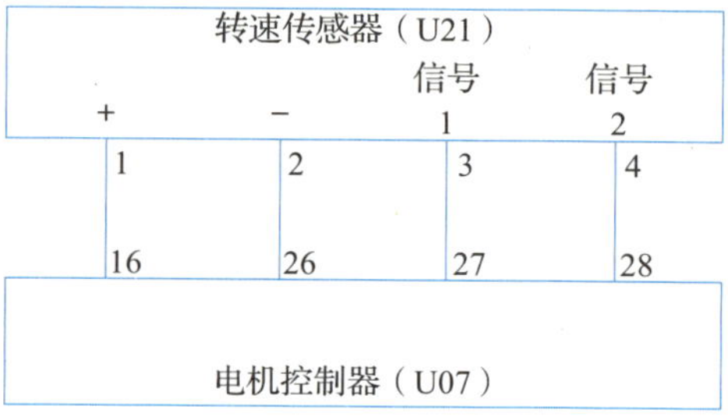

（b）电路图

（c）编码盘

（d）传感器支架

（e）转速传感器

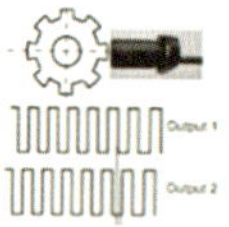
（f）传感器信号示例

图 4－24　北汽新能源 EC180 异步电机转速传感器（霍尔式）

3. 开关磁阻电机

开关磁阻电机（实物图见图 4－25）一般为凸极铁心结构，其定子、转子均由普通硅钢片叠压而成；转子上既无绕组，也无永磁体，一般装有位置检测器；定子上绕有集中绕组，径向相对的两个绕组串联构成一相绕组。开关磁阻电机的基本结构（一相绕组）如图 4－26 所示。根据相数和定子、转子极数的配比，开关磁阻电机可以设计成不同的结构。

图 4－25　开关磁阻电机实物图

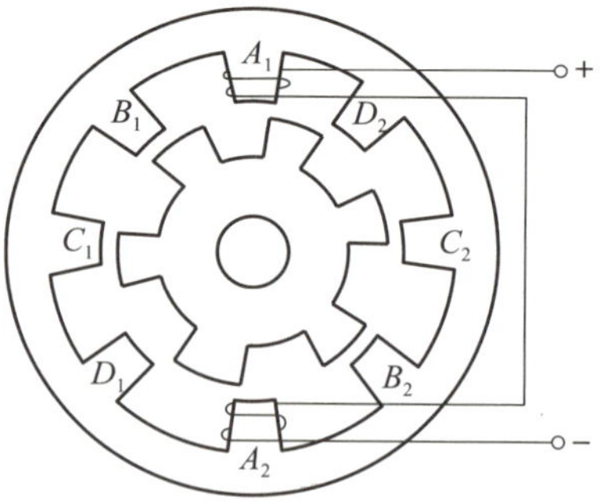

图 4－26　开关磁阻电机的基本结构（一相绕组）

开关磁阻电机与磁阻式步进电机一样，基于磁通总是沿磁导最大的路径闭合原理。当定子、转子齿中心线不重合，磁导不为最大时，就会形成磁阻转矩，使转子转到磁导最大的位置。当向定子各相绕组中依次通入电流时，电机转子将一步一步地沿着通电相序相反的方向转动。如果改变定子各相的通电次序，电机将改变转向，但相电流流通方向的改变不会影响转子的转向。四相开关磁阻电机驱动电路简图如图 4－27 所示。

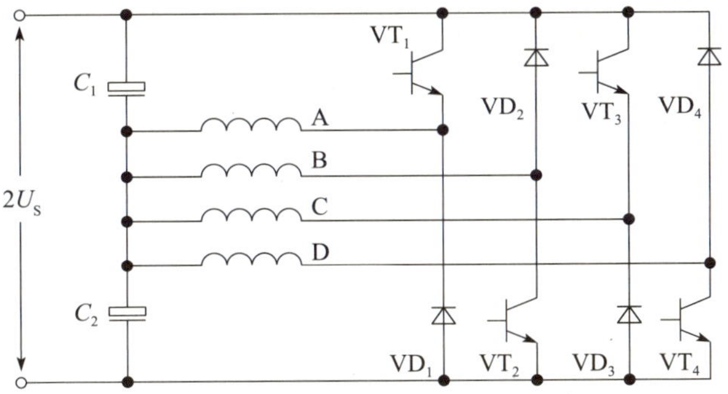

A\B\C\D–定子绕组VT1\VT2\VT3\VT4–IGBT

VD1\VD2\VD3\VD4–整流二极管

图 4－27 四相开关磁阻电机驱动电路简图

三、驱动电机钢印号、铭牌位置及技术参数

（一）驱动电机钢印号与铭牌位置

驱动电机钢印号包含驱动电机零件号等相关信息，铭牌一般包含驱动电机常规技术等相关信息。比亚迪电机铭牌位置如图 4－28 所示。

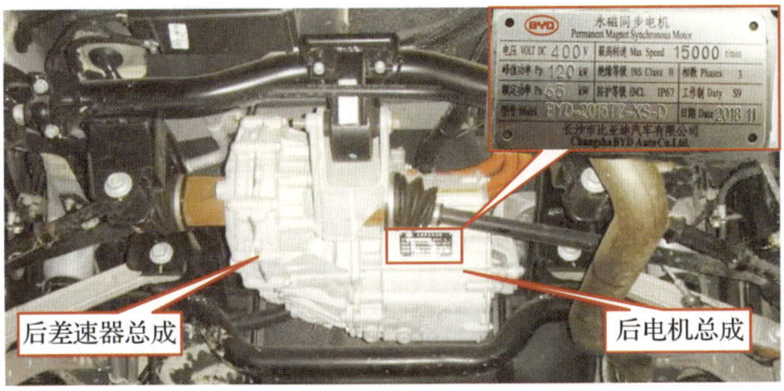

图 4－28 比亚迪电机铭牌位置

（二）驱动电机技术参数

比亚迪驱动电机技术参数如表 4－6 所示。

表 4－6 比亚迪驱动电机技术参数

项目内容	参数	项目内容	参数
类型	永磁同步电机	峰值功率	120kW
型号	BYD-2015TZ-XS-D	额定功率	65kW
工作电压	DC 400V	冷却方式	水冷
最高转速	15 000r/min	相数	3
绝缘等级	H	防护等级	IP67
工作制	S9		

四、P 位电机控制器原理

P 位电机控制器（见图 4－29）接收驱动电机控制器的锁止与解锁信号，对驱动电机执行相应的操作（车辆停车与起步）。该装置通过控制驱动电机的伸出与缩进来实现变速器的锁止与解锁，主要包括控制器、驱动电机、霍尔式位置传感器等，霍尔式位置传感器与驱动电机是集成式的。P 位电机控制器主要控制 P 位电机在 P 位位置的锁止变速器，该模块通过 PWM 对 P 开关磁阻式锁止电机进行控制，其控制原理简图如图 4－30 所示。

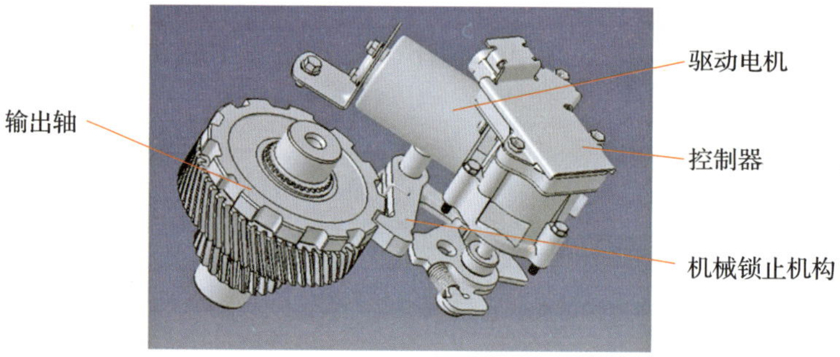

图 4－29　P 位电机控制器

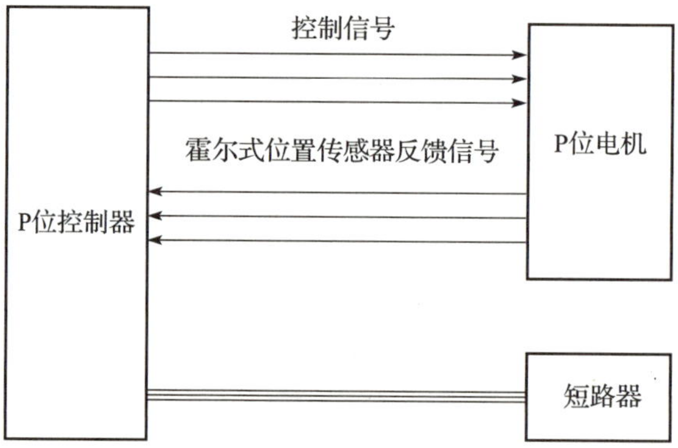

图 4－30　P 位电机控制器控制原理简图

任务二　驱动电机检修

学习目标

知识目标：

1. 知道驱动电机常规检测项目的目的；
2. 掌握驱动电机常规检测项目基本方法。

能力目标：

1. 能够完成驱动电机系统性能测试；
2. 能够完成驱动电机高压绝缘检测；
3. 能够完成驱动电机部件的常规检测。

素养目标：

1. 在学习中提高分享能力和沟通能力；
2. 在操作中熟悉流程的标准，提高团队合作能力。

任务导入

小唐和小宋同时进汽车维修厂实习，这天车间有一辆新能源汽车的驱动电机总成已经拆了下来，他们两个讨论关于驱动电机温度传感器检测的问题。小唐说："温度传感器集成在驱动电机内部，根本没有端子可供检测。"小宋说："温度传感器虽然集成在驱动电机内部，但拆开驱动电机三相高压接口密封盖后，有一个低压接口，接口上有温度传感器端子，因此是可以检测的。但温度传感器如果出现故障，也需要更换电机总成。"他们两个谁说的对呢？

知识框架

知识介绍

一、驱动电机的检测

驱动电机系统（主要指驱动电机与控制器）在整车上拆下后，严禁进行单体拆解维修，但可通过相关检测对驱动电机系统工作性能进行诊断，最终确定该系统工作是否正常。一旦确定驱动电机系统有故障，一般需更换电机总成。驱动电机系统常规检测项目一般包括基本电量参数检测、驱动电机性能检测、驱动电机三相电流监测、驱动电机相关部件（如定子绕组、旋转变压器、温度传感器等）检测、电机控制器高压绝缘检测、驱动电机控制器检测等。

电机驱动系统结构与原理

（一）基本电量参数检测

基本电量参数检测主要对驱动电机的电压、电流、功率、频率和相位等参数进行检测。这些参数通常使用功率分析仪（或功率计）即可满足测量需求。功率分析仪（测试方案简图见图 4－31）实际上是电压表、电流表、功率表和频率表的融合，它实现了高精度的电压、电流、频率、相位即时采集并实时运算出结果，可提供精准的驱动电机相关电量参数测试结果，且不同参数之间的采集在时间上是同步的，保证了数据的有效性。将这些数据与标准进行对比，即可判断被测驱动电机是否满足正常工作要求。

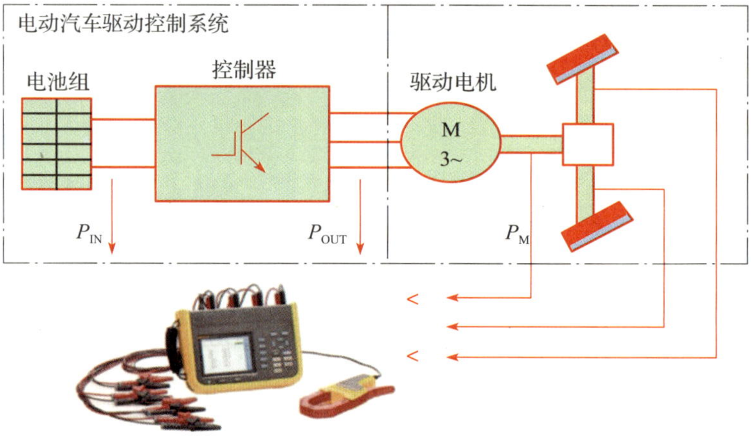

图 4－31　功率分析仪测试方案简图

测试仪器有对应的测试指标，如精度、带宽和采样率等。在选择测试仪器时，要注意测试指标是否满足自身需要与相关测试标准要求。

（二）驱动电机性能测试

驱动电机性能测试一般通过驱动电机综合性能测试仪完成，包括负载特性测试、*T-n* 曲线测试、耐久性测试等项目。

1. 负载特性测试

（1）目的：通过不同负载情况下驱动电机特性的测试，收集效率、功率因数、转速、定子电流等参数，可以判断驱动电机在不同适用场合下是否能保持良好的运行状态。

（2）测试方法：通过伺服电机给被测驱动电机加载，由 150% 额定负载逐步降低到 25% 额定负载，在此范围至少选取 6 个测试点（必须包含 100% 额定负载点），测量并计算其电压、电流、功率、转矩和转速等相关参数后，与标准数据进行对比。

（3）测试依据标准：《三相永磁同步电动机试验方法》(GB/T 22669—2008）负载试验；《三相异步电动机试验方法》(GB/T 1032—2012）负载特性试验。

2. *T-n* 曲线测试

（1）目的：描绘出电机的转速（*n*）与转矩（*T*）的关系特性曲线。根据不同转速下对应的转矩来判断电机基本特性，直观地表现电机运行性能，更好地评估电机的运行状态。*T-n* 曲线测试如图 4－32 所示。

（2）测试方法：通过控制被测电机的转速，测量从 0 转速到最高转速不同转速点能输出的最大转矩，绘制出其关系曲线。

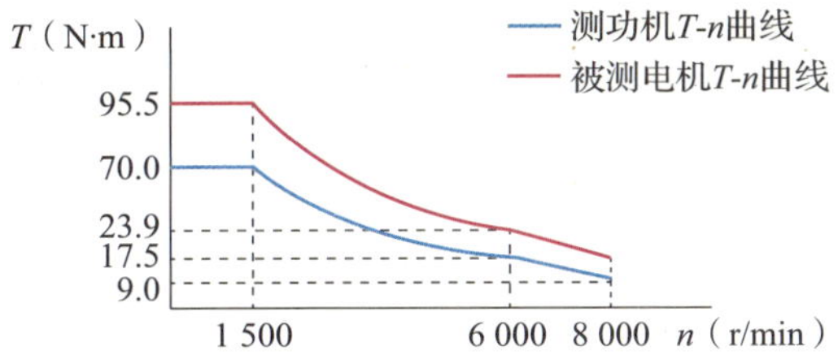

图 4－32　*T*－*n* 曲线测试

3. 耐久性测试

（1）目的：衡量电机的使用寿命。

（2）测试方法：在测试仪的测试软件中，可由用户设定电机按某个测试方案来进行耐久性测试，如设定被测电机以 80% 的额定转速运行 10min，之后暂停 5min，再以 120% 的额定转速运行 10min 等。测试该运行过程中的电压、电流、效率、转矩和转速等关键信息。

（三）驱动电机三相电流监测

电机控制器监测连接到各驱动电机三相电流传感器，以便检测逆变器是否存在过大电流故障。大多数电流传感器是驱动电机控制器总成内部的一部分，无法单独维修。另外，由于所有的电动机或发电机相电路是通过电气方式连接的，其电流总量应相同。电机控制器执行一次计算，以确认相电流传感器的精确性。如果 U、V、W 相电流传感器的相电流总量大致相同，则计算结果应接近 0。如果 U、V、W 相电流相差较大，则会认为是故障。

驱动电机
三相波形检测

（四）驱动电机相关部件检测

驱动电机相关部件检测必须在整车高压电下且驱动电机已经在整车拆下的前提下进行。

1. 定子绕组的检测

通常通过检测定子绕组电阻的方法判断其是否正常工作。

2. 旋转变压器的检测

驱动电机旋转变压器由驱动电机控制器监测。根据旋转变压器中的位置传感器信号，电机控制器监测驱动电机转子的角位置、转速和方向。位置传感器包含一个一次绕组、两个二次绕组和一个不规则形状的金属转子。通常用万用表进行旋转变压器的检测，一般通过检测旋转变压器绕组电阻的方法判断其是否正常工作。

旋变传感器
工作信号波形
检测

3. 温度传感器的检测

在大多数电机控制器模块内部会设置有温度传感器，用于检测连接电机电缆的温度，以及模块自身集成电路的温度。温度传感器是一个热敏电阻，它的电阻随温度变化而改变。通常用万用表进行温度传感器的检测，一般通过检测温度传感器电阻的方法判断其是否正常工作。

（五）电机控制器高压绝缘检测

驱动电机控制器利用若干个内部传感器测量动力电池的高电压。测试高压正极电路或高压负极电路和车辆底盘之间是否存在失去隔离的情况，当检测到电机控制器或者相关电路在动力电池输出高电压后，存在对车辆底盘的电阻过低情况，系统会将这一情况反馈给整车控制器，并与整车控制器一起切断车辆的高电压，避免发生事故。

（六）驱动电机控制器检测

驱动电机控制器发生故障时，系统一般会储存相关故障码，也可以利用诊断仪通过读取数据流的方式进行诊断。

二、驱动电机故障案例分析

（一）比亚迪 E5 纯电动汽车高压电控系统故障诊断排除

1. 故障现象

有一辆 2017 款比亚迪 E5 纯电动汽车，配备 75A · h 容量的磷酸铁锂离子电池，工作电压为 633.6V，永磁同步交流电机最大功率为 160kW。长时间停放后，在起动时无法上 OK 电（高压电），车辆无法正常行驶，仪表显示“请检查动力系统”，充电连接图标点亮，连接交流充电枪能正常进入充电页面，但仪表指示充电功率为 0。

2. 故障原因分析

根据故障现象及仪表板的故障显示，初步判断可能存在两类问题。

第一类是高压驱动系统故障，包括从动力电池到驱动电机的高压系统及其控制系统。

第二类是交流充电系统故障。高压驱动系统故障可能引起交流充电无法进行，故判断交流充电系统是否存在故障，需要先排除高压驱动系统故障后再进行确认。

（1）高压驱动系统故障原因分析。驱动系统故障致使无法上高压电的原因有很多，主要涉及高压系统及其控制系统线路问题。高压系统包括动力电池、高压电控总成（集成了 VGOT、DC/DC、OBC、高压配电箱、漏电传感器）、驱动电机以及各个高压系统之间的高压线路和高压线路上的接触器；低压控制线路包括动力电池管理系统（BMS）、高压电控总成、低压控制线路、车身管理模块（BCM）、总控制器、CAN 网络、高压互锁系统等。

比亚迪纯电动汽车高压系统高度集成，高压线束保护严实，损坏的可能性较小。故先从低压系统及线路开始排查。涉及的系统较多，需先通过解码器读取故障码和数据流，以缩小故障范围。

奇瑞汽车的“舵手”

（2）交流充电系统故障原因分析。若无法上 OK 电故障排除，充电故障依然存在，则充电系统存在故障。根据仪表板有充电页面显示，初步排除充电信号 CC 问题，故障点可能在交流充电接触器线路、霍尔式电流传感器线路问题上。

3. 故障诊断及排除

连接解码仪，读取故障码，显示高压互锁故障。读取数据流，动力电池总电压、各电池模组电压温度均正常，预充完成，驱动电机母线电压异常，高压互锁锁止异常。判断动力电池及采集系统和线路正常，高压互锁线路存在故障，故先排除高压互锁故障。高压互锁系统是用低压监测高压电路完整性的安全设计方法，主要检测高压电路接口的通断，高压互锁在所有高压系统中形成一个回路。在关闭电源的情况下，用电压表分别检测互锁回路中各段线路的导通性，若线路不导通，检查该段线路，修复线路后重新起动。

高压互锁故障排除后，重新上高压电，发现仍然无法上高压电，仪表板显示“如需充电，请关闭电源挡后……”。解码仪读取故障码，此时，高压互锁故障码消失，系统无故障码。读取数据流，高压电机母线正常，有交流充电感应信号，该数据流异常。

判断 CC 短路或者 VTOG 控制电路故障。关闭电源，检测交流充电口 CC 与接地的导通性，若不导通，排除 CC 线路故障。检测 VTOG 电源线路，发现 VTOG 常电保险丝 F2/2 7.5A 下端无电压，拔出保险丝发现该保险丝烧断，重新换上 7.5A 保险丝。

重新上高压电，OK 灯点亮，上电正常，驱动系统故障排除。

驱动系统故障排除后，插上交流充电枪，仪表盘有充电页面显示，但无充电功率，故交流充电系统故障。充电功率为零，故障可能为霍尔式电流传感器及其线路故障，或者充电接触器或预充接触器及其线路故障。连接解码仪，无故障码，数据流未发现霍尔式电流传感器电流信号异常，交流充电感应信号正常，充电接触器吸合异常。检测交流充电接触器相关控制线路，若发现线路不导通，则更换线路，将线路修复，重新连接充电枪，能正常充电，故障排除。由此可以大致判断，在同一个端子附件，两根线路受到外力作用出现断路的问题。

4. 高压系统故障诊断总结

国内纯电动汽车各品牌的高压及控制系统存在一些差异，但原理大同小异。4S 店大量维修案例表明，目前国内纯电动汽车的故障主要表现在无法上电和交流无法充电。根据新能源汽车控制原理，在新能源系统维修中主要先解决无法上电问题，再解决无法充电的故障。

另外，在不确定高压系统还是低压系统故障时，根据控制原理和考虑到维修的效率，先解决低压系统问题，再考虑高压系统故障。在掌握新能源汽车基本控制逻辑的基础上，借助解码仪等诊断工具，再结合电路图的分析，找到并解决新能源汽车电路系统问题并不困难。

（二）北汽 EV 160 纯电动汽车驱动电机控制系统故障维修

1. 故障现象

一辆北汽生产的 EV160 纯电动汽车，整车型号为：BJ7000B3D5-BEV，电机型号为：TZ20S02，电池型号为：29/135/220-80Ah，电池工作电压为 320V。该车行驶里程为 5 600km，出现无法行驶且仪表报警灯常亮、报警音鸣叫的故障；故障发生时电机有沉闷的“咔咔”声。

2. 检修过程

（1）读取故障码。

连接解码仪，读取故障码为 P116016，电机控制器（MCU）IGBT 驱动电路过流故障

（A 相 /U 相）。诊断仪器没有明确的故障点或故障原因的指引，需进一步检修以确认故障原因。

（2）检测高压系统。

断掉电池负极并用电工胶布将其金属部分缠绕，避免接触车身。然后切断设置在车内手套箱位置的高压保险。过 5min 后，拆卸连接动力电池到高压控制盒之间的高压电缆，使用万用表测量高压电池来电情况，测量结果显示为 0.1V，高压系统成功下电。

（3）检测电机控制器。

在高压系统断电后，使用万用表、兆欧表对电机控制器进行测量，通过与标准值对比，结果正常。

（4）测量检查 MCU 电源保险。

汽车前舱部分找出保险与继电器盒，检查 MCU 电源保险 FB10，测量保险丝电阻，正常值小于 1Ω，测量值为 0.2Ω，测量结果正常。

（5）检测电源继电器。

测量 MCU 电源继电器线圈端子 2 个插脚之间的电阻，正常值为 133Ω 左右，测量值为 92Ω，测量结果正常。测量电源继电器开关端子的导通性，将电源继电器线圈端子 2 个插脚分别接电池正负极，万用表调节到 200Ω 电阻挡，测量继电器 2 个开关端子是否导通，测量值为 0.1Ω，正常值为小于 1Ω，测量结果正常。

（6）测量 MCU 低压控制插头 1# 脚电压。

用探针插入 MCU 低压插件 T3［见图 4－33（a）］的 1# 脚，测量 1# 脚电压，正常值为 12V 左右，测量值为 12.4V，测量结果正常。

（7）测量旋转变压器各个绕组阻值及波形。

1）使用万用表电阻挡测量 MCU 低压插件 T35 的 22、23# 端子的电阻，正常值为 50 ～ 70Ω，测量值为 52.2Ω，测量结果正常；测量 34、35# 端子的电阻，正常值为 50 ～ 70Ω，测量值为 50.3Ω，测量结果正常；测量 11、12# 端子的电阻，正常值为 20 ～ 40Ω，测量值为 20.8Ω，测量结果正常。因此，可以判定旋转变压器励磁、正弦和余弦 3 组线圈阻值正常。

2）使用万用表电阻挡测量驱动电机旋变插件 T19b［见图 4－33（b）］的 A 与 MCU 低压插件 T35 的 12# 端子、B 与 11# 端子、E 与 23# 端子、F 与 22# 端子、C 与 35# 端子、D 与 34# 端子的电阻，正常值为 0.2 ～ 0.5Ω，测量值为 0.37Ω，测量结果正常。

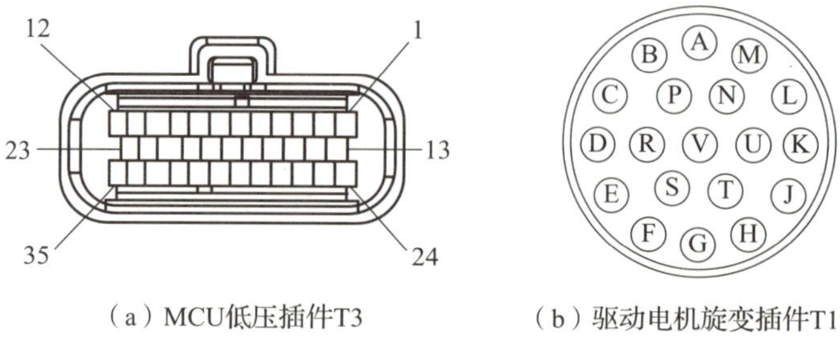

（a）MCU低压插件T3　　（b）驱动电机旋变插件T19b

图 4－33　MCU 低压插件 T3 和驱动电机旋变插件 T19b

3）使用示波器通过驱动电机旋变插件 T19b 测量旋转变压器各个绕组波形，发现 A 与 B 端子、C 与 D 端子之间可以调取波形并且经过调整频率后，其波形符合维修手册中的标准波形；但是 E 与 F 端子之间无法调取波形。

4）使用万用表电阻挡测量端子 E 与车身搭铁之间的电阻，结果为 0.96Ω，原来是线束对地搭铁。

3. 故障排除

由于旋转变压器的线束端子 E 与车身搭铁短路（即对地短路），导致旋转变压器工作不正常，电机控制器（MCU）无法起动电机，所以总是有起动趋势但车辆始终无法运转前行并伴随有沉闷的电机起动声音。征得厂家同意更换低压线束后试车，车辆运转正常。连接解码仪，删除历史故障码，再次读取故障码，仪器显示没有故障码，证明故障排除。

项目小结

本项目包括两个任务：驱动电机系统认知、驱动电机检修。需要了解驱动电机系统功能与分类、驱动电机常规参数含义，理解驱动电机系统各工况控制的原理，了解 P 位电机控制器的功能与原理，掌握驱动电机常规检测项目基本方法，具备识别驱动电机铭牌位置及技术参数的能力，能够完成驱动电机部件的常规检测。

项目五

汽车空调系统结构与检修

任务一　空调系统认知

学习目标

知识目标：

1. 了解汽车空调系统的结构组成；
2. 掌握汽车空调系统的控制原理。

能力目标：

1. 能够识别汽车空调系统的结构部件；
2. 具备识别新能源汽车空调与传统燃油汽车空调差异的能力。

素养目标：

1. 操作过程中相互学习、团队合作，探索新鲜事物；
2. 通过对新能源汽车空调系统的探索，提高自己的知识水平和实践能力。

任务导入

在寒冷的冬天，小张与朋友开纯电动汽车自驾游，朋友想打开空调取暖，但是小张说：“空调耗电太多，严重影响电动汽车的续驶里程，如果开了空调，汽车可能无法返程。”朋友告诉小张，比亚迪汽车使用热泵空调可以节省20%以上的电能。请问纯电动汽车空调热泵系统是如何实现节能的？

知识框架

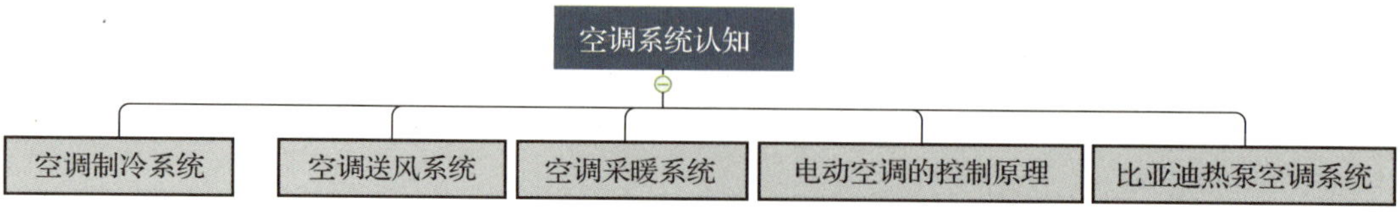

知识介绍

一、空调制冷系统

新能源汽车空调驱动方式与传统燃油汽车不同，采用电机驱动，主要包括制冷系统和制热系统。制冷系统由空调压缩机、冷凝器、蒸发器、电子膨胀阀等组成；制热系统由 PTC 加热器、加热器水泵、加热芯体、鼓风机、PTC 温度传感器等组成。汽车空调制冷系统组成结构图如图 5－1 所示。

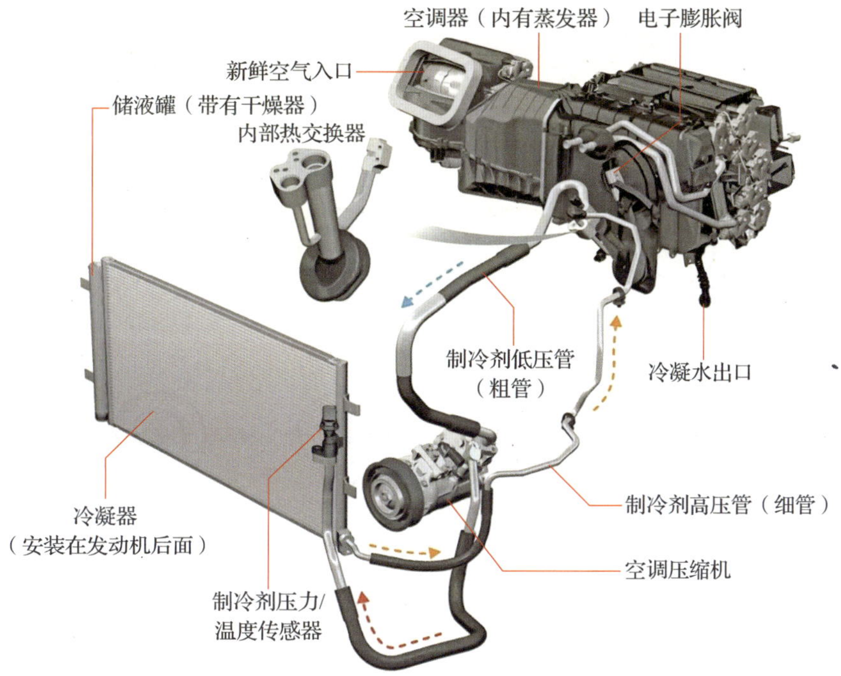

图 5－1 汽车空调制冷系统组成结构图

（一）空调压缩机

纯电动汽车的空调压缩机为电动压缩机，其使用动力电池作为动力来源。纯电动汽车将驱动电机、空调压缩机及空调控制单元结合为一体，其最常用的是涡旋式压缩机。涡旋式压缩机具有振动小、噪声低、使用寿命长、质量轻、转速高等优点。

空调压缩机固定在车辆的底盘上，一般在空调压缩机上集成有压缩机控制器。空调压缩机控制器将高压直流电转换成三相交流电，从而驱动空调压缩机。空调压缩机上布置有高压插头和低压插头，压缩机本体上有制冷剂循环的进出管路。空调压缩机部件结构如图 5－2 所示。

涡旋式压缩机的主要部件为定涡盘和动涡盘，定涡盘和动涡盘相互啮合在一起，但其安装时相差 180°，即相位角相差 180°。涡旋式压缩机的工作过程如图 5－3 所示。定涡盘固定在机架上，动涡盘则由驱动电机驱动。

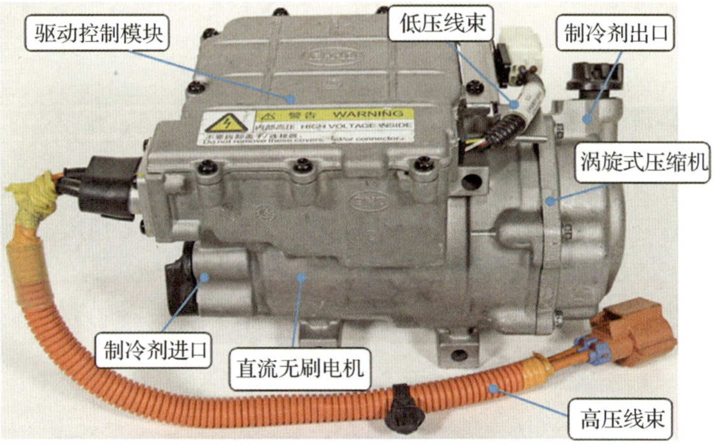

图 5－2　空调压缩机部件结构

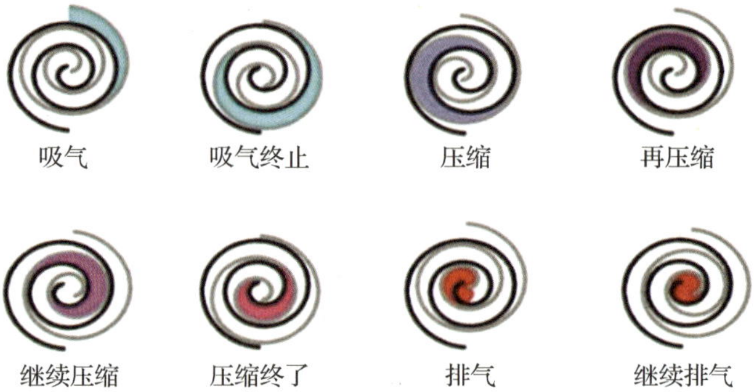

图 5－3　涡旋式压缩机的工作过程

驱动电机旋转时，将带动动涡盘在定涡盘内按轨迹运转，并使气体制冷剂通过滤芯吸到定涡盘的外部。这时，两个涡盘间将形成由外向内、体积逐渐缩小的 6 个工作腔，气体制冷剂在 6 个工作腔内逐步被压缩，最后从定涡盘中心孔通过阀片排出。因工作腔由外向内逐渐变小且处于不同的压缩状况，从而保证涡旋式压缩机能连续不断地吸气、压缩和排气。

空调压缩机参数包括工作电压、控制电源电压范围、额定输入功率等。比亚迪空调压缩机 STE8103020 的参数如表 5-1 所示。

表 5－1　比亚迪空调压缩机 STE8103020 的参数

名称	参数
最高运行温度	+46℃
最高运行压力	20Mpa
最高转速	1 400RPM
电压	220V
功率	2.35kW
总电阻	3.4Ω
电流	11.2A

（二）冷凝器

冷凝器是用于将制冷剂所含热量释放，并将制冷剂由气态转变成液态的热交换器。冷凝器安装在车辆的前部，风扇将风吹过散热装置，以利于排出热量。来自压缩机的制冷剂以高温高压的气态形式从顶部进入冷凝器。经过冷凝器时，制冷剂释放所含的大量热量并凝集在底部。在冷凝器出口，制冷剂处于高压中温液态。冷凝器的外部结构与工作原理如图 5－4 所示。

（a）外部结构

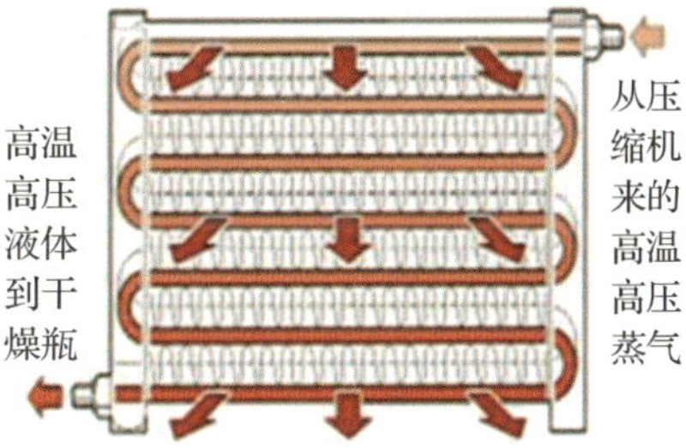

（b）工作原理

图 5－4　冷凝器的外部结构与工作原理

（三）电子膨胀阀

电子膨胀阀的作用是使从冷凝器过来的高温高压液体制冷剂通过膨胀阀的节流降压成容易蒸发的低温低压雾状制冷剂进入蒸发器，即分开了制冷剂的高压侧和低压侧。电子膨胀阀利用被调节参数产生的电信号，控制施加于电子膨胀阀上的电压或电流，进而达到调节供液量的目的。电子膨胀阀的外观结构如图 5－5 所示。

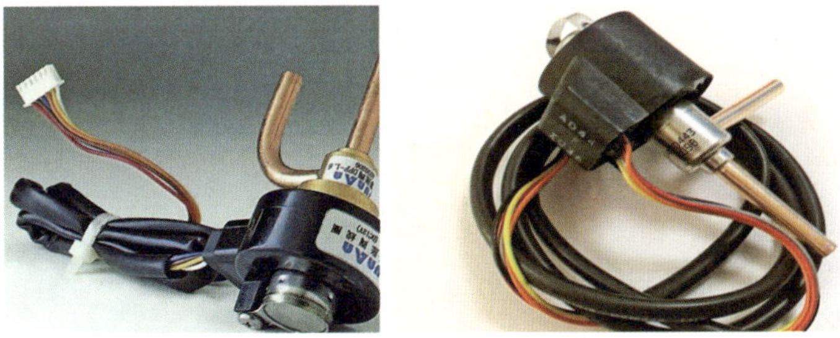

图 5－5　电子膨胀阀的外观结构

（四）蒸发器

蒸发器是一个热交换器，减压后的制冷剂以液 / 气态进入蒸发器，蒸发器中的制冷剂吸收进入车内的外部空气的热量，制冷剂蒸发。在蒸发器出口处，制冷剂呈低压低温气态。在蒸发器处安装有温度传感器来测量蒸发器温度，当蒸发器温度低于一定温度时，空调停止运转，防止蒸发器结霜、结冰。当蒸发器温度高于一定温度时，空调系统才能重新接通；因此该温度传感器是空调电气控制系统的一个保护性传感元器件。图 5－6 所示为蒸发器外观和蒸发器温度传感器安装图。

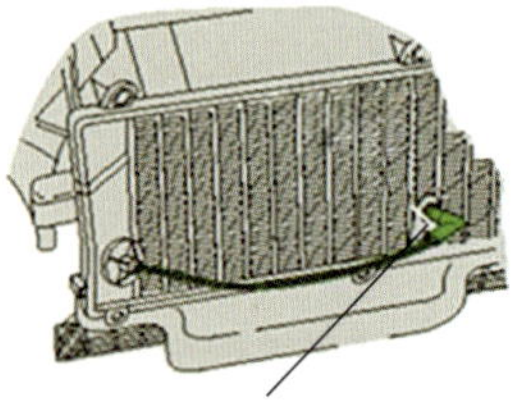

图 5－6　蒸发器外观和蒸发器温度传感器安装图

二、空调送风系统

空调送风系统的作用是将经过冷却或加热的空气通过特定的送风管道送到驾驶室内相应的位置。空调送风系统主要由鼓风机、送风管道、风门和出风口等组成。空调送风系统的结构如图 5－7 所示。

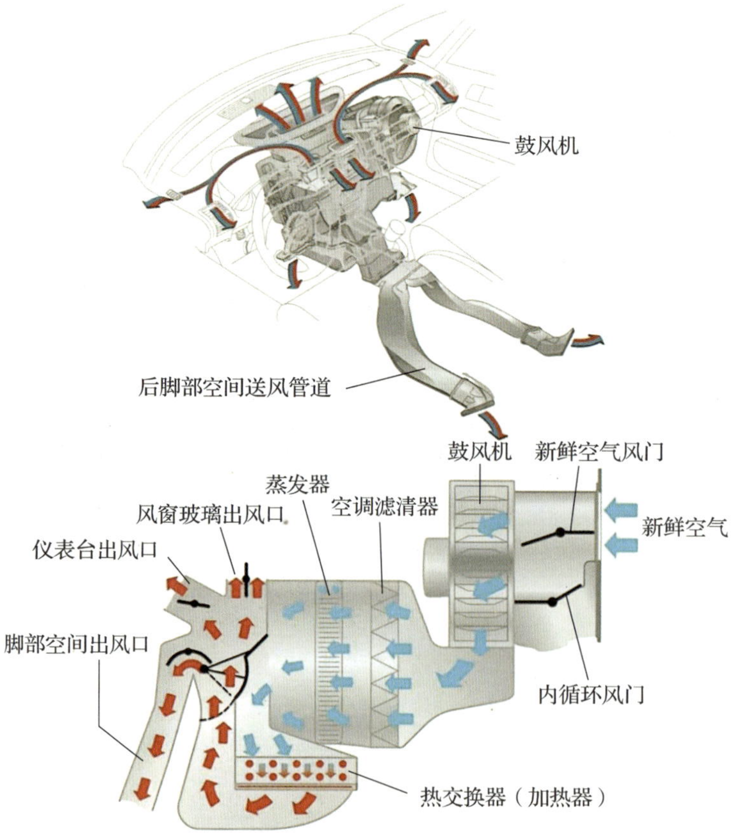

图 5－7　空调送风系统的结构

空调控制器一般与空调面板集成一体，控制电机调节和系统中的各个风门，使其按需移动到各种位置，引入内部或外部的空气通过不同的送风管道，实现各种送风模式。图5-8所示为送风管道内部元器件及结构图。

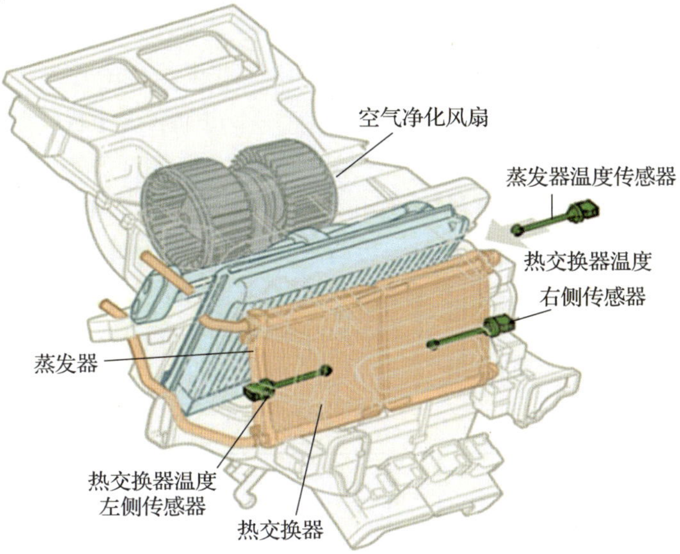

图5-8　送风管道内部元器件及结构图

三、空调采暖系统

新能源汽车没有传统燃油汽车的发动机，没有热源，靠电加热器的热能来采暖。在空调的暖风部分，热源为PTC加热电阻。有的新能源车型，使用PTC热敏电阻加热冷却液作为热源。PTC热敏电阻的电路原理及外观如图5-9所示。

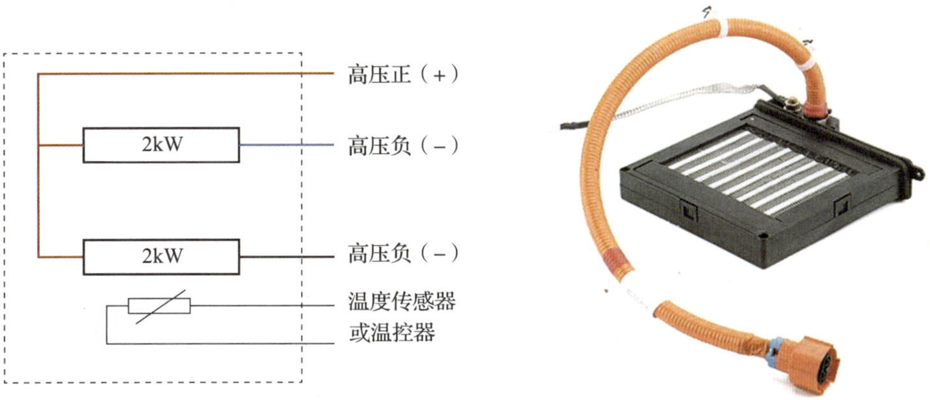

（a）电路原理　　（b）外观

图5-9　PTC热敏电阻的电路原理及外观

PTC热敏电阻作为发热源，具有节能、恒温、安全和使用寿命长等特点。PTC热敏电阻是PTC加热器最重要的元器件，PTC指正温度系数。因此，PTC热敏电阻是有着正温度系数的电阻器，即电阻随着外界温度的升高而增大。当外界温度升高时，PTC 加热器的电阻会增大，空调系统的发热量会随之降低；当外界温度降低时，PTC 加热器的电阻会减小，空调系统的发热量会随之升高。粘接式陶瓷 PTC 加热器由多个陶瓷 PTC 芯片和铝波纹散热片组成，采用耐高温树脂胶，将多个陶瓷 PTC 芯片粘接在一起。此 PTC 加热器散热性好，电气性能稳定。

金属管状 PTC 加热器由镍铁合金丝和铝散热片组成，采用镍铁合金丝作为发热管，外部镶铝散热片，散热效果好。为了使用时更加安全可靠，此 PTC 加热器通常与温度控制器、热熔断器配套使用。

在有的车型上，PTC 热敏电阻的工作由专门的控制模块控制，PTC 热敏电阻电路原理如图 5 - 10 所示。PTC 控制模块采集加热请求，同时根据整车控制器或压缩机控制器控制信号、PTC 总成内部传感器温度反馈等信号综合控制 PTC 的通断。PTC 控制模块采集信息内容包括风速、冷暖程度设置、出风模式、加热器起动请求、环境温度。

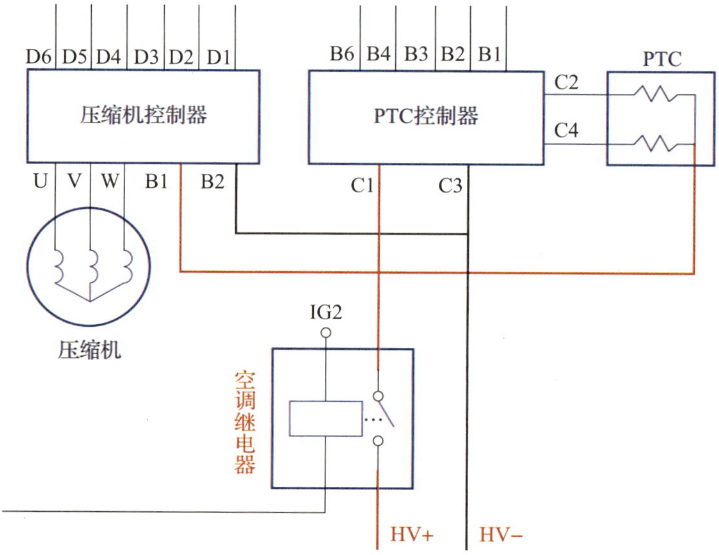

图 5 - 10　PTC 热敏电阻电路原理

四、电动空调的控制原理

（一）空调控制方式

在某新能源车型中，整车控制器（VCU）控制空调功能的开启与关闭。点火开关旋至 ON 挡后，按下 AC 按钮，表示空调制冷功能请求输出。此时，VCU 会接到 AC 请求信号，同时开关上的工作状态指示灯点亮，VCU 根据内部程序控制制冷系统工作。图 5 - 11 所示为由整车控制器控制的空调系统工作原理图。

还有的新能源车型由空调控制器控制空调系统工作。图 5 - 12 所示为由空调控制器控制的空调系统工作原理图。

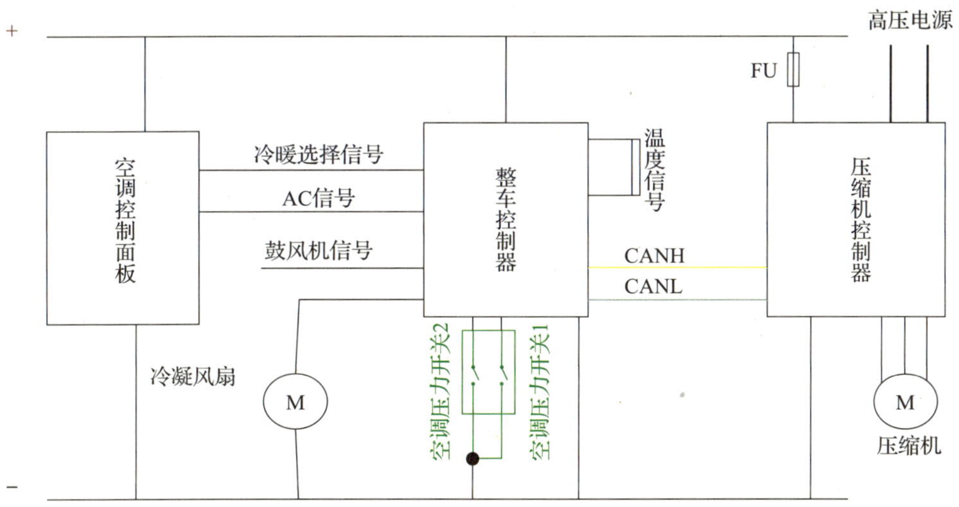

图 5－11　由整车控制器控制的空调系统工作原理图

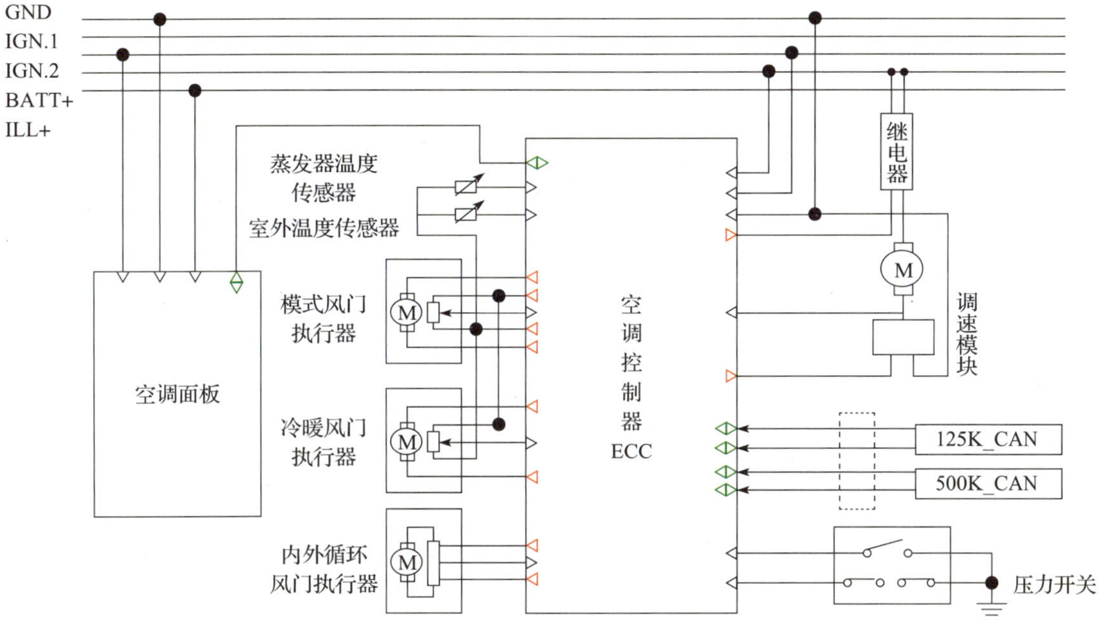

图 5－12　由空调控制器控制的空调系统工作原理图

（二）冷却风扇的控制策略

冷却风扇的控制与制冷剂管路压力有关，冷却风扇的工作条件如下：

（1）开启条件：高低压开关闭合，并且有 AC 请求信号开启或电池制冷请求信号开启。

（2）关闭条件：高低压开关断开或 AC 请求关闭。

（3）关闭延时控制：待机模式下，高低压开关断开请求关闭，冷却风扇延时 5s 关闭。

开机模式下，高低压开关断开时，冷却风扇延时 5s 关闭。若高低压开关闭合，关闭 AC 请求，则冷却风扇延时 5s 关闭。风扇控制与系统压力的关系如表 5－2 所示。

表 5－2　风扇控制与系统压力的关系

序号	系统压力工况	高低压触发状态	中压触发状态	风扇请求状态
1	压力过低	触发	未触发	停机
2	压力正常	未触发	未触发	低速
3	压力偏高	未触发	触发	高速
4	压力过高	触发	触发	高速

（三）与空调系统有关的控制器通信

以北汽新能源车型为例，讲解空调系统的内部通信原理。

1. 空调控制器与 PTC 控制器通信

某车型空调控制器（以下简称 ECC）与 PTC 控制器（以下简称 PTC）通过 500K_CAN 网络进行信息交互，通信原理如图 5－13 所示。

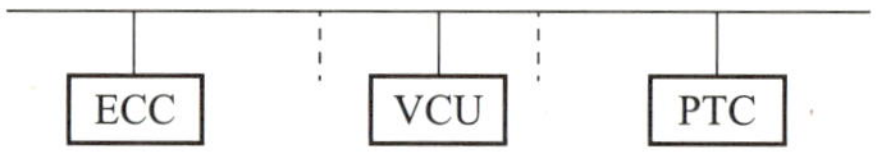

图 5－13　空调控制器与 PTC 控制器通信原理

根据 CAN 报文协议，在冷暖调节（即屏幕显示）至暖区四挡时，空调控制器发出 PTC 控制器使能命令；当环境温度高于 35℃时，不允许 PTC 控制器加热器工作；收到整车控制器停机命令后，不允许起动 PTC 控制器加热器，若已经起动，即时停止 PTC 控制器工作；在 PTC 控制器起动状态下，若乘员关闭空调，则风机延时 5s 后停机，同时风向调整至吹足，此延时状态仅用于 PTC 控制器散热，显示屏在关机时刻即关闭。

2. 空调控制器与压缩机控制器之间的通信

空调控制器与压缩机控制器通过 500K_CAN 网络进行信息交互。

在按下 AC 制冷功能按键后起动空调压缩机，同时点亮指示灯。此功能起动后自动联动内循环，仅在冷暖调节至相应区间后可起动空调压缩机。指示灯表示目前处于制冷状态，不表示实际空调压缩机工作状态（即空调压缩机由于蒸发温度、管路压力故障、移出相应冷暖调节区间、整车控制器停机命令等因素停机或暂时停机时，此按键指示灯不熄灭），直至乘员手动关闭；在待机状态下，操作此按键可唤醒空调，同时起动制冷功能。

让中国汽车跑遍全球

3. 空调控制命令

根据 CAN 报文协议，控制空调压缩机需同时发出使能、目标转速两项命令。目标转速根据制冷程度选择分别对应 3 500r/min（最冷）、2 500r/min、2 000r/min、1 500r/min，冷暖调节为中间状态或制暖状态时压缩机停机；蒸发温度目标值上、下限分别为 1℃、4℃；当环境温度低于 5℃时，不允许空调压缩机工作；收到整车控制器停机命令后不允许起动空调压缩机，若已经起动，即时停止空调压缩机工作。

五、比亚迪热泵空调系统

（一）比亚迪热泵空调系统结构

纯电动热泵空调系统以比亚迪海豚车型为例，主要由空调压缩机（最大功率为 6kW）、电子风扇、电机散热器、车外冷凝器、车内冷凝器与蒸发器、动力电池直冷 / 直热板（车内）、气液分离器、热管理集成模块等组成，如图 5－14 所示。纯电动热泵空调系统的制冷剂为 R134，其中热管理集成模块上集成了 6 个电磁阀（SOV 阀）、3 个电子膨胀阀（EXV）及 9 个制冷剂管接头。

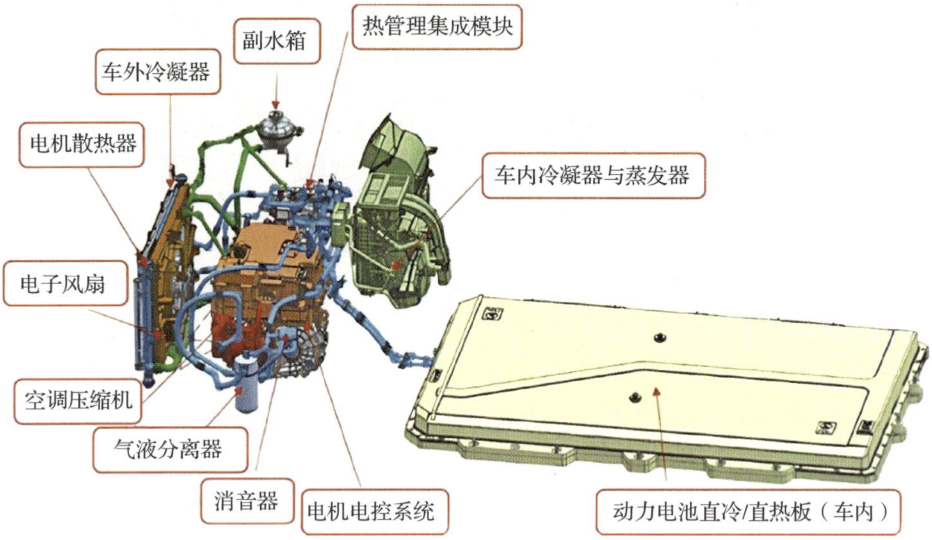

图 5－14　比亚迪海豚车型热泵空调系统结构

空调压缩机是纯电动汽车热泵空调系统的核心部件之一，用于驱动制冷剂在系统中循环。电子风扇用于辅助散热，确保热泵空调系统的正常运行。电机散热器负责散发电机在运行过程中产生的热量。车外冷凝器和车内冷凝器分别负责在车外和车内对制冷剂进行冷却，使其从气态变为液态，释放热量。车内蒸发器负责在车内对制冷剂进行蒸发，吸收热量，实现制冷效果。动力电池直冷 / 直热板是比亚迪海豚车型热泵空调系统的一个独特设计，可以直接对动力电池进行冷却或加热，确保动力电池在最佳温度范围内工作。气液分离器用于分离制冷剂中的气体和液体，确保系统的稳定运行。热管理集成模块集成了多个电磁阀、电子膨胀阀以及制冷剂管接头，用于控制制冷剂在系统中的流动和分配。板式换热器用于在不同流体之间进行热量交换，提高热泵空调系统的效率。

此外，比亚迪海豚车型热泵空调系统还采用了集成化设计，将大部分控制组件集成在阀岛结构中，以降低装配难度和提高生产效率。该系统还支持多种工作模式，如热泵采暖、空调制冷、电池冷却和加热等，以满足不同的驾驶需求。

热管理集成模块是热泵空调系统的核心部件之一，安装位置在前舱右侧。在比亚迪EV车型上，热管理集成阀组上总共有6个SOV阀、3个EXV和3个CV（单向阀），而比亚迪DM-i车型的热管理集成阀组上，总共有7个SOV阀（电磁阀）、4个EXV（电子膨胀阀）和3个CV（单向阀），用于制冷剂回路模式切换。图5－15所示为比亚迪EV车型热管理集成模块。

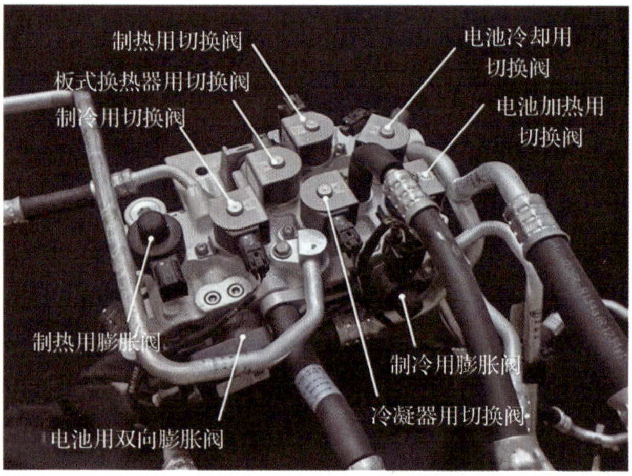

图5－15　比亚迪EV车型热管理集成模块

（二）热泵空调系统的工作原理

比亚迪纯电动汽车热泵空调系统是一种高效节能装置，既可制冷又可制热，工作原理主要基于逆卡诺循环，逆卡诺循环用于从低温热源向高温热源传递热量，即热泵的工作原理。热泵空调系统可以利用环境中的低品位热能（如空气、水等），通过逆卡诺循环将其转化为高品位热能，用于加热车内空气。这种转换过程具有较高的能效比（COP），即较少的电能消耗可以产生较多的热量。在制热时，热泵空调系统通过吸收车外环境的热量，结合电驱动单元的废热，为车内提供温暖；在制冷时，则通过车外冷凝器放热，车内蒸发器吸收车内热量，实现降温。在低温环境下充电或车辆低温行驶时，热泵空调可以开启低压PTC加热器辅助加热，也可以对动力电池直接加热，以缩短充电时间或改善整车动力性。

1. 制冷原理

空调压缩机将气态的制冷剂从蒸发器中抽出，制冷剂在压缩机中经过压缩，排出高温高压气体制冷剂到冷凝器。高压气态制冷剂经冷凝器时液化而进行热交换（释放热量），热量被车外的空气带走。高压液态的制冷剂经膨胀阀的节流作用而降压，低压液态制冷剂在蒸发器中气化而进行热交换（吸收热量），蒸发器附近被冷却的空气通过鼓风机吹入车厢；气态的制冷剂又被压缩机抽走，如此使制冷剂进行封闭的循环流动，不断地将车厢内的热量排到车外，使车厢内的温度降至适宜的温度。图5－16所示为空调制冷系统循环模式。

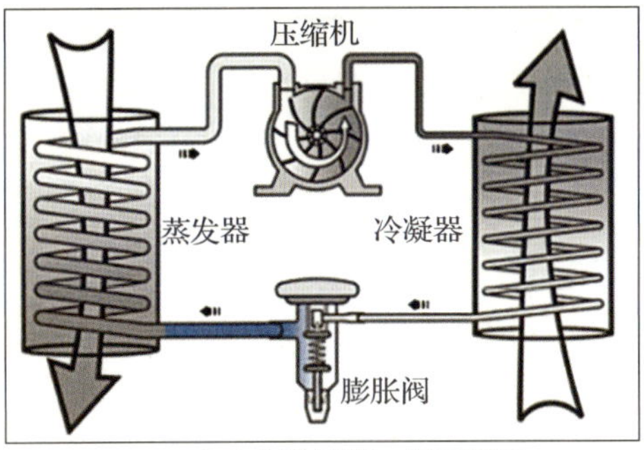

（a）气体膨胀，温度降低

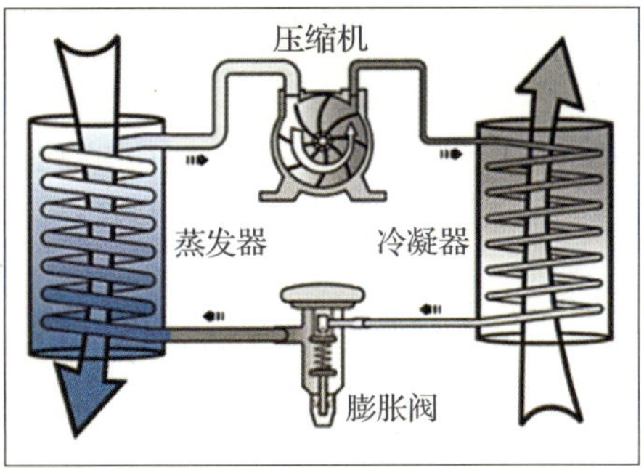

（b）从环境中吸收热量

图 5－16　空调制冷系统循环模式

热泵空调制冷（其原理示意图见图 5－17）时，制冷电磁阀及制冷电子膨胀阀工作。从压缩机出来的高温高压制冷剂，经过制冷电磁阀后进入车外冷凝器，与室外空气进行热交换后变为高压中温液态，经过制冷电子膨胀阀节流后进入车内蒸发器，吸收车内热量后液态制冷剂变成低压低温气态回流至压缩机，完成制冷循环。

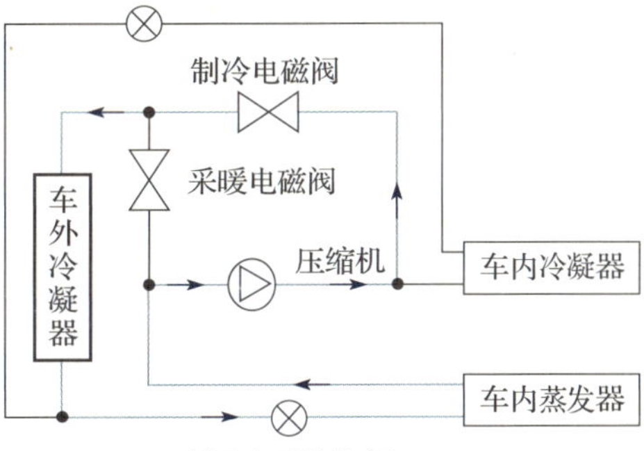

图 5－17　热泵空调制冷原理示意图

2. 制热原理

空调制热系统采用热泵或风 PTC 供热。空调制热系统主要由风 PTC、压缩机、气液分离器、热管理集成模块、热交换器、采暖硬管、鼓风机、送风管道及控制机构等组成。供暖暖风机组的壳体与蒸发器壳体制成一体，鼓风机和送风管道等与空调制冷系统共用。压缩机在工作时，压缩机排出管排出的高温高压气态冷媒通过采暖硬管进入室内冷凝器，通过鼓风机吹出的空气将高温高压冷媒的热量散发到乘员舱或前风窗玻璃上，用以提高车厢内温度和除霜，在室内冷凝器中散热过后的低温低压液态冷媒经热管理集成模块从环境中（或电机电控冷却液中）吸热后成为气态冷媒，再经过气液分离器进入压缩机中，如此循环，实现暖风供热。图 5－18 所示为空调制热系统循环模式。

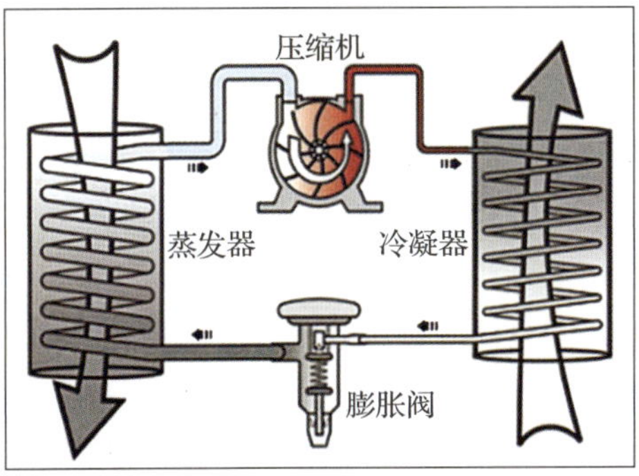

（a）压缩气体，温度升高

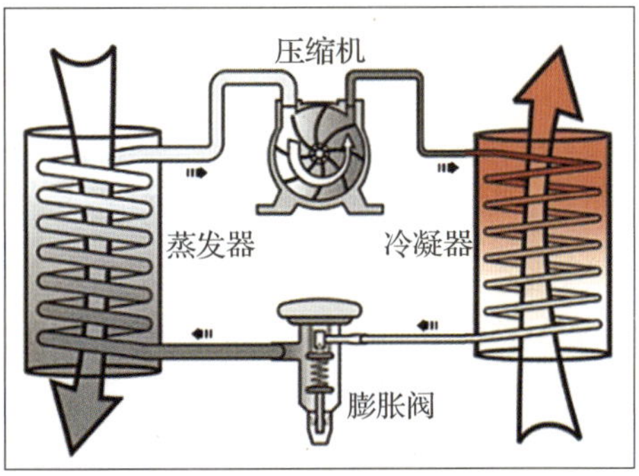

（b）向座舱散热

图 5－18　空调制热系统循环模式

热泵空调制热（其原理示意图见图 5－19）时，采暖电子膨胀阀及采暖电磁阀工作。从压缩机出来的高温高压制冷剂进入车内冷凝器并放热，放热后制冷剂冷却成高压中温的液体，经过采暖电子膨胀阀节流后进入车外冷凝器，吸收车外环境的热量后液态制冷剂变成低压低温气态，再经过采暖电磁阀回流至压缩机，完成制热循环。

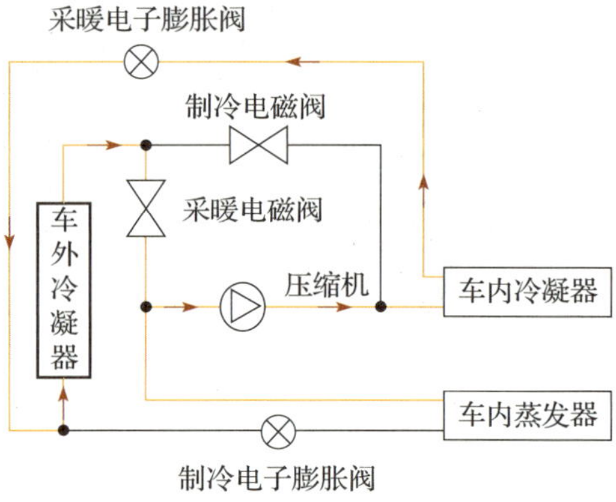

图 5－19　热泵空调制热原理示意图

3. 电池热管理功能

电池热管理功能包括电池冷却、电池加热和电池内循环，这也是热泵空调系统的主要功能。

热泵空调系统的特性有电池直冷 / 直热；非极低温度，降低空调能耗；极低温环境下，辅以电机无功和低压 PTC 低效产热。常用功能有：热泵制热、空调制冷、电池冷却、电池加热、制冷及电池冷却同开、采暖及电池加热同开、除湿等。

4. 比亚迪海豚车型热泵空调系统工作原理

以比亚迪海豚车型热泵空调系统为例，海豚车型热泵空调系统取消了传统新能源汽车的高压 PTC 加热器，替换为低压风 PTC 加热器（1kW），用于极低温环境下辅助采暖。

比亚迪海豚车型热泵空调除了可以实现车内制冷、车内采暖功能外，还全球首次实现了通过制冷剂对动力电池直接冷却、直接加热功能，以及对驱动电机、电机控制器等电驱单元热量利用等功能，并实现了整车智能综合热管理。搭载热泵空调技术的海豚车型冬季续航能力提升 10% 以上，车辆覆盖了 –30 ～ 40℃宽域温度范围，最低每百千米能耗降至 10.3kW · h。

（1）空调采暖。

当车辆低温行驶（或停车）时，打开空调系统采暖，热泵空调系统开启空调压缩机，采暖电子膨胀阀工作，水源换热电磁阀及空调采暖电磁阀均打开，制冷剂通过车内冷凝器放热，通过板式换热器吸收驱动电机、电机控制器等电驱动单元的热量。极低温环境下，可以开启 PTC 加热器辅助加热，提高热泵空调的适用温度范围。

空调采暖时，制冷剂的流动路线为：压缩机→车内冷凝器→采暖电子膨胀阀→水源换热电磁阀→板式换热器→空调采暖电磁阀→气液分离器→压缩机。空调采暖示意图如图 5－20 所示。

（2）动力电池加热。

当低温环境下充电时，为缩短充电时间，或者车辆低温行驶时，为改善低温下整车的动力性，热泵空调系统对动力电池直接加热。此时，电池电子膨胀阀开启工作，电池加热电磁阀、水源换热电磁阀和空调采暖电磁阀均打开，制冷剂通过板式换热器吸收电驱动单元余热，加热动力电池直冷 / 直热板。

电池加热时，制冷剂的流动路线为：压缩机→电池加热电磁阀→电池包换热器→电池电子膨胀阀→单向阀 1 →水源换热电磁阀→板式换热器→空调采暖电磁阀→气液分离器→压缩机。图 5－21 所示为电池加热示意图。

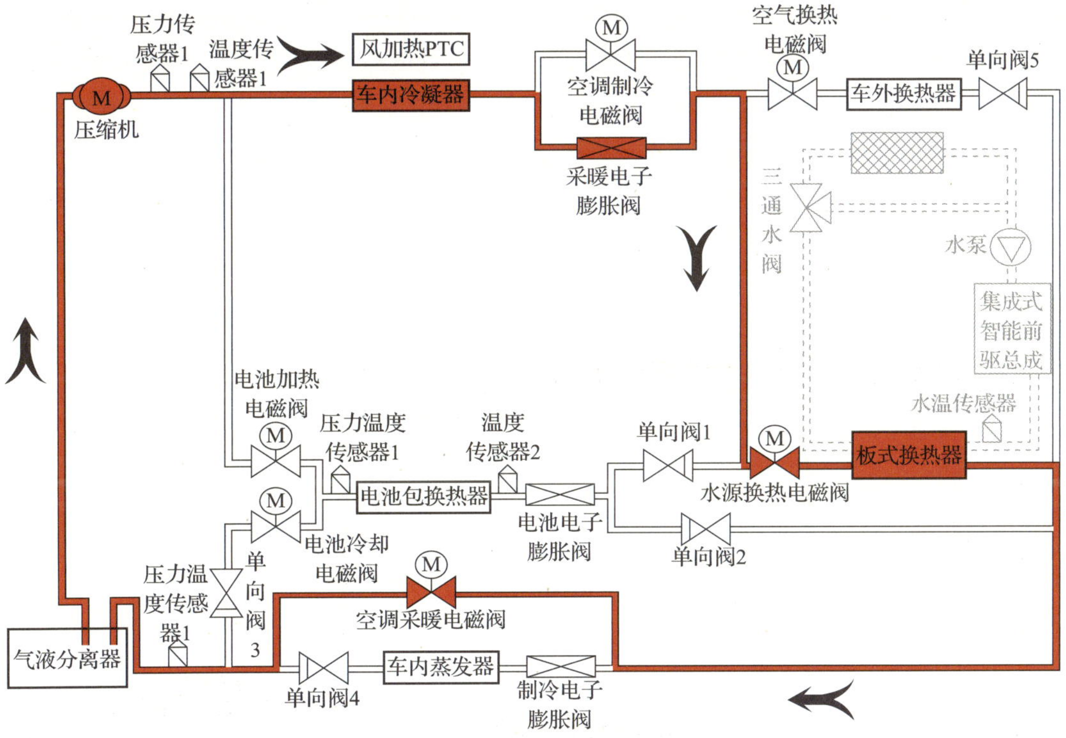

图 5-20　空调采暖示意图

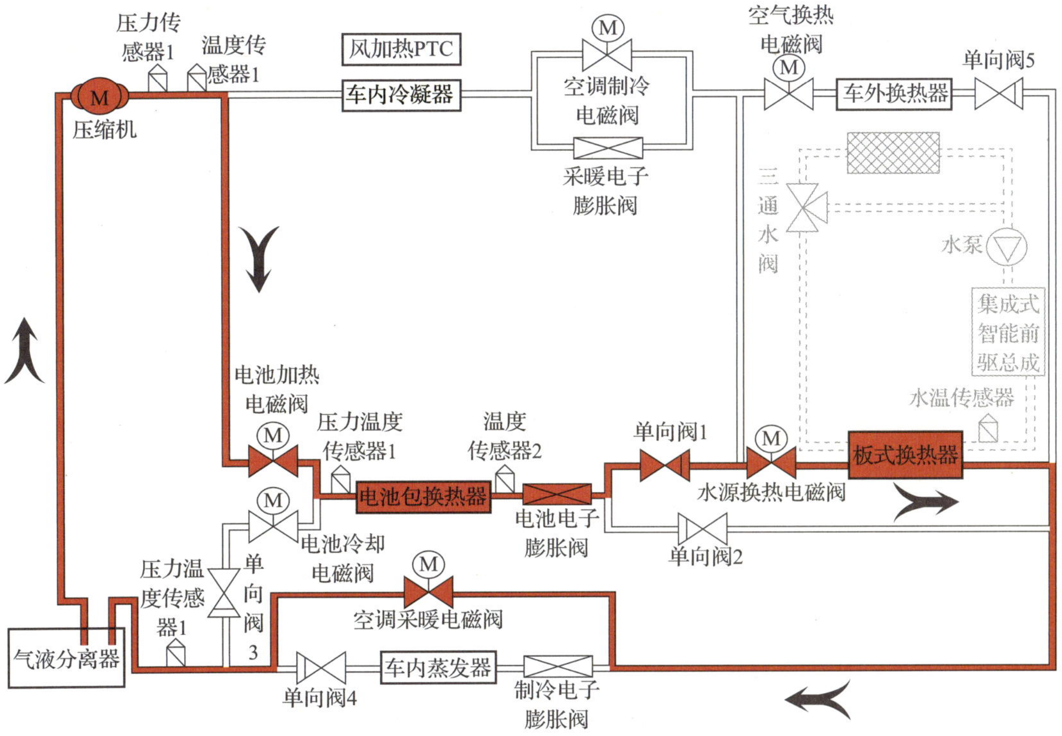

图 5-21　电池加热示意图

（3）空调采暖和动力电池同时加热。

当车辆低温行驶或低温充电时，若需要同时给乘员舱采暖和动力电池加热，热泵空调系统开启空调压缩机，采暖电子膨胀阀和电池电子膨胀阀同时开启工作，水源换热电磁阀、电池加热电磁阀及空调采暖电磁阀均打开，吸收电驱动单元余热，车内冷凝器和动力电池直冷 / 直热板放热，若有必要，可以开启 PTC 加热器辅助加热。空调采暖及动力电池同时加热示意图如图 5－22 所示。

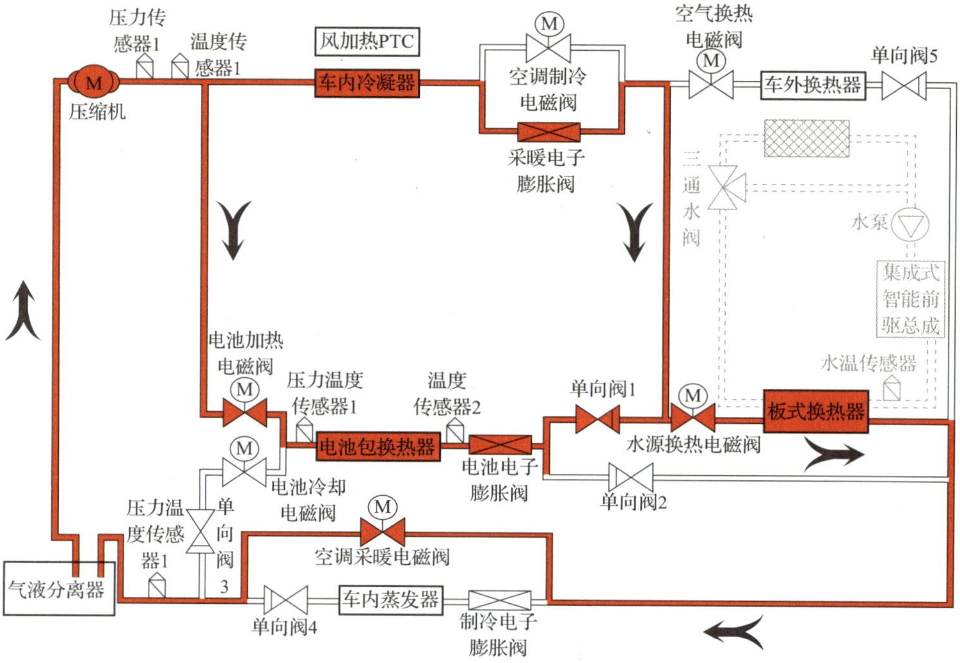

图 5－22　空调采暖及动力电池同时加热示意图

（4）空调制冷。

当车辆高温行驶（或停车）时，打开空调系统制冷，热泵空调系统开启空调压缩机，制冷电子膨胀阀工作，空调制冷电磁阀及空气换热电磁阀均打开，制冷剂通过车外冷凝器放热，车内蒸发器吸收车内热量。

空调制冷时，制冷剂的流动路线为：压缩机→车内冷凝器→空调制冷电磁阀→空气换热电磁阀→车外换热器→单向阀 5 →制冷电子膨胀阀→车内蒸发器→单向阀 4 →气液分离器→压缩机。图 5－23 所示为空调制冷示意图。

（5）动力电池冷却。

充电（特别是大功率充电）时，为了防止动力电池温度过高，热泵空调工作，对动力电池直接冷却；车辆行驶时，当动力电池温度高于设定值时，热泵空调也开始工作。此时，电池电子膨胀阀开启工作，空调制冷电磁阀、空气换热电磁阀和电池冷却电磁阀均打开，制冷剂通过车外换热器放热，通过动力电池直冷 / 直热板吸热。

动力电池冷却时，制冷剂的流动路线为：压缩机→车内冷凝器→空调制冷电磁阀→空气换热电磁阀→车外换热器→单向阀 5 →单向阀 2 →电池电子膨胀阀→电池包换热器→电池冷却电磁阀→单向阀 3 →气液分离器→压缩机。图 5－24 所示为电池制冷示意图。

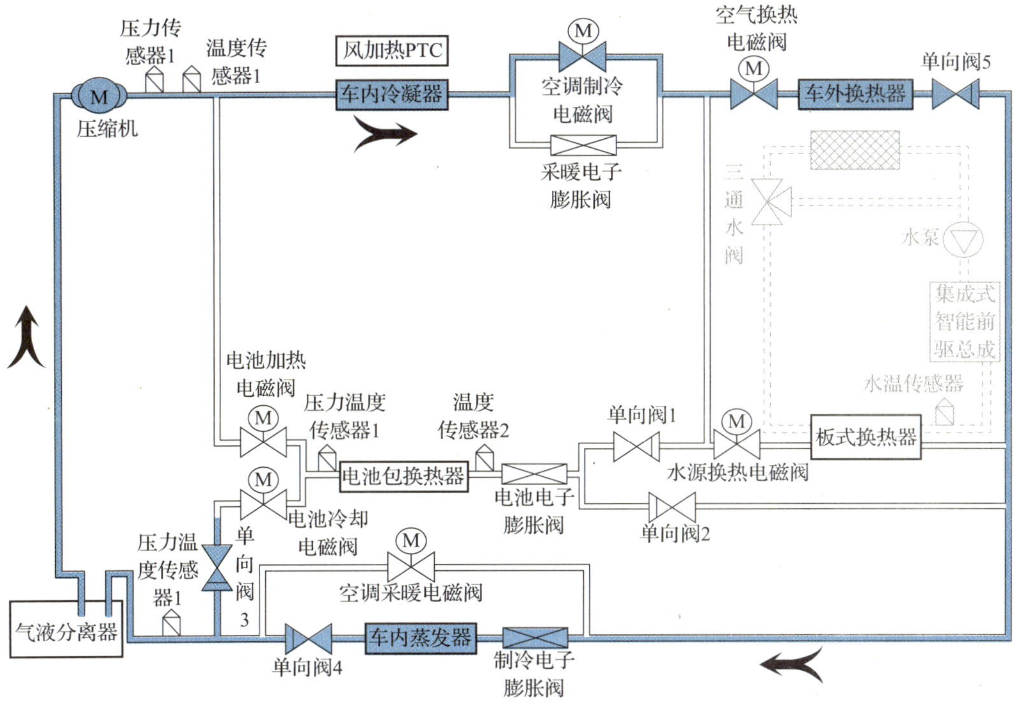

图 5－23　空调制冷示意图

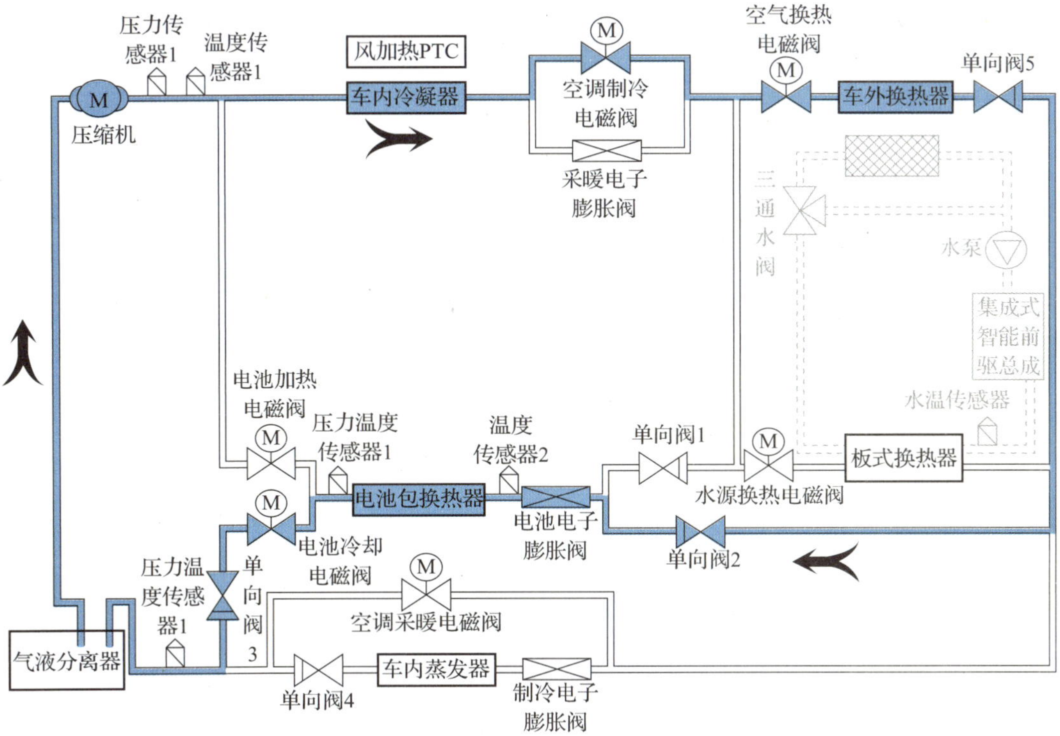

图 5－24　电池制冷示意图

（6）空调制冷和动力电池同时冷却。

车辆充电或者行驶时，若同时需要车内制冷以及动力电池冷却，热泵空调工作，此时电池电子膨胀阀和制冷电子膨胀阀同时开启工作，空调制冷电磁阀、空气换热电磁阀和电池冷却电磁阀均打开。图 5－25 所示为空调制冷和动力电池同时冷却示意图。

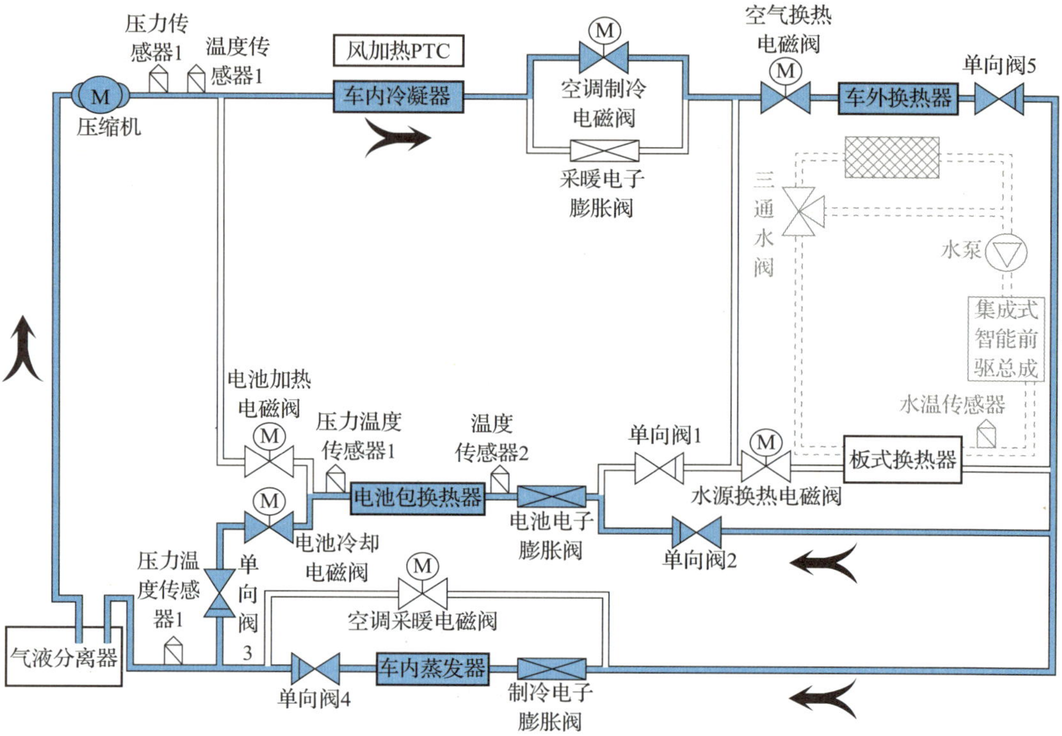

图 5－25　空调制冷和动力电池同时冷却示意图

任务二　空调系统检修

学习目标

知识目标：

掌握空调系统故障诊断原理。

能力目标：

1. 能完成空调系统部件的常规检测；
2. 能正确检测空调系统的常见故障，按照安全操作规程进行维修。

素养目标：

1. 培养勤奋进取、不断学习的工匠精神；
2. 在操作中熟悉流程的标准，提高团队合作能力。

任务导入

客户委托：排除空调系统不制冷故障。

一辆纯电动汽车在行驶过程中，打开空调系统不能出冷风。作为一名维修新能源汽车的技术人员，请你对客户的车辆进行检查并排除空调系统故障。

知识框架

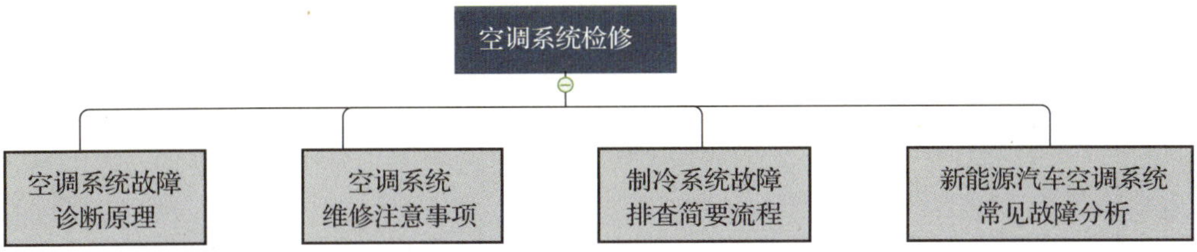

知识介绍

一、空调系统故障诊断原理

空调系统故障包括 CAN 通信故障、欠压故障、过压故障、过热报警、过流保护。

（1）CAN 通信故障。当空调控制器接收到来自 CAN 总线的控制指令时，控制器将根据控制指令执行相应动作。压缩机在运行过程中要不断地接收到来自 CAN 总线的信息，若 EAS 在 5s 内未接收到有效的 CAN 指令，则认为 CAN 通信故障，压缩机将执行停机操作。

（2）欠压故障。当空调控制器输入电压低于 220V（DC）时，进入欠压故障模式，控制器通过 CAN 信息将故障信息上传。

（3）过压故障。当空调控制器输入电压大于 420V（DC）时，进入过压故障模式，控制器通过 CAN 信息将故障信息上传。

（4）过热报警。控制器通过内部传感器可以实时监测 IGBT 的工作温度。当 IGBT 的工作温度高于 90℃时，控制器将给出停机指令，压缩机停止工作并将过热报警信息通过 CAN 总线上传。

（5）过流保护。当控制器在运行过程中，如果载荷超过系统最大带载能力或出现较大扰动时，造成系统输出相电流变大。当相电流达到硬件设定值时，触发硬件过流保护功能，控制器立刻停止运行并通过 CAN 通信上报故障信息。

二、空调系统维修注意事项

在维修空调系统时要注意以下事项：

（1）压缩机绝缘电阻值为 20MΩ。

（2）高压部件安全操作。

（3）拆解后及时密封各管路开口，防止水或湿空气进入系统。

（4）冷冻油（压缩机润滑油）为 POE68，与传统燃油汽车（PAG 冷冻油）不同，勿混用。

（5）连接安装各管路接口时注意管口清洁，O 形圈涂抹冷冻油。

（6）制冷剂加注量要按要求。

（7）制冷剂喷出时注意个人防护，避免接触冻伤、吸入及误入眼睛。

三、制冷系统故障排查简要流程

（一）压缩机故障

（1）首先确认操作正常。

（2）检查系统压力是否正常。

（3）检查空调系统的电路是否存在短路、断路、插接器接触不良的现象。

（4）若均正常，可怀疑空调控制面板或整车控制器有故障，检查空调压缩机控制信号是否正常。

（5）无法检查出外围故障，则可认定为压缩机自身故障。

（二）PTC 控制器故障

（1）首先确认操作正常。

（2）检查系统连接是否正常，是否存在插接器漏插等现象。

（3）检查高压保险丝（即高压电输入 PTC 控制器）是否正常。

（4）建议通过故障诊断仪进行故障提示。

四、新能源汽车空调系统常见故障分析

（一）空调压缩机常见故障

空调压缩机是空调系统的核心部件，空调压缩机常见故障分析见表 5－3。

表 5－3　空调压缩机常见故障分析

故障	现象	原因及判断	检测及排除措施
驱动控制器不工作，压缩机不工作	压缩机无起动声音，电源电流无变化	① 12V（DC）控制电源未接通驱动控制器； ②控制电源电压不足或超压； ③接插件端子接触不良或松脱	①检查驱动控制器控制电源插头端子是否松脱； ②检查控制电源到驱动控制器之间的导线是否存在断路； ③测量控制电源电压是否达到要求［对 12V（DC）控制电源驱动控制器，控制电源至少高于 9V（DC），不得高于 15V（DC）］

续表

故障	现象	原因及判断	检测及排除措施
驱动控制器工作正常，压缩机工作不正常	压缩机发出异常声音	①电机缺相； ②冷凝器风机未正常工作，系统压差过大，电机负载过大	①检查驱动控制器与电机连接的三相插头及相关导线，保证其接触良好及导通； ②保证冷凝器风机正常工作，待系统压力平衡后再次起动
驱动控制器工作正常，压缩机不工作	压缩机无起动声音，电源电流无变化，各端口电压正常	驱动控制器未接收到空调系统的 AC 开关信号	①检查 AC 开关是否有故障； ②检查与 AC 开关相连的导线是否断路； ③ AC 开关连接方式是否正确
驱动控制器工作正常，压缩机不工作	压缩机无起动声音，电源电流无变化，高压端口电压不足或无供电	欠压保护起动	①检查驱动控制器主电源输入接口处的接插器端子是否松脱； ②主电源到驱动控制器之间的导线是否断路，控制主电源输入的继电器是否正常工作
驱动控制器自检正常，压缩机不工作	压缩机起动时有轻微抖动，电源电流有变化，随后降为 0	①冷凝器风机未正常工作，系统压差过大，电机负载过大导致的过流保护起动； ②电机缺相导致的过流保护起动	①保证冷凝器风机正常工作，待系统压力平衡后再次起动； ②检查驱动控制器与电机连接的三相插头及相关导线，保证其接触良好及导通

（二）PTC 加热器常见故障

PTC 加热器常见故障模式及排除见表 5－4。

表 5－4　PTC 加热器常见故障模式及排除

故障	现象	原因及判断	检测及排除措施
PTC 不工作	起动功能设置后，仍为凉风	①冷暖模式设置不正确； ② PTC 本体断路； ③ PTC 控制回路断路； ④内部短路烧毁高压保险	①检查冷暖设置是否选择较暖方向； ②断开高压插件后测量高压正负电阻是否正常； ③断开低压插件后测量两极间是否导通； ④更换 PTC 及高压保险
PTC 过热	出风温度异常升高或从空调出风口嗅到塑料焦糊气味	PTC 控制模块损坏粘连，不能正常断开	关闭制热功能，断电检查 PTC 加热器及 PTC 控制模块

（三）检修空调系统

空调系统的常见故障有系统无法起动、不制冷、制冷时断时续、无法调节风量等，其故障原因及排除方法见表 5－5。

表 5-5　空调系统常见故障原因及排除方法

故障	故障原因	排除方法
系统无法起动	出风口无风吹出，鼓风机失效	更换鼓风机
	PTC 温度传感器失效	更换 PTC 温度传感器
	制冷剂泄漏	检查并修复制冷剂泄漏点，重新加注制冷剂
	压力开关失效	更换压力开关
	空调压缩机故障	更换空调压缩机
不制冷	制冷剂泄漏	检查并修复制冷剂泄漏点，重新加注制冷剂
	制冷剂中水分含量过高	更换新的制冷剂
	膨胀阀的开度过大	调小膨胀阀开度
	膨胀阀损坏	更换膨胀阀
	空调压缩机故障	更换空调压缩机
	空调滤芯堵塞	更换空调滤芯
制冷时断时续	空调控制单元温度过高	更换空调控制单元
	PTC 温度传感器故障	更换 PTC 温度传感器
无法调节风量	鼓风机调速模块烧坏	更换鼓风机调速模块

项目小结

本项目包括两个任务：空调系统认知、空调系统检修。需要了解汽车空调系统的结构组成，掌握汽车空调系统的控制原理，掌握空调系统故障诊断方法，具备识别汽车空调系统结构部件、识别新能源汽车空调系统与传统燃油汽车空调系统差异的能力，能正确检测空调系统的常见故障。

项目六

充电系统结构原理及检修

任务一　充电系统结构原理

学习目标

知识目标：

1. 掌握新能源汽车常用的充电模式；
2. 熟知新能源汽车的慢速充电系统；
3. 熟知新能源汽车的快速充电系统。

能力目标：

1. 能够正确识别新能源汽车的慢充充电供电触头；
2. 能够正确识别新能源汽车的快充充电供电触头；
3. 具备进行新能源汽车安全充电的操作能力。

素养目标：

1. 操作过程中相互学习、团队合作，探索新鲜事物；
2. 通过对新能源汽车充电系统的探索，提高知识水平和实践能力。

任务导入

在国际油价持续创新高的情况下，越来越多的消费者选择新能源汽车作为代步车使用。你作为某品牌的技术培训师，如何向4S店的维修技师讲解新能源汽车充电系统相关知识呢？

知识框架

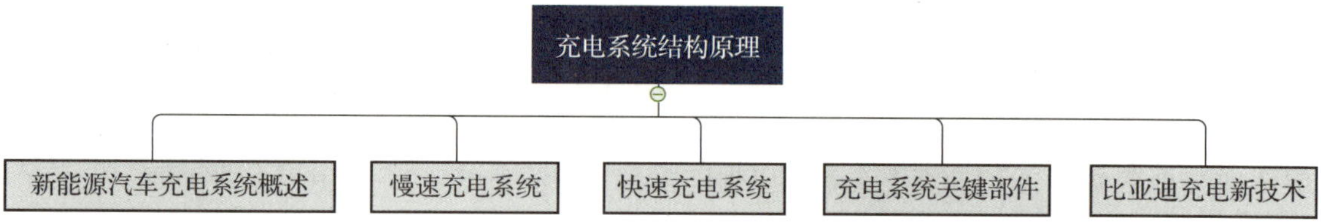

知识介绍

一、新能源汽车充电系统概述

（一）新能源汽车充电系统的概念及要求

新能源汽车充电系统是维持新能源汽车运行的能源补给设施，是从供电电源提取能量对动力电池充电时使用的有特定功能的电力转换装置，主要包括交流（慢速）充电系统和直流（快速）充电系统。

新能源汽车对充电系统的基本要求如下：

（1）安全性。包括人员的人身安全和动力电池的安全。

（2）易用性。具有较高的智能性，不需要操作人员过多干预充电过程。

（3）经济性。价格低廉、性能优异的充电设备有助于降低整个新能源汽车的成本，促进新能源汽车的商业化推广。

（4）高效性。高效性是对现代新能源汽车充电系统的重要要求之一。

（5）低污染。采用电力电子技术的充电设备是一种高度非线性的设备，会对供电网及其他供电设备产生有害的谐波污染，而且由于充电设备功率因数低，在充电系统负载增加时，对供电网的影响也不容忽视。

（二）新能源汽车充放电速率的表示方法

新能源汽车的动力电池充放电速率对电池的性能影响很大，动力电池的充放电速率有 C 率和时率两种表示方法。

（1）C 率。C 率又称倍率，是指动力电池在规定时间内放出其额定容量时所需要的电流值，即：C 率 = 充放电电流（A）/ 额定容量，其数值为动力电池额定容量的倍数。例如，额定容量为 100A · h 的动力电池用 20A 放电时，其放电倍率为 0.2C。动力电池放电 C 率是表示放电快慢的一种量度。所用的容量 1h 放电完毕，称为 1C 放电；5h 放电完毕，则称为 1/5C = 0.2C 放电。

（2）时率。时率又称小时率，是动力电池以一定的电流放完其额定容量所需要的小时数，即时率（h）= 电池的额定容量（A · h）/ 规定的充放电电流（A）。

（三）充电模式

充电模式（Charging Modes）即连接新能源汽车到供电网（电源）给新能源汽车供电的方法。新能源汽车充电模式分为四种。

模式 1（Mode 1）：将新能源汽车连接到供电网（电源）时，在电源侧使用了符合 GB/T 2099.1—2021 和 GB/T 1002—2021 要求的插头 / 插座，在电源侧使用了相线、中性线和接地保护的导体。

模式 2（Mode 2）：将新能源汽车连接到供电网（电源）时，在电源侧使用了标准插头 / 插座，在电源侧使用了相线、中性线和接地保护的导体，并且在充电连接时使用了缆上控制与保护装置（IC-CPD）。这种模式是指采用交流适配器将电网（一般为家用电 220V 插座）与车上充电设备（一般为车载充电机）进行连接。

模式 3（Mode 3）：将新能源汽车连接到供电网（电源）时，使用了专用供电设备，将新能源汽车与交流电网直接连接，并且在专用供电设备上安装了控制导引装置。新能源汽车供电设备具有一个及以上可同时使用的模式 3 连接点（供电插座）时，每一个连接点应具有专用保护装置，并确保控制导引功能可独立运行。

模式 4（Mode 4）：将新能源汽车连接到供电网（电源）时，使用了带控制导引功能的直流供电设备。这种模式是指采用了直流充电桩连接车辆进行充电。

（四）充电连接方式

连接方式（Type of Connection）：使用电缆和连接器将新能源汽车接入供电网的方法。新能源汽车传导式连接方式主要有连接方式 A、连接方式 B、连接方式 C。

连接方式 A（Case A Connection）：将新能源汽车与供电网 / 供电设备连接时，使用和新能源汽车永久连接在一起的带有标准插头 / 供电插头的电缆组件，如图 6－1 所示。

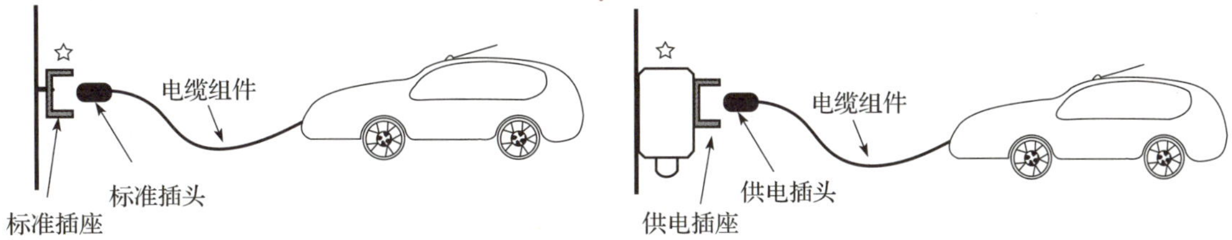

标引序号说明：☆——连接点。
注：电缆组件是新能源汽车的一部分。

图 6－1 连接方式 A

连接方式 B（Case B Connection）：将新能源汽车与供电网 / 供电设备连接时，使用带有车辆插头和标准插头 / 供电插头的独立的可拆卸电缆组件，如图 6－2 所示。

连接方式 C（Case C Connection）：将新能源汽车与供电网连接时，使用和供电设备永久连接在一起的带有车辆插头的电缆组件，如图 6－3 所示。

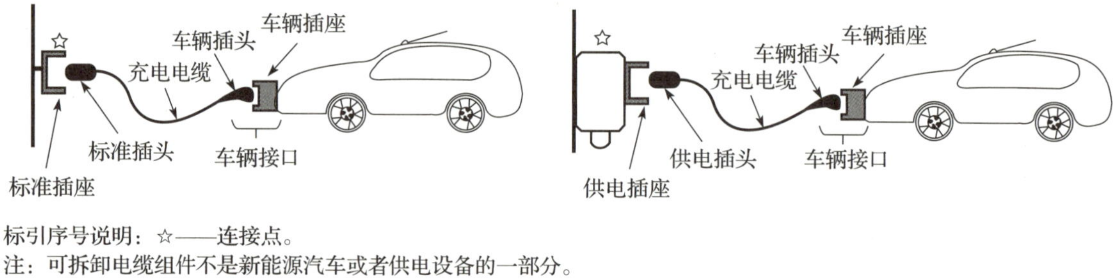

图 6－2 连接方式 B

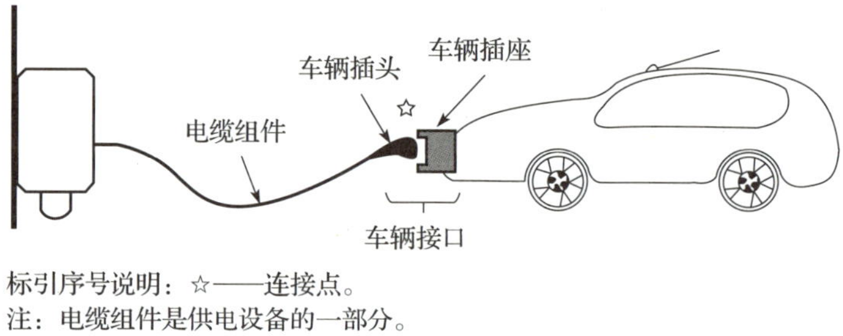

图 6－3 连接方式 C

二、慢速充电系统

慢速充电（慢充）系统通过慢速充电线束（家用慢速充电线束或充电桩慢速充电线束）与 220V 家用交流插座或交流充电桩相连为动力电池进行充电。慢速充电系统将 220V 交流电转换为直流电，以实现动力电池的电能补给。

（一）慢速充电系统的组成

慢速充电系统主要由供电设备（交流充电桩或家用交流电源）、车载充电机、慢充充电接口、充电枪、充电线束、高压控制盒、动力电池等部件组成，如图 6－4 所示。

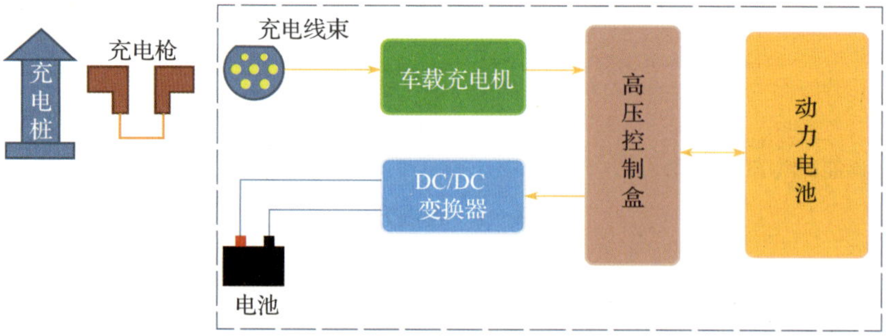

图 6－4 慢速充电系统的组成

交流充电桩是采用有线传输方式为具有车载充电机的新能源汽车提供交流电能，提供人机操作界面和交流充电接口，并具备相应保护功能的专用装置。交流充电桩应用在各种大、中、小型新能源汽车充电站，其特点是充电功率较小，电池充电时间较长，可充分利用低谷时段充电。

（二）慢速充电接口

慢速充电接口适用于新能源汽车传导充电，其接口功能定义执行国家标准《电动汽车传导充电用连接装置》(GB/T 20234.2—2015）规定。慢速充电接口的额定值见表 6－1。

表 6－1　慢速充电接口的额定值

额定电压 /V	额定电流 /A
250	16
	32

比亚迪秦 EV 车型的慢充接口位于传统燃油汽车的油箱口部位，打开充电口盖后可以看到两个充电口保护盖，250V 32A 为慢充接口，电插头为 7 孔式，其供电触头布置方式如图 6－5 所示。

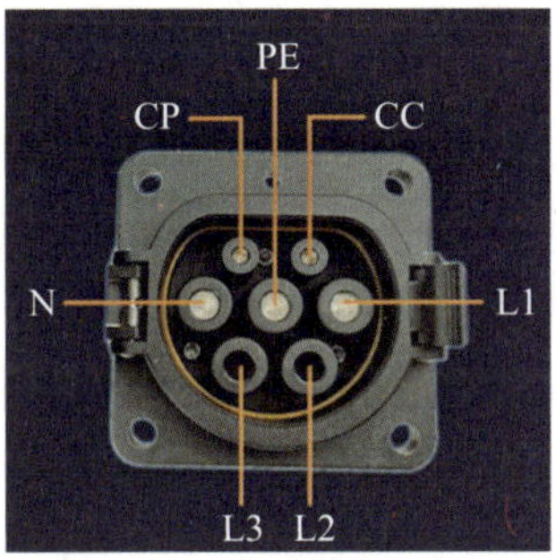

图 6－5　比亚迪秦 EV 车型的慢充接口供电触头布置方式

慢充接口各触头功能定义如表 6－2 所示。

表 6－2　慢充接口各触头功能定义

触头编号	功能定义	单相额定电压和电流	三相额定电压和电流
L1	交流电源	250V 10A/16A/32A	440V 16A/32A/63A
L2	备用触头		440V 16A/32A/63A
L3	备用触头		440V 16A/32A/63A
N	中线	250V 10A/16A/32A	440V 16A/32A/63A
PE	连接供电设备和车辆底盘地线		
CC	充电连接确认	0 ～ 30V 2A	0 ～ 30V 2A
CP	充电控制确认	0 ～ 30V 2A	0 ～ 30V 2A

（三）慢速充电系统的工作原理

1. 慢速充电系统对充电条件的要求

交流充电桩对动力电池进行能量补充时，慢速充电系统对充电条件有如下要求：

（1）充电线连接确认信号正常。

（2）充电机供电电源正常（包括 220V 和 12V）及充电机工作正常。

（3）充电唤醒信号输出正常（12V）。

（4）充电桩、VCU、BMS 之间通信正常。

（5）动力电池电芯温度为 0 ～ 45℃。

（6）电池单体最高电压与最低电压差小于 0.3V。

（7）电池单体最高温度与最低温度差小于 15℃。

（8）绝缘性能大于 20MΩ。

（9）实际电池单体最高电压不大于电池单体额定电压 0.4V。

（10）高低压电路连接正常。

2. 慢速充电系统的工作过程

交流充电桩（或家用 16A 供电插座）提供的交流电，经车载充电机整流、滤波、升压后转换为高压直流电压，通过高压控制盒连接到动力电池，如图 6－6 所示。

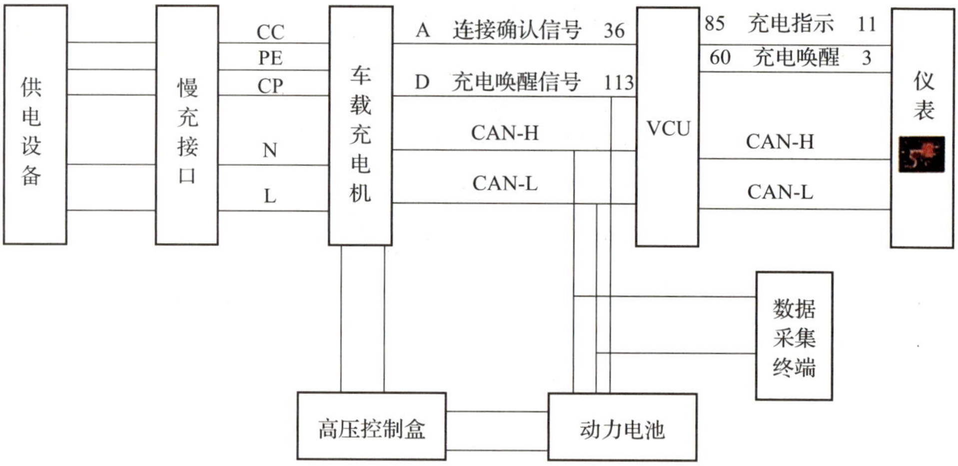

图 6－6　慢速充电系统的工作过程

（1）交流供电。将充电枪连接到交流充电桩（或家用 16A 供电插座），充电桩向新能源汽车输入交流电。

（2）充电唤醒。充电枪通过 CC 连接确认信号后，车载充电机通过硬线向 VCU、BMS 发出充电唤醒信号、连接确认信号。VCU 唤醒仪表显示连接状态。

（3）BMS 检测充电需求。BMS 首先检测动力电池有无充电需求，计算需要的充电电流。

（4）BMS 发送充电指令。检测完毕后，BMS 会将充电指令发送给车载充电机，由 VCU 发出指令，并由动力电池管理模块控制闭合动力电池正、负主继电器，开始充电。

（5）充电过程。车载充电机开始工作，将外部供电设备提供的 220V 交流电转换为动力电池的高压直流电储存到动力电池组件中。

（6）停止充电。当 BMS 检测到充电完成后，发送指令给车载充电机，此时，车载充电机停止工作，动力电池组件断开继电器。

三、快速充电系统

快速充电（快充）系统通过直流充电桩为动力电池进行快速充电，实现对动力电池快速、高效、安全、合理的电量补给。另外，还要考虑充电桩对各种动力电池的适用性。

（一）快速充电系统的组成

快速充电系统主要由快速充电桩（直流充电桩）、快充接口、高压控制盒、动力电池、VCU、高压线束和低压控制线束等组成。秦 EV 车型充配电总成如图 6－7 所示。

图 6－7　秦 EV 车型充配电总成

（二）快充接口

直流充电桩的充电接口是充电桩与新能源汽车快充接口进行物理连接，完成充电和控制引导的连接器。直流充电桩与新能源汽车的充电接口功能定义执行国家标准 GB/T《电动汽车传导充电用连接装置》（20234.3—2015）的规定。直流充电接口额定值如表 6－3 所示。

表 6－3　直流充电接口额定值

额定电压 /V	额定电流 /A
750	125
	250

以比亚迪秦 EV 车型为例，打开充电盖口后可以看到 750V 200A 为快充接口，电插头为 9 孔式，其供电触头布置形式如图 6-8 所示。

图 6-8　比亚迪秦 EV 车型的快充接口供电触头布置形式

快充接口各触头功能定义如表 6-4 所示。

表 6-4　快充接口各触头功能定义

触头编号 / 标识	额定电压和额定电流	功能定义
1/（DC+）	750V/1 000V 80A/125A/200A/250A	直流电源正，连接直流电源正与电池正极
2/（DC-）	750V/1 000V 80A/125A/200A/250A	直流电源负，连接直流电源负与电池负极
3/（PE）		保护接地（PE），连接供电设备地线与车辆车身接地
4/（S+）	0～30V 2A	充电通信 CAN-H，连接非车载充电机与电动汽车的通信线
5/（S-）	0～30V 2A	充电通信 CAN-L，连接非车载充电机与电动汽车的通信线
6/（CC1）	0～30V 2A	充电连接确认 1
7/（CC2）	0～30V 2A	充电连接确认 2
8/（A+）	0～30V 20A	低压辅助电源正，连接非车载充电机与新能源汽车，提供低压辅助电源正
9/（A-）	0～30V 20A	低压辅助电源负，连接非车载充电机与新能源汽车，提供低压辅助电源负

（三）快速充电系统的工作原理

快速充电系统的结构如图 6-9 所示。在工作过程中，VCU 是快速充电系统的主控模块。

（1）直流供电。将充电枪连接到直流充电桩，充电桩将向新能源汽车提供高压直流电。

（2）充电唤醒。将充电枪由直流充电桩连接至车辆快充接口后，VCU 通过 CC 线判断充电接口已经正确连接，并启用唤醒线路唤醒车辆内部充电系统电路及部件。

（3）BMS 检测充电需求。检测动力电池有无充电需求。

（4）BMS 发送充电指令。VCU 通过输出高压接触器接通指令至高压控制盒，实现直流充电桩与动力电池之间高压电路的接通，开始充电。

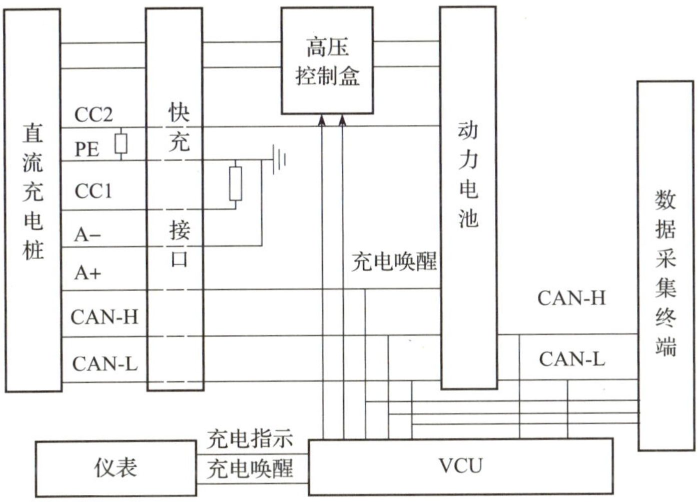

图 6－9　快速充电系统的结构

（5）充电过程。充电过程中，充电桩将外部供电设备提供的高压直流电转换为动力电池的高压直流电储存到动力电池组件。同时，VCU 向仪表输出正在充电的显示信息。

（6）停止充电。当 BMS 检测到充电完成后，发送指令给 VCU，此时，快速充电系统停止工作，动力电池组件断开继电器。

四、充电系统关键部件

车载充电机

充电系统关键部件包括新能源汽车充电机、DC/DC 变换器、高压控制盒。下面重点介绍充电系统中的充电机（OBC）。

（一）充电机的分类

新能源汽车充电机从供电电源提取能量，以合适的方式传递给动力电池，从而建立供电电源与动力电池之间的功率转换接口。充电机按照安装位置的不同分为车载充电机和地面充电机；按照连接方式的不同分为传导式充电机和感应式充电机。

1. 车载充电机

车载充电机固定安装在新能源汽车上，当需要充电时通过电缆与地面交流电源连接完成充电。由于只需将车载充电机的插头插接到停车场及其附近的交流电源插座或专用的充电桩上即可进行充电，因此车载充电机又称交流充电机。

车载充电机具有为新能源汽车动力电池安全、自动充满电的能力，依据 BMS 提供的数据，动态调节充电电流或电压参数，执行相应的动作，完成充电过程。

2. 地面充电机

地面充电机又称直流充电机，是指采用直流充电模式为新能源汽车动力电池进行充电的充电机。直流充电模式是以充电机输出的可控直流电源直接对动力电池总成进行充电。

地面充电机安装在固定的地点，充电机的交流输入电源已事先连接完成。充电机的直流输出端在充电操作时再与新能源汽车连接。地面充电机的功率较高，可以提供几百千瓦的充电功率，可以为新能源汽车进行快速充电。车载充电机与地面充电机均属于传导式充电机。

3. 感应式充电机

感应式充电机利用电磁感应耦合方式向新能源汽车传输电能，两者之间没有实际的物理连接。感应式充电机分为地面部分和车载部分。它利用高频变压器将公用电网和新能源汽车隔离，高频变压器的一方绕组装在离车的充电机上，充电机将 50Hz 的电能转换为高频电能，通过装在新能源汽车上的另一方绕组将电能传送给新能源汽车。在整流电路的作用下，将高频电流变换成能够为动力电池充电的直流电。由于感应式充电机与新能源汽车之间没有任何金属的接触，即没有接触式充电必需的插头插座，使新能源汽车的充电更加安全可靠。但是由于变压器的损耗，使其充电效率略低于传导式充电机。

如果将感应式充电机的变压器原边绕组埋设在一段路面下，而副边绕组装在新能源汽车车体之下，当新能源汽车从这段路面驶过时，在电磁感应的作用下，可以为新能源汽车快速充电，这种充电方式就是所谓的移动式感应充电，如图 6－10 所示。

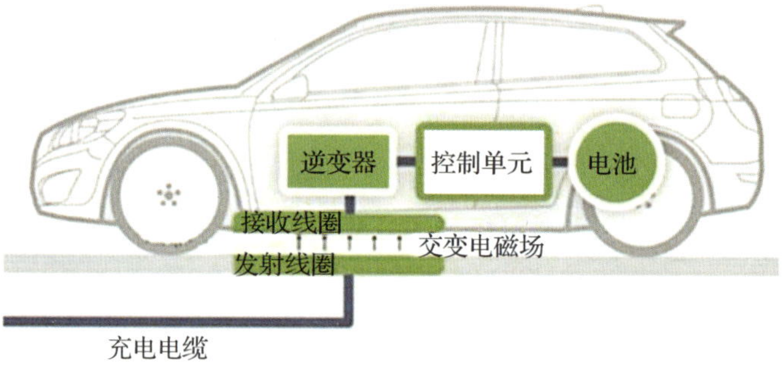

图 6－10　移动式感应充电

（二）车载充电机的功能

新能源汽车车载充电机采用高频开关电源技术，其功能如图 6－11 所示。

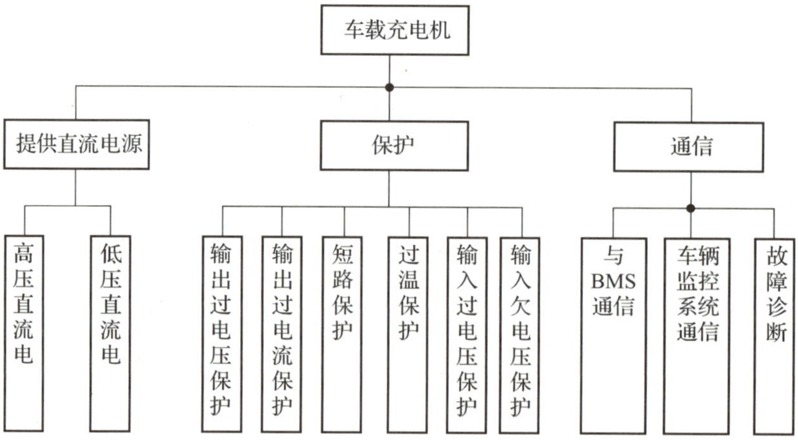

图 6－11　车载充电机的功能

1. 提供直流电源

车载充电机最主要的功能是将外部提供的交流电（220V），通过整流、升压转换成动力电池充电所需的稳定的高压直流电，为动力电池充电，保证车辆正常行驶；此外，在充电过程中，还为低压系统提供低压电源（一般为 12V）。车载充电机的供电功能如表 6－5 所示。

表 6－5　车载充电机的供电功能

电源	功能
高压直流电	经高压控制盒，为动力电池充电
低压直流电	充电时，BMS、VCU、仪表等用电

2. 保护

车载充电机提供保护功能，包括过电压、过电流、过温、欠电压等多种保护功能，能够在充电系统出现异常时及时切断供电，在充电完成后自动切断输出，具体功能如表 6－6 所示。

表 6－6　车载充电机的保护功能

保护形式	保护条件
输出过电压保护	输出电压大于等于设定电压值时关闭输出
输出过电流保护	输出电流大于设定电流值时关闭输出
短路保护	输出短路时，车载充电机自动进入输出限流保护或关闭状态，故障排除后，自动恢复工作
过温保护	当温度超过过温保护值时，车载充电机自动进入过温保护状态，当温度恢复正常后，自动恢复工作状态
输入过电压保护	输入大于等于设定电压值时关闭输出
输入欠电压保护	输入小于等于设定电压值时可关闭输出或降低输出功率

3. 通信

车载充电机的通信系统将充电状态发送给 BMS，BMS 通过通信系统控制车载充电机的工作状态，可以将内部故障信息发送到 CAN 网络，具体功能如表 6－7 所示。

表 6－7　车载充电机的通信功能

通信形式	功能
与 BMS 通信	BMS 控制车载充电机的工作状态（工作模式指令、动力电池允许最高电压、充电允许最大电流、加热状态电流值等），同时，车载充电机将充电状态（电池单体电压、总电压、温度、电流等）发送给 BMS
与车辆监控系统通信	通过通信系统将充电状态（电压、电流等）发送到车辆仪表或监控系统
故障诊断	通过通信系统将车载充电机内部的故障信息发送到 CAN 网络，可以通过诊断仪或 CAN 卡读出数据

（三）车载充电机的作用、结构、工作原理及优缺点

以比亚迪秦 PLUS EV 车型采用的车载充电机为例进行介绍。该车通过将车载充电机与驱动电机、齿轮箱、电子控制单元、逆变器、DC/DC 变换器、PDU、驱动桥等集成在一起，减少了外部连接件和线束，提高了系统集成度和可靠性。

1. 车载充电机的作用

（1）充电功能：车载充电机的主要作用是将交流电转换成直流电，从而为新能源汽车的动力电池充电。在比亚迪秦 PLUS EV 车型中，车载充电机与其他七个部件整合在一起，形成一个紧凑而高效的系统。

（2）兼容性：八合一电驱动系统可以在不同温度环境下稳定工作，尤其在低温条件下表现出色，这对于车载充电机在冬季的使用非常重要。

2. 车载充电机的结构

（1）整体结构：八合一电驱动系统将驱动电机、变速器、电机控制器、PDU、DC/DC 变换器、车载充电机（OBC）、VCU、BMS 等多种功能模块集成在一起，形成了一个紧凑的系统，如图 6－12 所示。这种高集成度设计大大简化了车辆内部的空间布局。

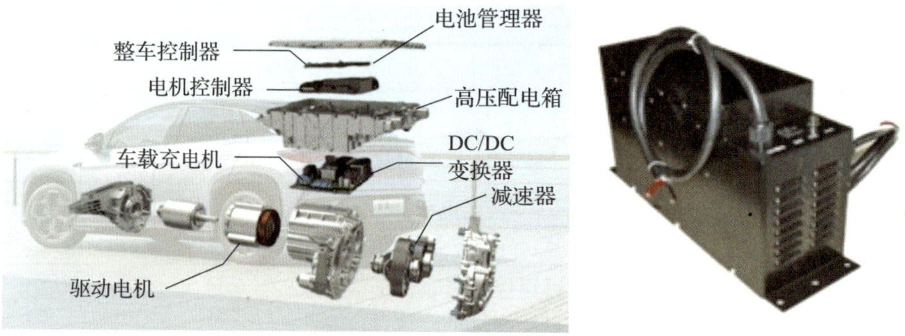

（a）八合一电驱动系统　　（b）车载充电机

图 6－12　八合一电驱动系统及车载充电机

（2）热管理系统：逆变器和 OBC-DC/DC MOSFET 上使用 SiC 技术，在关键区域放置导热垫、绝缘片和水冷系统等，有效提升了热管理效果。

3. 车载充电机的工作原理

车载充电机的功能是调整输出电压。它采用功率半导体器件作为开关元器件，通过周期性通断开关控制开关元器件的占空比。车载充电机在接收到 CC、CP 信号后被唤醒，并实时监测充电口温度，同时发送充电连接信号唤醒电池管理器，电池管理器和车载充电机与外部充电设备通信确定充电功率后，车载充电机把交流电转换成直流电给电池充电。图 6－13 所示为车载充电机的电路图。

（1）功率转换：车载充电机通过将来自充电桩的交流电转换成电池能够接受的直流电，实现对电池的充电。这个过程涉及复杂的电力电子转换技术，需要确保转换效率和输出的稳定性。

（2）充电管理：充电机的工作受到电池管理系统（BMS）的严格控制，确保在安全范

围内进行充电，防止过充或欠充。

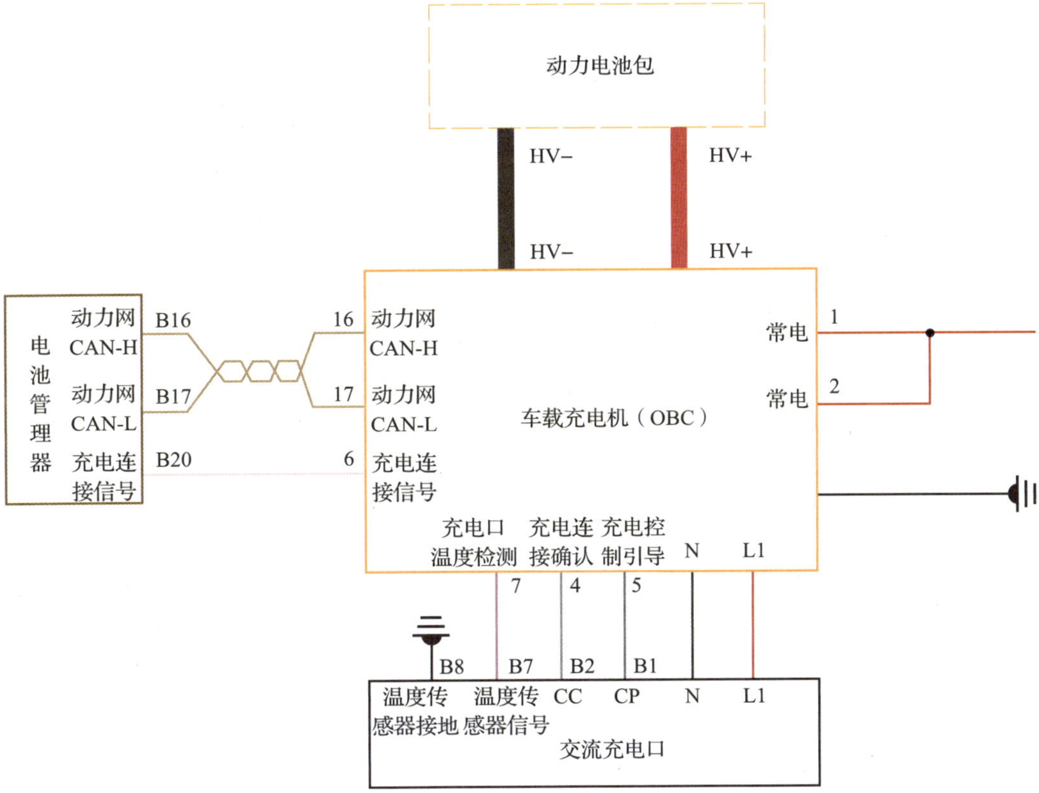

图 6－13　车载充电机的电路图

4. 车载充电机的优缺点

（1）优点。

高集成度：通过集成多个功能模块，减少了体积和重量，节省了材料和装配成本。

高效能：系统集成了最新的电力电子技术和高效散热方案，提升了整体工作效率，降低了能量损耗。

环境适应性：特别是在低温环境下依然能够高效工作，保证了车辆在冬天的充电性能。

（2）缺点。

维护复杂性：高度集成的设计可能导致一旦某个模块出现问题，整个系统的维护和更换变得更加复杂和成本高昂。

高故障率：高度集成方法虽然具有明显的优势，但也伴随着一定的挑战，如热管理和电磁干扰（EMI）问题，以及可能的高故障率。

五、比亚迪充电新技术

（一）比亚迪直流转交流快充转接头

目前高速公路服务区、商用充电站配备的充电桩大都是直流充电桩。比亚迪 DM-i 车型长续航版增加了快充功能，如秦 PLUS DM-i 车型的快充与慢充是两个独立的充电接口，而宋 PLUS DM-i 车型与唐 DM-i 车型的快充与慢充则使用同一个充电接口，这是如何实现的呢？

让新能源汽车边充电边“体检”

宋 PLUS DM-i 车型与唐 DM-i 车型随车配备一个快充转换头，比亚迪直流转交流快充转接头是一种特殊的充电设备，它允许比亚迪的插电式混合动力汽车使用直流充电桩进行充电，尽管这些车辆原本只配备了交流充电接口。这种转接头的作用主要表现在两个方面：一是兼容性扩展。它使得原本只支持交流充电的车辆能够利用直流充电桩进行快速充电，从而扩大了车辆的充电选项，提高了充电便利性。二是提高充电速度。直流充电，通常被称为“快充”，因其高功率输出从而能显著缩短充电时间，这对于需要快速补充电量的车主来说非常重要。

该技术有如下优势：

（1）无须车辆改造：使用这种转接头不需要对车辆进行任何结构上的改造或调整，即可实现直流充电，这为车主提供了极大的便利。

（2）提高充电效率：通过直流快充，车辆可以在更短的时间内获得更多的电能，这对于提高新能源汽车的使用效率和缩短充电等待时间非常有帮助。常温下，SOC 85% 之前，唐 DM-i 车型使用快充转接头的快充功率是 15kW 左右；SOC 在 85% ～ 95% 范围时充电功率是 10kW 左右，使用直流转交流快充转接头进行充电的速度远远快于使用传统交流充电方式，大大缩短了充电时间，提高了充电效率。

（3）适应不同的充电环境：由于公共充电设施中直流充电桩的比例逐渐增加，拥有一个能够适配直流充电的转接头，可以使混合动力车辆更好地利用这些资源。

（4）成本效益：相比于为车辆增加一个直流充电口，使用转接头的成本更低，且易于普及和推广。

比亚迪直流转交流快充转接头是一个创新的解决方案，它为混合动力车辆提供了更多充电选择，同时保持了充电过程的高效和便捷。实车充电接口和转接头两端接口样式如图 6－14 所示。

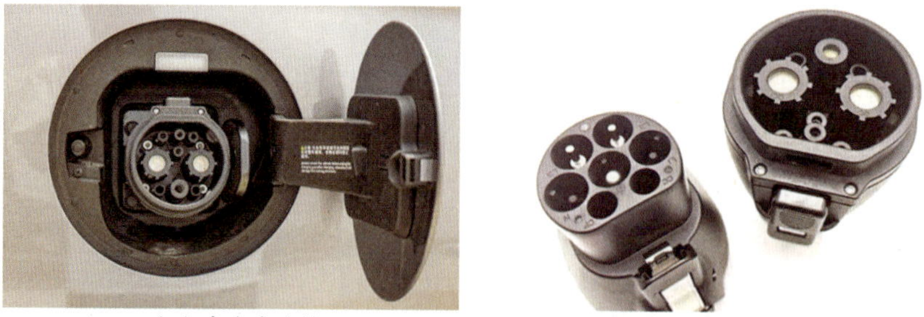

（a）实车充电接口　　（b）转接头两端接口样式

图 6－14　实车充电接口和转接头两端接口样式

（二）比亚迪双枪超充技术

比亚迪双枪超充技术（见图 6－15）是在新能源汽车快速发展和充电需求日益增长的

背景下推出的。在行业普遍采用380V电压平台的时候，比亚迪首创了乘用车800V高压平台，并且早在2015款秦EV、唐DM上就搭载了该平台。800V高压平台不仅提高了充电效率，还能够大幅降低新能源汽车放电时的损耗。但目前国内95%都还是500V以下的低压充电桩，由于无法和800V高压车型充电兼容，严重影响了充电效率。

比亚迪自研全球首创乘用车双枪超充技术，让公共快充桩秒变超充桩，利用周边闲置的充电桩，为车辆实现极速补能。目前，这项技术已经在腾势N7、D9等车型上实现量产。

图6－15　比亚迪双枪超充技术

双枪超充技术的主要作用是提升充电速度，缩短充电时间，从而缓解用户的补能焦虑。通过左右各一个充电口同时充电，增大电流，使得公共快充桩能够实现更高的充电功率。例如，腾势N7的双枪超充最大功率可达230kW，公共快充桩可实现15min充电350km。

该技术有如下优势：

（1）兼容性强：双枪超充技术能够兼容当前广泛的750V公共快充桩，并通过双升压充电技术，兼容市场上早期建设的500V低压快充桩，实现高低压兼容。

（2）充电效率高：通过双枪超充技术，充电电流翻倍，达到最大充电能力。

（3）智能动态分流：控制系统会实时判断过流风险，并根据充电桩的实际输出能力对双枪电流进行智能动态分配，确保充电过程的安全性。

（4）灵活性高：双枪超充技术在单枪充电模式下与单枪车辆无异，而在双枪超充模式下，车辆能根据自身需求智能调用第二把充电枪的输出能力，实现整车充电电流翻倍。

除了要快得持续，更要快得安全。升流技术将大电流集成在车端，这就对电池热管理能力提出了更严峻的考验。比亚迪再度首创复合直冷技术，在电池上下两面均铺直冷板，配合独立控制的双冷媒系统和补偿式流道设计，电池冷却面积提升100%，换热能力提升85%以上，确保在大电流充电时电池温度的均匀性和安全性。

任务二　充电系统故障案例解析

学习目标

知识目标：

1. 熟悉新能源汽车常见慢充充电故障检修方法；
2. 熟悉新能源汽车常见快充充电故障检修方法。

能力目标：

1. 能够对新能源汽车常见慢充充电故障进行检修；
2. 能够对新能源汽车常见快充充电故障进行检修。

素养目标：

1. 通过实际操作培养工匠精神、团队合作能力；
2. 通过对新能源汽车充电系统故障的检修，提高知识水平和实践能力。

任务导入

一名客户想要购买一台新能源汽车，他第一次来到4S店了解新能源汽车，询问新能源汽车如果没办法充电怎么办。作为一名维修技师，请你为客户讲解新能源汽车充电系统的常见故障。

知识框架

知识介绍

一、慢充系统故障案例解析

在纯电动汽车充电过程中，慢充系统最容易出现的故障为车载充电机与充电桩连接故障。凡是涉及此类故障，首先应该确保充电桩状态良好，符合国家相关标准，与各款新能源汽车进行调试并合格；其次，确认充电桩提供的工作电压范围在187～253V；再次，检查充电插头和充电接口的各连接端子无烧蚀和损坏现象；最后，连接好充电线后，查看车载充电机指示灯状态。

车载充电机的指示灯有三种情况：三个指示灯（电源、工作、故障）都不亮；车载充电机的电源指示灯和工作指示灯点亮，无充电电流；对车载充电机的数据进行分析，数据中没有动力电池数据。

充电连接确认信号（CC信号）故障的检修

（一）指示灯都不亮的检修方法

当出现车载充电机的电源指示灯、工作指示灯和故障指示灯均不亮时，可按照下述方法及步骤进行检修。

（1）测量充电桩端充电插头的N端子和车辆端的N端子是否导通，阻值应小于0.5Ω；否则，应更换充电线总成。

（2）测量充电桩端充电插头的L端子和车辆端的L端子是否导通，阻值应小于0.5Ω；否则，应更换充电线总成。

（3）测量充电桩端充电插头的PE端子和车辆端的PE端子是否导通，阻值应小于0.5Ω；否则，应更换充电线总成。

（4）测量充电桩端充电插头的CP端子和车辆端的CP端子是否导通，阻值应小于0.5Ω；否则，应更换充电线总成。

（5）测量充电桩端充电插头的CP端子和PE端子是否导通，阻值应小于0.5Ω；否则，应更换充电线总成。

（6）测量充电线车辆端充电插头的CC端子和PE端子的阻值，16A充电线阻值应为（680±3%×680）Ω，32A充电线阻值应为（220±3%×220）Ω；否则，应更换充电线总成。需要注意的是，在测量充电线电阻时，充电插头的解除锁止按键需保持在弹起状态。

（7）如果充电线状态正常，但起动充电程序后，充电器指示灯仍旧都不亮，应首先检查插接器端子无烧蚀、虚接故障。继续对充电线束进行检测，测量充电接口L端子与充电线束充电器插接器1端子应导通，阻值应小于0.5Ω，如果不符合标准，则应更换充电线束。

（8）测量充电口N端子与充电线束充电器插接器2端子应导通，阻值应小于0.5Ω；如果不符合标准，则更换充电线束。

（9）测量充电口PE端子与充电线束充电器插接器3端子应导通，阻值应小于0.5Ω；如果不符合标准，则更换充电线束。

（10）测量充电口CC端子与充电线束充电器插接器5端子应导通，阻值应小于0.5Ω；如果不符合标准，则更换充电线束。

（二）无充电电流的检修方法

当出现车载充电机的电源指示灯和工作指示灯均正常点亮，但无充电电流的故障现象时，应检查动力电池的状态。首先确保高压线束插接器连接牢固，在充电状态下，连接诊断仪，并进入动力电池充电状态监控系统，根据动力电池充电状态界面显示的数据进行以下检查和分析。

（1）检查车辆端充电插头解除锁止按键是否卡滞、是否完全复位。

（2）检查高压控制盒内的车载充电机的熔断器是否损坏；如损坏，则更换。

（3）检查高压线束高压控制盒插接器的E端子和车载充电机插接器的B端子的导通情况，在正常情况下，其对应阻值应小于0.5Ω；如不符合标准，则更换慢充线束总成。

（4）检查高压线束高压控制盒插接器的F端子和车载充电机插接器的A端子的导通情况，在正常情况下，其阻值应小于0.5Ω；如不符合标准，则更换慢充线束总成。

（5）恢复车辆高压线束，在确保安全的情况下，测量充电时高压线束车载充电机插接器A、B端子之间的电压，如果电压与动力电池低压一致，则说明车载充电机损坏，应更换。

（三）无动力电池数据的检修方法

对车载充电机的数据进行分析时，如果系统中没有显示动力电池的数据，则应检测充电唤醒信号及仪表充电指示灯是否点亮。

（1）如果充电指示灯未点亮，则检查前机舱低压电器盒 FB02 熔丝是否损坏。如损坏，则需对低压电机线束进行检测；如未损坏，则检查熔丝低压供电情况。

（2）如果低压供电无电压，则测量熔丝盒的供电端子与 FB02 熔丝是否导通。如不导通，则更换低压电器盒；如导通，则检查低压主熔丝。

（3）如果低压供电有电压，则检测 FB02 熔丝与熔丝盒背面 A6 插接器的 A8 端子导通情况。如不导通，则更换低压电器盒；如导通，则检查低压电机线束。

（4）检测低压电机线束前机舱低压电器盒黑色插接器 J6 的 A8 端子与车载充电机的低压插接器 16 端子的导通情况。如不导通，则检查线束，进行线束修复或更换；如导通且插接器端子良好，则继续检测唤醒信号。

（5）检测低压线束车载充电机的低压插接器 15 端子与 VCU 插接器的 113 端子的导通情况。如不导通，则检查线束，必要时进行修复或更换；如导通且插接器端子良好，则继续检测唤醒信号。

（6）连接好低压线束，在充电状态下测量 VCU 插接器 113 端子的电压情况。如无电压，则更换充电器；如 VCU 插接器 113 端子有电压，且线束恢复后仍然没有充电指示，则检查充电连接确认信号。

（7）连接好低压线束，在充电状态下测量 VCU 插接器 36 端子的电压情况，正常情况下，该电压应低于 0.5V；否则，应检查充电线束和车载充电机。

（8）检查动力电池唤醒信号，检测整车控制器插接器 81 端子与动力电池低压插接器 C 端子的导通情况。如不导通，则检查线束，必要时进行修复或更换；如导通，则继续检查线束。

（9）检查动力电池总负继电器控制信号。检测整车控制器插接器 97 端子与动力电池低压插接器 F 端子的导通情况，如不导通，则检查线束，必要时进行修复或更换；如导通，则继续检查线束。

（10）线束安装好，在充电状态下，检测动力电池低压插接器 C 端子的唤醒信号电压，正常情况下该电压值应为 12V（与低压电池电压一致）。否则，应检查整车控制器供电情况，读取整车控制器故障码。如果动力电池低压插接器 C 端子无唤醒信号电压，则更换整车控制器。

二、快充系统故障案例解析

（一）充电插头连接类故障

对于新能源汽车，需要充电插头同时与充电桩端以及车端充电接口连接可靠才可以进行快充。下面介绍充电插头与充电桩端以及车端连接故障的排查。

1. 充电插头与充电桩端连接不可靠的故障现象

充电桩连接充电插头后，充电桩端仪表显示充电插头未连接，用万用表测量 CC1 与 PE 之间的电压不是 4V 左右。当发生上述故障现象时，请按照图 6－16 所示的流程进行逐一排查。

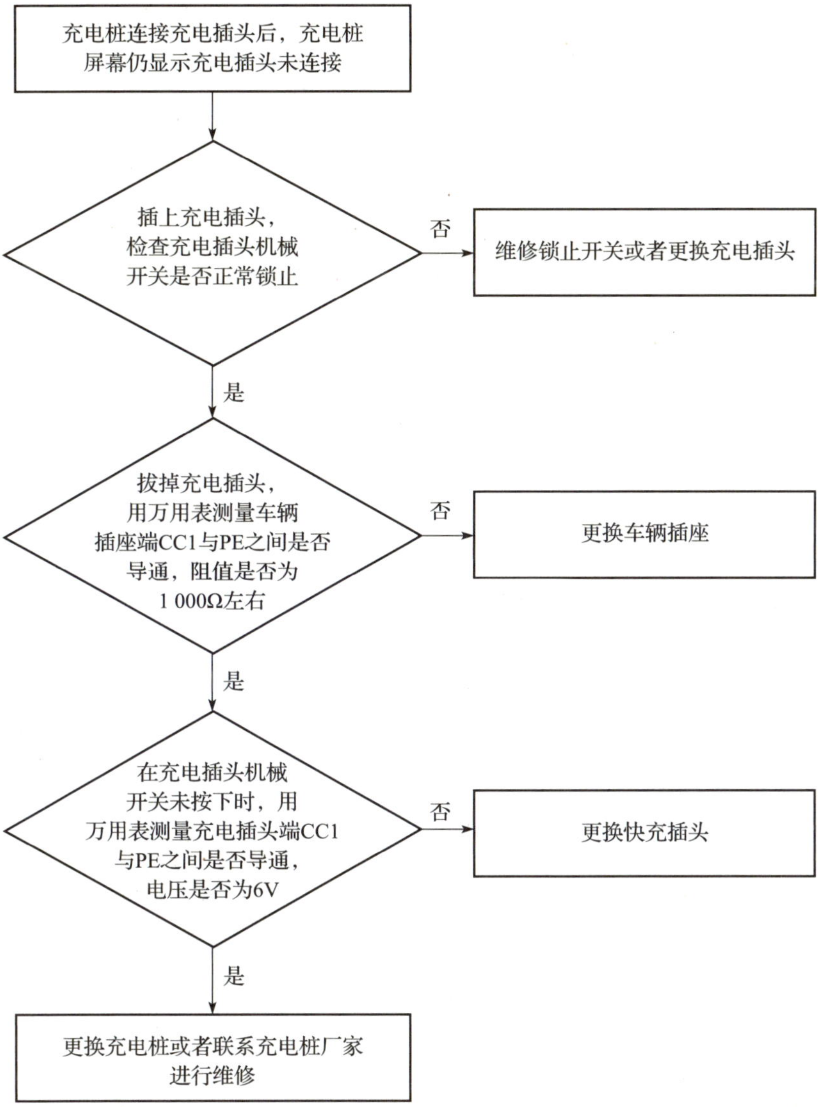

图 6－16　充电插头与充电桩端连接不可靠的诊断流程

2. 充电插头与车端连接不可靠的故障现象

车钥匙置于 OFF 挡，连接充电插头后，充电桩端仪表显示充电桩已连接，车端仪表充电连接指示灯未点亮；车钥匙置于 ON 挡，仪表充电连接指示灯依然未点亮。当发生上述故障现象时，请按照图 6－17 所示的流程进行逐一排查。

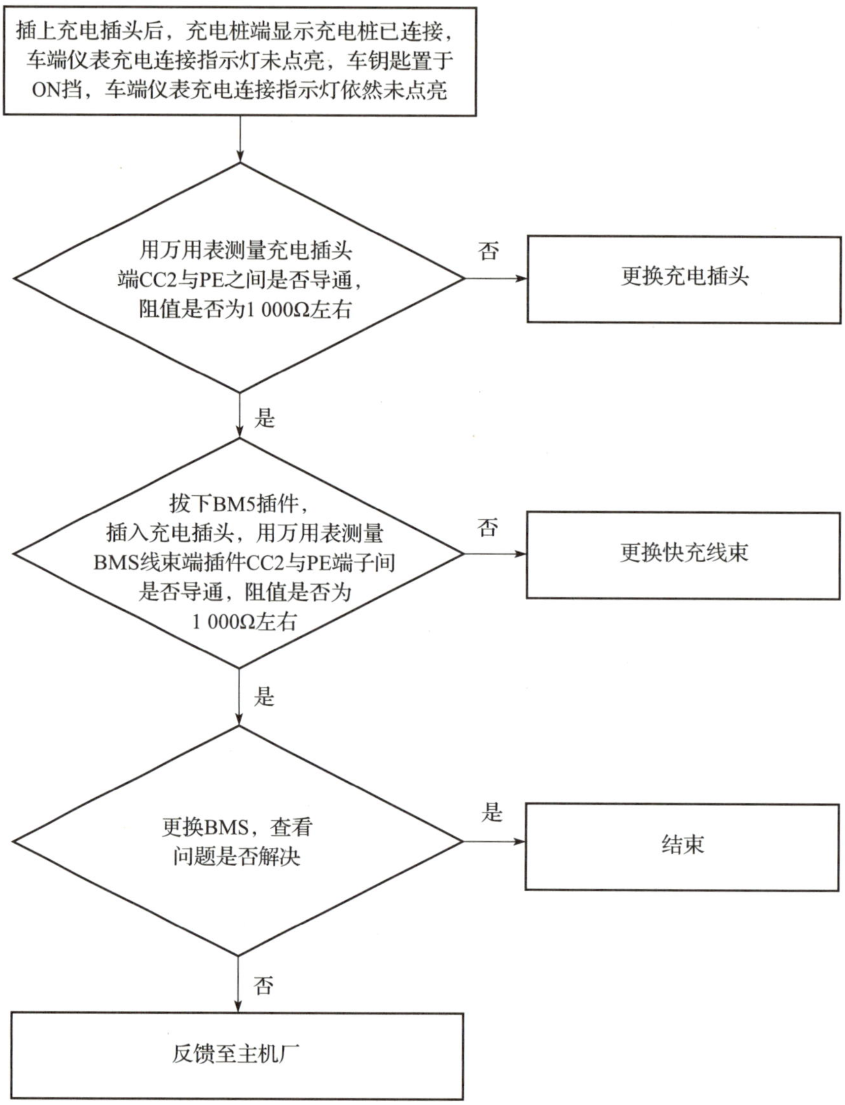

图 6－17　充电插头与车端连接不可靠的诊断流程

（二）无法唤醒类故障

根据快充唤醒原理，无法唤醒类故障主要包括两部分：BMS 未被唤醒以及 MCU 未被唤醒。

1. BMS 未被唤醒

若 BMS 未被唤醒，表现为 BMS 无报文发出，可能的原因需逐项排查，其诊断流程如图 6－18 所示。

2. MCU 未被唤醒

若 MCU 未被唤醒，表现为 MCU 无报文发出，可能的原因需逐项排查，其诊断流程如图 6－19 所示。

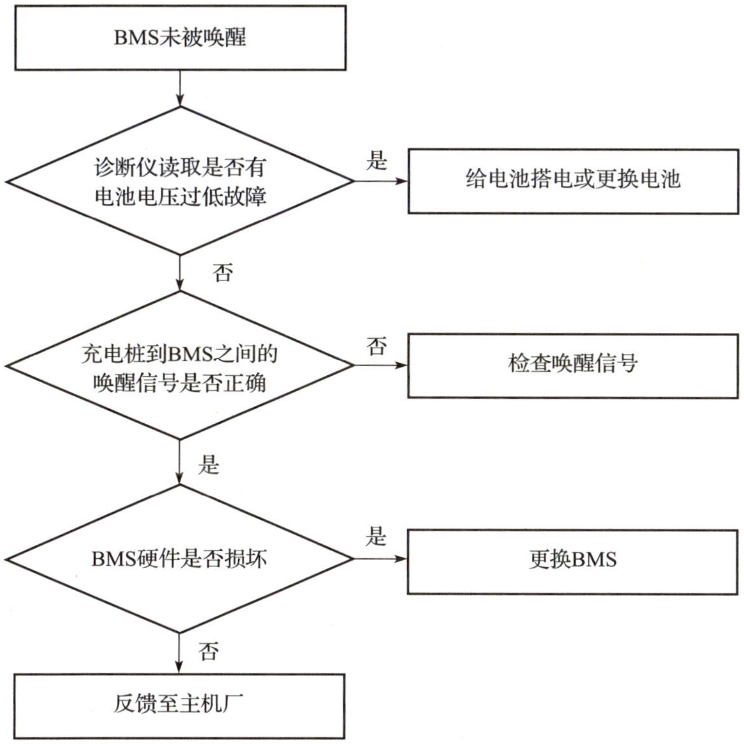

图 6－18　BMS 未被唤醒的诊断流程

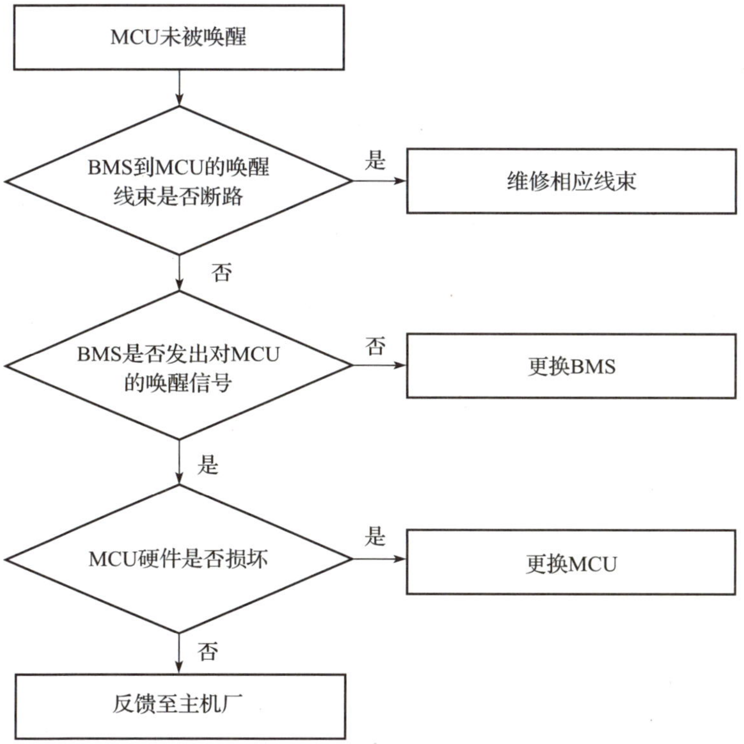

图 6－19　MCU 未被唤醒的诊断流程

（三）继电器故障

继电器故障主要包括快充继电器故障以及高压继电器故障。下面对快充继电器故障需排查的内容以及诊断流程做简要介绍，如图 6－20 所示。

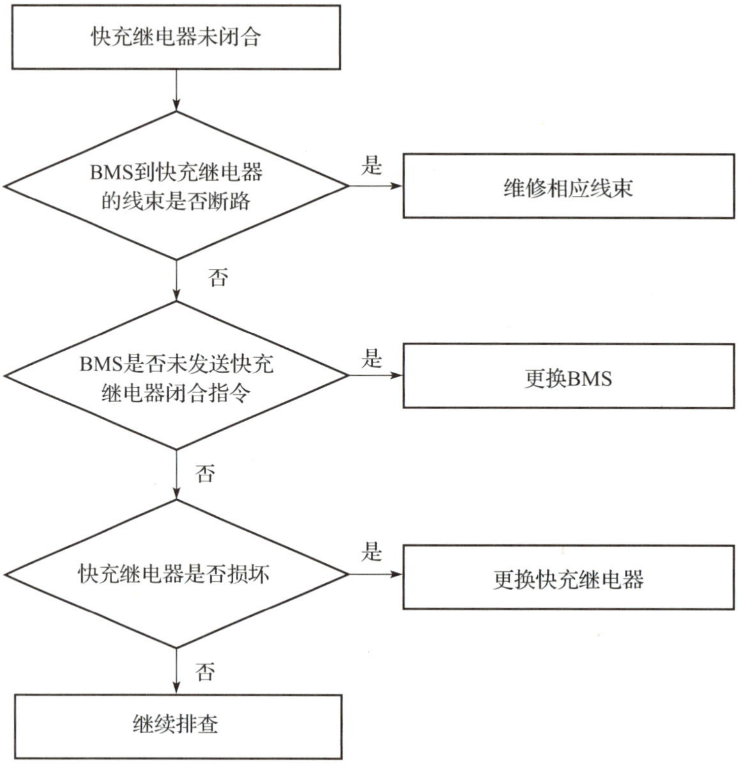

图 6－20　继电器故障的诊断流程

快充继电器没有闭合，表现为充电桩端有电压输出、无电流输出，可能的原因需逐项排查。

项目小结

本项目共包含两个任务：充电系统结构原理、充电系统故障案例解析。需要了解充电系统的基本术语、充电模式、充电连接方式，掌握慢充系统与快充系统基本组成，熟悉快、慢充系统基本原理，了解慢充系统关键部件、充电系统常见故障现象及诊断流程。

项目七 新能源汽车车联网技术

任务一 车联网技术概述

学习目标

知识目标：

1. 了解车联网发展现状；
2. 了解车联网基本结构及关键技术。

能力目标：

1. 能向客户分析车联网在新能源汽车中的发展方向；
2. 能正确描述车联网关键技术。

素养目标：

1. 规范操作流程，养成专业、严谨的工作态度；
2. 具备勇于表达、乐于倾听、互帮互助的团队协作精神。

任务导入

小李在一家汽车4S店实习，有客户进店想买一辆纯电动汽车，但想先了解该车辆的自动驾驶水平和应用场景。作为4S店的销售人员，小李要根据自身所了解的该车型自动驾驶技术，向客户介绍车联网技术的工作原理、应用及发展方向等。

知识框架

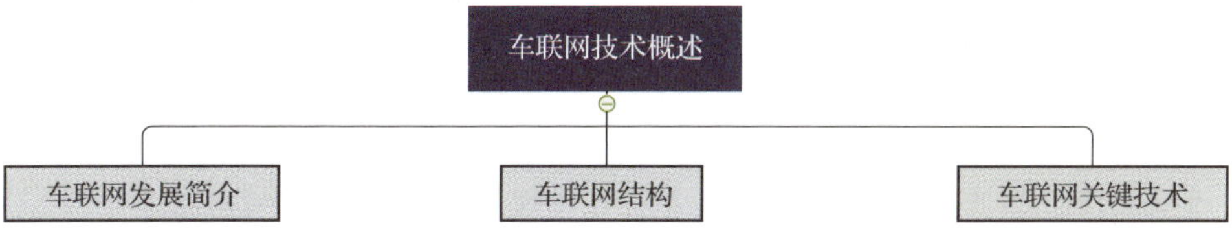

知识介绍

一、车联网发展简介

通信技术的快速发展和持续创新推动了车联网技术的进步。自20世纪70年代第一代移动通信技术诞生以来，从最初的1G技术，到后来的2G、3G和4G通信技术的研究及商业应用，每一代技术的诞生都为车联网带来了新的可能和机遇。而目前的5G通信技术已商业应用，5G通信技术以超高速的数据传输能力、极低的延迟和强大的连接能力，为车联网技术的发展提供了更加广阔的舞台，使得车联网服务更加高效、安全，为智能交通系统、自动驾驶汽车等领域带来革命性的变化。

车联网主要有两个技术发展方向：一是车载通信及网络，包含车载自组网、2G、3G、4G、LTE-V和5G通信技术，以及车载移动互联网。通过这些通信技术，车辆能够实时交换位置、速度、行驶方向等信息，提高道路安全，减少交通拥堵，实现智能交通管理。二是智能驾驶技术，包括高级驾驶辅助系统（Advanced Driver-Assistance Systems，ADAS）和自动驾驶技术。通过集成多种传感器（如雷达、摄像头、激光雷达等）和算法，车辆能够感知周围环境，做出决策，并在必要时自动驾驶。这两个方向相辅相成，共同推动车联网技术的发展，为实现更加安全、高效、智能的交通系统提供支持。

2020年，世界智能网联汽车大会发布了《智能网联汽车技术路线图2.0》，提出了在2035年之前智能网联汽车的主要发展路线、发展前景以及战略目标，为智能车联网的发展进一步指明了方向。它指出，未来车联网技术发展包括4个时间节点：2020年，安全辅助驾驶系统和网联辅助信息相结合，实现车辆的部分自动驾驶功能，车辆具备初级网联功能；2025年左右，有条件地实现自动驾驶技术规模化应用，并向高度自动化驾驶技术升级过渡；2030年，实现高度自动化驾驶技术的大范围应用，主要应用场景为高速公路以及城市主要道路；2035年，彻底实现车辆的完全自动驾驶。

《国家车联网产业标准体系建设指南（智能网联汽车）（2023版）》（以下简称《指南》）由工业和信息化部与国家标准化管理委员会联合修订发布，其重点内容包括：（1）技术逻辑架构：《指南》设计了“三横二纵”的技术逻辑架构，涵盖了智能网联汽车的通用规范、核心技术与关键产品应用；（2）标准体系构建：构建了包括智能网联汽车基础、技术、产品、试验标准等在内的智能网联汽车标准体系；（3）高质量发展：指南强调智能网联汽车作为推动产业高质量发展、促进世界经济持续增长的重要引擎；（4）技术迭代与产业发展：当前我国智能网联汽车产业进入新的发展阶段，技术加速迭代演进，产业发展不断深化，行业监管需求迫切；（5）标准化工作要求：对新形势下的标准化工作提出了更高的要求，以适应技术深度融合和跨领域协同的发展特点；（6）重点领域标准研制：《指南》提出要加大在功能安全、网络安全、操作系统等重点领域的标准研制力度；（7）国际标准法规协调：积极参与国际标准法规的协调制定，推进关键标准的宣贯实施；（8）融合发展：加快新能源汽车与信息通信、智能交通、智慧城市等的融合发展，通过标准引导推动产业高质量发展。这些重点内容体现了国家对智能网联汽车产业发展的全面规划和战略部署，旨在通过标准化工作促进技术创新和产业升级，同时保障安全和推动国际合作。

《车联网白皮书（2023 年）》由中国信息通信研究院发布，从产业发展趋势、智能网联汽车关键技术、新型基础设施、数据要素价值、技术与产业创新、基础设施赋能、数据安全管理、跨行业协同及发展展望等方面聚焦了 2023 年车联网领域的新热点、新趋势和新业态，重点内容体现了车联网产业在技术创新、基础设施建设和数据应用等方面的全面进步，以及面向未来的发展战略和规划。

二、车联网结构

（一）车联网定义

车联网技术是物联网技术在汽车及交通行业的一种细分应用，综合利用了通信技术、控制技术、系统工程技术、高精度定位技术以及信息安全技术。车辆通信技术（Vehicle-to-Everything，V2X）涉及车辆与外部环境的通信，包括实现车辆与车辆（Vehicle-to-Vehicle，V2V）、车辆与基础设施（Vehicle-to-Infrastructure，V2I）、车辆与行人（Vehicle-to-Pedestrian，V2P）以及车辆与网络（Vehicle-to-Network，V2N）之间的信息交互，实现对交通的智能化管理，达到“车—路—人—云”的感知协同化发展，如图 7－1 所示。

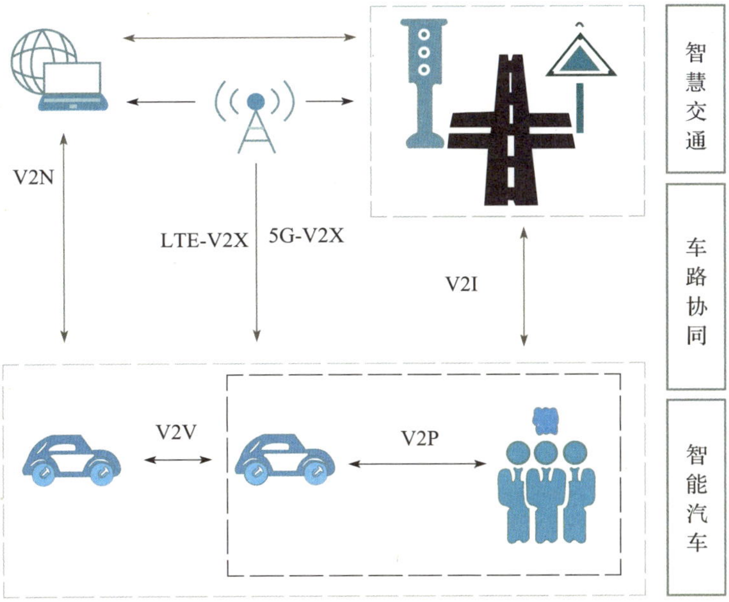

图 7－1　车联网通信技术的范畴

车联网以车内网、车际网、车云网为基础（三网融合），搭载先进的车载传感器、控制器和执行器，融合定位技术、信息处理技术、无线通信技术和智能决策控制技术，构建高度协同的车联网生态体系，如图 7－2 所示。

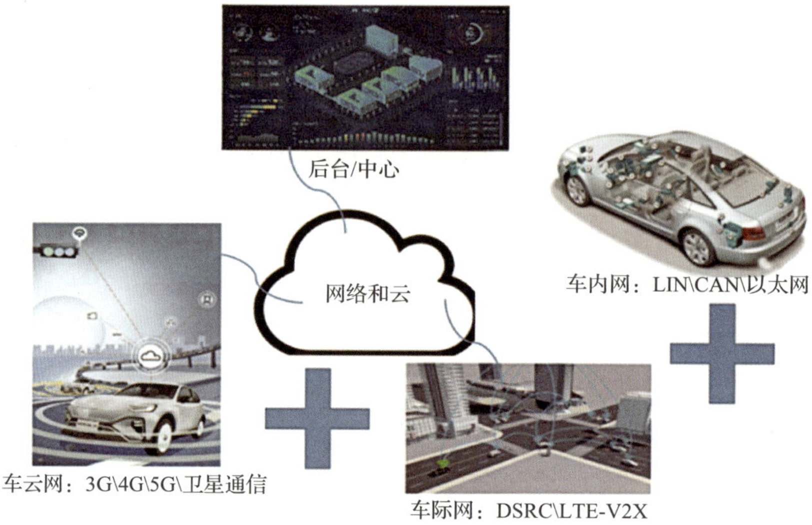

图 7－2　车联网三网融合

在 V2V 中，车辆在向其他车辆发送自身速度、位置、行驶方向等信息的同时，接收来自其他车辆的行驶状态信息，同时结合传感器、摄像头等设备收集到的信息，实现对周围环境状况的感知，主要用于提高道路安全，通过提前警告驾驶人潜在的碰撞风险，辅助驾驶人安全驾驶。

V2I 技术指的是车辆与基础设施之间的通信，如交通信号灯、路侧传感器、交通管理中心等。这种通信方式可以提供交通流量信息、交通信号状态、道路作业警告等，帮助车辆优化路线和提高通行效率。V2I 可以支持智能交通系统（ITS）的多种应用，如绿波带通行、交通拥堵预警等，将“智慧”的车和“聪明”的路结合起来，使出行更加快捷。

在 V2P 通信中，每个车载终端与行人携带的移动终端设备进行通信。一方面，行人可获知车辆的运行轨迹及速度大小；另一方面，车辆也可提前减速规避行人，保障车联网体系中弱势群体行人的安全。V2P 技术通过蓝牙、Wi-Fi 或其他无线技术来检测行人的存在和位置，并向驾驶人提供行人接近警告，尤其在视线不佳的交叉路口或行人密集区域，有助于减少行人与车辆之间的碰撞事故。此外，V2P 通信还可用于停车或找车场景中，通过移动终端设备定位车辆位置或者空余的车位。

对于 V2N 通信，车辆则主要与云端进行信息交互，实现计算数据的灵活卸载、传输及存储。这种通信方式支持各种基于云端的服务，如远程诊断、软件更新、实时交通信息、导航服务等，云平台对收集到的海量数据进行处理分析后可为车辆提供定位、紧急救援、信息娱乐等服务，使车辆能够访问大量的数据和计算资源，提高车辆的智能化水平和用户体验。

（二）车联网架构

车联网架构按照网络架构划分，通常可分为三个层次：感知层、网络层和应用层。具体划分如图 7－3 所示。

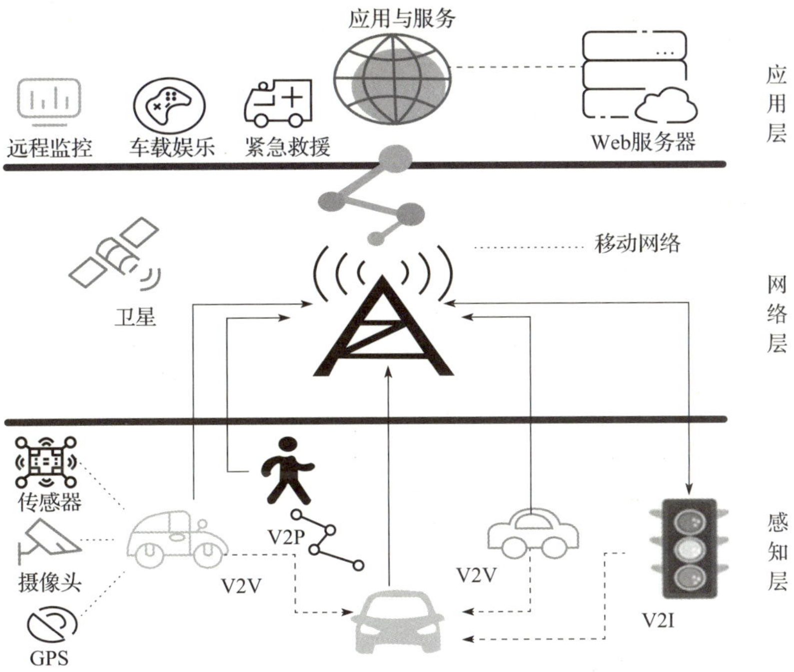

图 7－3 车联网架构

1. 感知层

感知层是车联网的基础，负责收集车辆及其周围环境的信息，被称作车联网的“神经末梢”。感知层包括车载传感器（如雷达、摄像头、激光雷达等）、路侧传感器、交通信号灯、GPS 定位系统等设备，实时监测车辆状态（如速度、加速度、位置等）和周围环境（如交通流量、行人、障碍物等）等，收集到的数据需要被处理和转化为有效信息，为网络层的通信和应用层的服务提供输入。

2. 网络层

网络层充当车联网的“大脑”，主要通过车载网络、互联网以及无线通信网络分析处理感知层所收集到的数据，实现车联网网络接入、数据分析、数据传输以及车辆节点管理等功能，确保数据在车辆、基础设施、行人和网络之间高效、安全地传输。此外，网络层还涉及数据的路由、切换、拥塞控制等网络管理功能，以保证通信的可靠性和效率。

3. 应用层

应用层是车联网的顶层，主要作用是为用户提供不同的服务。应用层包括各种车联网服务和应用程序，如导航、交通管理、远程监控、车辆远程诊断、娱乐服务、安全预警等，还涉及数据分析、决策支持、用户界面设计等，以提供用户友好的体验。应用层服务通常需要集成复杂的算法和人工智能技术，以实现智能交通管理和自动驾驶等功能。

这三个层次相互协作，共同构成了车联网的完整架构。感知层提供了丰富的数据源，网络层确保了数据的实时传输，而应用层则提供了实际的服务和应用，满足用户的需求。随着技术的发展，车联网体系结构将继续演进，以支持更广泛的应用场景和更高级的智能化服务。

三、车联网关键技术

车联网应用的主要目的在于提高道路的安全性、解决交通问题和优化交通管理等，需要通过车辆与路侧单元、车辆与车辆等通信方式来向周围车辆实时准确地发送安装在车辆上的 RFID（射频识别）、传感器等采集到的车辆状态信息（特别是车辆的位置、速度、方向）。这些信息汇聚后通过数据分析与处理提取出有效信息，为车辆的出行提供智能的决策依据。车联网关键技术主要有：

（1）通信技术。通信技术允许车辆通过蜂窝网络与其他车辆、基础设施、行人和网络进行通信。该技术实施的关键在于提供高速数据传输、低延迟和高可靠性，是车联网实时信息交换的支柱。

（2）传感器集成与融合技术。车辆装备的传感器包括雷达、摄像头、激光雷达、超声波传感器等，用于收集周围环境的实时数据。传感器融合技术将这些数据整合，提供更全面的感知能力，是车辆理解周围世界的“感官系统”。

（3）边缘计算技术。边缘计算将数据处理能力部署在网络的边缘，靠近数据源。这有助于缩短数据传输时间，提高响应速度，降低中心服务器的计算压力，对于实时性要求高的车联网应用至关重要。

（4）大数据分析与处理技术。车联网产生海量数据，需要强大的大数据分析和处理技术来提取有用信息、识别模式和预测趋势。大数据分析与处理技术包括数据挖掘、机器学习和人工智能算法，帮助车辆做出更智能的决策。

（5）智能决策支持系统。基于融合的感知数据和大数据分析结果，智能决策支持系统能够为车辆提供操作建议或自动做出决策。智能决策支持系统通常包含路径规划、碰撞避免、交通流量管理等智能算法。

（6）高精度定位与地图技术。高精度地图包含了道路的详细数据，如车道线、交通信号、路标等。车联网需要精确的定位信息和实时更新的地图数据，以支持路径规划、导航和自动驾驶等功能。

（7）安全与隐私保护技术。车联网系统的开放性带来了安全和隐私风险，需要采用加密技术、访问控制、入侵检测系统等来保护数据的安全，同时制定隐私保护政策来维护用户隐私。

（8）人机交互技术。人机交互技术使用户能够与车联网系统进行有效沟通和控制，包括触摸屏、语音识别、手势识别等，提高用户体验，并在驾驶过程中提供安全的操作方式。

（9）标准化与互操作性。车联网的设备和系统需要遵循统一的标准来实现互操作性，包括通信协议、数据格式、接口定义等。标准化有助于不同制造商的设备和系统之间的无缝连接和协同工作。

（10）测试与评估技术。车联网技术的研发和部署需要通过严格的测试和评估来验证其性能、安全性和可靠性。测试与评估技术包括模拟测试、封闭和公开道路测试、性能评估、安全评估和可靠性评估。

（11）车联网服务平台技术。车联网服务平台是提供交通管理、紧急救援、娱乐信息等多种服务的核心，需要具备高的可扩展性、安全性和服务质量保证。

（12）车路协同技术。车路协同技术通过车辆与路侧基础设施的互动，提高交通效率和安全性。路侧单元（RSU）可以提供交通信号、路况信息等，与车辆进行信息交换。

（13）云平台技术。云计算为车联网提供数据存储、处理和分析能力，云平台可以执行复杂的数据处理任务，支持大规模的车联网服务和应用。

（14）人工智能与机器学习技术。用于提高系统的智能化水平，包括车辆的自主决策、预测性维护、故障诊断等。

（15）能源管理技术。对于纯电动和混合动力车辆，能源管理技术通过优化充电策略、能源消耗等，提高车辆的能源效率和续航能力。

任务二　车联网与新能源汽车

学习目标

知识目标：

1. 了解车联网在新能源汽车中的应用；
2. 熟悉车联网技术的应用领域。

能力目标：

1. 能正确描述车联网技术常见应用场景；
2. 能说明车联网技术在新能源汽车中的应用。

素养目标：

1. 规范操作流程，养成专业、严谨的工作态度；
2. 培养善于思考、敢于反思的学习习惯。

任务导入

小张在一家汽车4S店实习，有客户进店想了解车联网技术在新能源汽车上的应用，小张可以完成这个任务吗？

知识框架

知识介绍

一、车联网在新能源汽车中的应用

车联网技术在新能源汽车领域的应用是多方面的，不仅提升了新能源汽车的智能化水平，还优化了能源管理、增强了驾驶安全性与便利性，并且提高了用户体验。以下是车联网在新能源汽车上的几个关键应用领域：

（1）远程监控与控制：通过车联网系统，新能源汽车的状态信息（如电池电量、维护需求、胎压等）可以实时传输到制造商或服务中心，以便进行远程诊断和故障预警；车主也可以通过智能手机应用远程控制汽车的功能，如远程起动、空调预热或预冷，以及查看车辆状态。

（2）智能导航与交通信息：车联网系统可以提供实时交通信息和最优路线建议，这不仅可以避开拥堵，缩短行程时间，还能提高能源利用率。对于新能源汽车而言，系统中的智能导航还可以包括充电站的位置和状态，确保驾驶人可以轻松找到并到达最近的充电站。

（3）充电管理：车联网技术使得新能源汽车的充电过程更加智能化和便捷。车联网系统能够自动寻找最近的充电桩，预定充电时间，甚至在电价最低时自动起动充电以节省成本。

（4）能源优化：车联网可以实时收集新能源汽车的能耗数据，通过分析这些数据，可以优化能源消耗，如通过调整行驶模式或充电策略来提高能源效率。

（5）智能驾驶辅助：车联网技术提供的实时通信能力使得车辆能够接收来自其他车辆和交通基础设施的信息，增强自动驾驶或驾驶辅助系统的能力。例如，车辆能够接收交通信号灯的状态信息，调整行驶速度以便顺畅通过绿灯，或在紧急情况下接收来自其他车辆的警告信息。

（6）保险与安全：基于新能源汽车的车联网数据，保险公司可以提供更个性化的保险方案，如按驾驶行为收费的保险（Usage-Based Insurance，UBI）。同时，实时的安全监控和紧急响应功能也提升了驾驶的安全性。

（7）娱乐与互联服务：车联网技术使得新能源汽车能够提供更为丰富的车载娱乐和服务。例如，互联网接入、音乐流媒体服务、在线视频等，这些都大大提升了乘员的乘车体验。

（8）车队管理和物流：对于商用新能源车队来说，车联网技术提供了强大的管理工具，可以实时监控车辆的位置、状态、能耗等信息，优化路线和调度，从而提高运营效率和降低成本。

（9）使用数据分析与优化：通过收集和分析来自新能源汽车的大量数据，制造商和服务提供商可以获得宝贵的洞察，进一步优化产品和服务。例如，通过分析用户的充电习惯和行驶模式，可以改进未来的车型设计，更好地满足用户需求。

（10）环境监测与应急响应：车联网不仅限于提高个体车辆的性能，它还能通过监测和报告环境数据（如空气质量）来服务于更大范围的社会利益。此外，在紧急情况下，如自然灾害或事故现场，车联网技术可以帮助快速定位受影响的新能源汽车，协调救援行动。

车联网技术的这些应用不仅为新能源汽车用户提供了更多的便利和安全保障，也为整个交通系统的智能化和可持续发展做出了贡献。随着技术的进一步发展，车联网在新能源汽车领域的应用将更加广泛和深入。

二、新能源汽车车联网应用举例

（一）车联网在新能源汽车车载诊断系统中的应用

车载诊断系统（On Board Diagnostics，OBD）是车联网的重要部分，当新能源汽车控制系统或相关电子部件出现故障时，其随时向驾驶人发出警告。最初使用 OBD 的目的是辅助维修人员进行车辆诊断。随着汽车科技的发展和车联网技术的应用，OBD 的用户逐渐从传统燃油汽车的专业服务人员转向广大车主。随着车联网技术的不断发展，基于 OBD 协议可以获取新能源汽车车辆信息并结合车联网技术实现车辆与网络的互联，最终使车辆信息存储在云端。这样不仅便于驾驶人与车辆管控人员实时了解车辆状况，而且可及时发现车辆行驶中的不良驾驶问题，从而减少或避免交通事故的发生。

车联网 OBD 是通过车载终端、云端、智能手机端三部分协同工作，达到车辆状态远程监测目的的系统。该系统可以对新能源汽车状态进行远程实时监测，如读取车辆数据流（电池状态、电机状态等）以及车辆当前故障码，然后将车辆数据信息传送到云端上，车载终端上传的数据会被云端中部署的 TCP 接收服务程序存储到数据库中，方便后期对车辆状态进行整体性研究。存储数据完成后，服务器会将数据转发到手机 App 上，手机 App 会对车辆数据进行分析处理，报送给车主。

车联网技术在新能源汽车的 OBD 中的应用是一个高度专业化的领域，涉及车辆的监控、故障检测、性能优化和预测性维护等多个方面。

（1）实时监控与数据采集：车联网技术使新能源汽车 OBD 能够实时监控车辆的运行状态，包括电池电量、电机状态、能量消耗等关键参数。通过车载传感器和通信模块，这些数据可以被实时采集并传输到云端或其他监控平台。

（2）远程故障诊断：结合车联网技术，OBD 可以进行远程故障诊断。当车辆出现异常时，OBD 能够检测到故障码，并通过车联网将这些信息发送给制造商或维修服务中心，以便专业人员进行远程分析和诊断。

（3）预测性维护：通过收集和分析 OBD 数据，车联网可以预测车辆的维护需求。例如，通过监测电池性能的逐渐下降或电机效率的变化，OBD 可以预测并提醒用户即将到来的维护工作，从而减少意外故障和维修成本。

（4）能源管理优化：车联网技术可以帮助新能源汽车更有效地管理能源消耗。OBD 可以监控电池的充电状态和放电速率，结合车联网提供的数据，如交通流量、路线选择等，优化充放电策略，延长电池使用寿命并提高能源利用率。

（5）车辆性能分析：OBD 可以收集车辆在不同驾驶条件下的性能数据。车联网技术可以将这些数据与驾驶行为、路况、环境因素等信息结合起来，进行深入的性能分析，帮助制造商改进车辆设计和提高产品性能。

（6）驾驶行为分析：通过分析 OBD 中的驾驶数据，车联网可以评估驾驶人的驾驶习惯，如加速、制动、转弯等，并提供个性化的驾驶建议，以提高驾驶安全性和能源利用率。

（7）车辆健康报告：车联网可以利用 OBD 提供的车辆健康报告，为用户提供车辆的实时状态更新。这些报告可以包括电池健康、电机状态、关键部件的磨损情况等，帮助用户了解车辆的健康状况。

（8）智能导航与路线规划：结合 OBD 的车辆状态信息和车联网的实时交通数据，可以提供更加智能的导航和路线规划服务。OBD 可以根据车辆的能源状况和路况信息，推荐最佳的行驶路线和充电站。

中国电动汽车“领航员”

（9）车辆安全与紧急响应：车联网技术可以提高新能源汽车的安全性。当 OBD 检测到车辆的关键故障或安全问题时，车联网可以立即通知驾驶人，并在必要时自动联系紧急服务中心。

（10）车辆软件更新：OBD 可以通过车联网技术接收和安装车辆软件更新。这包括对车辆控制单元（ECU）的固件更新，以提高性能、修复漏洞或引入新功能。

（11）二手车评估：OBD 存储的大量车辆使用和维护数据，可以为二手车市场提供重要的评估依据。车联网可以分析这些数据，以评估车辆的真实状况和价值。

（12）法规遵从性：随着对新能源汽车排放和能效的法规要求越来越严格，OBD 结合车联网技术可以帮助车辆制造商和用户确保车辆的合规性，通过实时监控报告车辆的排放和能效数据。

（13）用户定制服务：车联网可以根据 OBD 收集的数据，为用户提供定制化的服务，如个性化的维护计划、能源使用建议等，以提高用户满意度和忠诚度。

（14）车辆保险：OBD 数据还可以用于车辆保险领域，通过分析驾驶行为和车辆使用情况，保险公司可以提供个性化的保险费率，奖励安全驾驶和低风险车辆。

（15）环境影响评估：OBD 可以记录车辆的能源消耗和排放数据，车联网技术可以利用这些数据评估新能源汽车对环境的影响，支持可持续发展和环保政策的制定。

车联网技术在新能源汽车 OBD 中的应用，不仅提高了车辆的性能和安全性，还为用户带来了更加便捷和个性化的驾驶体验。随着技术的不断发展，这些应用将变得更加智能和高效，为新能源汽车的未来发展提供强大的支持。

（二）车联网在新能源汽车有序充电中的应用

新能源汽车市场近年来快速增长，总体可观的充电量可能造成电网容量不足、频率偏移以及日负荷峰谷差增大；同时，新能源汽车作为具有可调度性的负荷，其需求响应力具有巨大的挖掘空间。预计未来将有更多的新能源汽车上路，以减少电网日负荷曲线波动为目标，不增加用电高峰期电网供电压力和不形成充电晚高峰为约束构建优化模型，采用 5G 通信和蓝牙传输，以车联网技术为基础构建系统框架，实现新能源汽车的有序充电。

新能源汽车有序充电应用是智能交通系统和智能电网交汇的一个重要体现，其通过优化充电过程，提高电网的利用率，降低充电成本，并提升用户体验。新能源汽车有序充电有以下关键技术和优势：

（1）智能充电调度：车联网技术能够实现新能源汽车与电网的智能互动，通过收集车辆的电池状态、位置信息和用户充电习惯等数据，智能调度充电过程。车联网系统可以根据电网负荷和电价变化，自动调整充电时间，实现削峰填谷，优化电网负荷。

（2）动态电价响应：新能源汽车作为分布式储能单元，可以通过车联网技术响应动态电价。当电价较低时，系统可以自动起动或增加充电功率；而在电价高峰时段，则可以减缓充电或暂停充电，从而降低充电成本。

（3）用户行为学习：车联网系统可以学习用户的充电习惯和行驶模式，预测充电需求。例如，系统可以在用户下班回家的路上开始慢速充电，而在用户夜间休息时自动切换到快速充电模式。

（4）充电桩优化布局：通过分析新能源汽车的分布和充电需求，车联网技术可以帮助运营商优化充电桩的布局。在需求高的区域增加充电桩的数量，在需求低的区域减少充电桩的数量，以提高充电设施的使用效率和经济效益。

（5）充电桩状态监控：车联网技术可以实时监控充电桩的状态，包括使用情况、故障检测和维护需求，这有助于运营商及时响应故障，缩短停机时间，提高充电服务的可靠性。

（6）预约充电服务：用户可以通过车联网平台预约充电时间和地点，避免到达充电站时无桩可用的情况。车联网系统可以根据预约情况，智能分配充电桩资源，缩短用户等待时间。

（7）充电过程的实时监控：在充电过程中，车联网系统可以实时监控充电状态，包括电流、电压和电池温度等参数。一旦检测到异常，车联网系统可以立即采取措施，如切断电源，以保护车辆和用户安全。

（8）充电安全预警：车联网技术可以结合动力电池管理系统数据，对电池状态进行深入分析，预测潜在的安全风险，如过充、过放和温度异常等，并提前发出预警。

（9）能源消耗优化：车联网系统可以根据新能源汽车的能源消耗模式，提供个性化的节能建议。例如，系统可以建议用户在特定时段充电，以降低能源消耗和充电成本。

（10）车网互动（V2G）技术：车联网技术支持车辆与电网的双向互动。在 V2G 模式下，新能源汽车不仅可以从电网充电，还可以在电网需要时向电网反馈电能，实现能源的灵活调度。

（11）社区和家庭能源管理：车联网技术可以整合家庭和社区的能源管理系统，实现新能源汽车与家庭用电的协同优化。例如，系统可以利用家庭太阳能发电系统的多余电力为新能源汽车充电。

（12）充电数据分析：通过收集和分析大量的充电数据，车联网平台可以为电网运营商、充电设施提供商和政策制定者提供有价值的洞察，帮助他们优化服务和制定相关政策。

（13）跨平台充电服务：车联网技术可以实现不同充电服务平台的互联互通，为用户提供统一的充电体验，用户可以在任何兼容的充电站进行充电，而无须担心平台差异。

（14）充电设施的智能导航：结合车联网的定位服务和实时交通信息，车联网系统可以为新能源汽车用户提供智能导航至最近的可用充电站，提高充电便利性。

（15）充电支付和账单管理：车联网平台可以提供便捷的充电支付解决方案，用户可以通过手机应用或车载系统直接支付充电费用。同时，车联网系统还可以自动生成充电账单和能耗报告，方便用户管理和优化充电行为。

车联网技术在新能源汽车有序充电中的应用，不仅提高了充电效率和电网的稳定性，也为用户带来了更加便捷和经济的充电体验。随着新能源汽车的普及和智能电网技术的发展，车联网在新能源汽车充电领域的应用将更加广泛和深入。

项目小结

本项目包含两个任务：车联网技术概述、车联网与新能源汽车。需要了解车联网发展现状及趋势，掌握车联网技术的基本结构，熟悉车联网关键技术，能够说明车联网技术在新能源汽车中的应用场景。

参考文献

[1] 陈小兵，石启军. 新能源汽车技术. 2版. 北京：航空工业出版社，2021.

[2] 张弘韬，邱家彩，陈家耀. 新能源汽车构造与检修. 2版. 北京：航空工业出版社，2021.

[3] 于万海，周定武. 新能源汽车构造与检修. 北京：机械工业出版社，2023.

[4] 敖东光，宫英伟，陈荣梅. 电动汽车结构原理与检修. 北京：机械工业出版社，2017.

[5] 苏庆列. 新能源汽车动力电池系统技术. 北京：北京理工大学出版社，2024.

[6] 蔡志海，倪焰飞. 新能源汽车概论. 北京：机械工业出版社，2020.

[7] 刘尚达. 新能源汽车构造. 北京：机械工业出版社，2023.

[8] 张扬. 新能源汽车高压防保与安全操作. 北京：机械工业出版社，2022.

[9] 吴荣辉，金朝昆. 新能源汽车高压安全与防护. 北京：机械工业出版社，2021.

图书在版编目（CIP）数据

新能源汽车构造与检修 ：微课版 / 余红燕主编. 北京 ：中国人民大学出版社，2025. 1. --（新编 21 世纪高等职业教育精品教材）. -- ISBN 978-7-300-33375-5

Ⅰ. U469. 7

中国国家版本馆 CIP 数据核字第 2024YK1783 号

新能源汽车技术专业教学资源库配套教材

新编 21 世纪高等职业教育精品教材 · 汽车类

新能源汽车构造与检修（微课版）

主　编　余红燕

副主编　吕　翱　汤高攀　李　林

参　编　黄林火　吕炳蔚

Xinnengyuan Qiche Gouzao yu Jianxiu（Weikeban）

出版发行　中国人民大学出版社

社　　址　北京中关村大街 31 号　　**邮政编码**　100080

电　　话　010 – 62511242（总编室）　　010 – 62511770（质管部）

010 – 82501766（邮购部）　　010 – 62514148（门市部）

010 – 62515195（发行公司）　　010 – 62515275（盗版举报）

网　　址　http://www.crup.com.cn

经　　销　新华书店

印　　刷　北京昌联印刷有限公司

开　　本　787 mm × 1092 mm　1/16　　**版　　次**　2025 年 1 月第 1 版

印　　张　15.75　　**印　　次**　2025 年 1 月第 1 次印刷

字　　数　358 000　　**定　　价**　55.00 元

新能源汽车技术专业教学资源库配套教材

新编21世纪高等职业教育精品教材

汽车类

新能源汽车构造与检修（微课版）

实训工单与习题集

主　编◎余红燕

副主编◎吕　翱　汤高攀　李　林

参　编◎黄林火　吕炳蔚

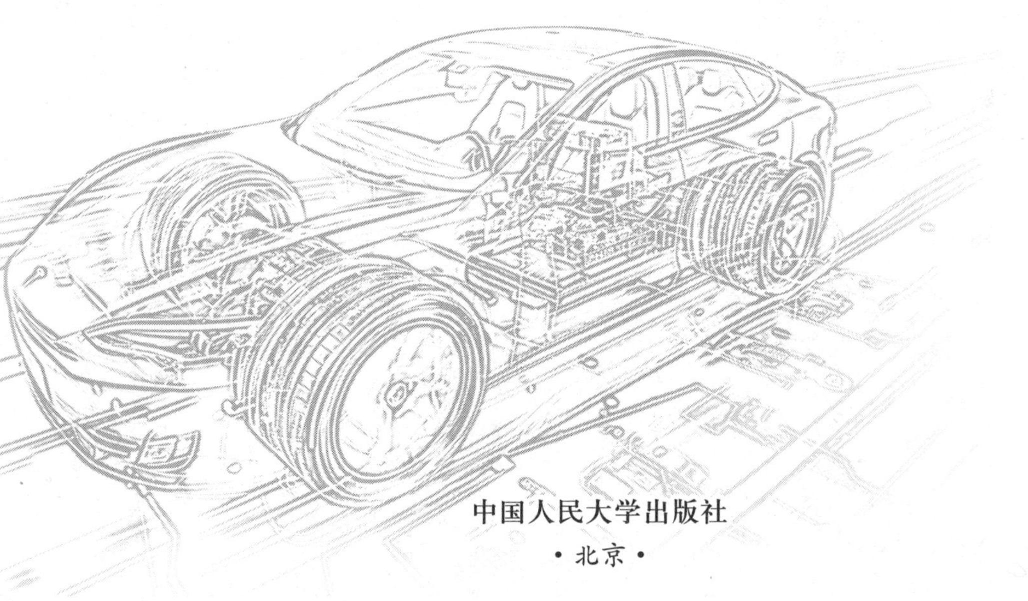

中国人民大学出版社

· 北京 ·

目　录

实训工单

习题集

实训工单

项目一　新能源汽车结构认知

【实训目的】

（1）新能源汽车底盘系统认知；
（2）新能源汽车整车构造认知；
（3）新能源汽车组成部件功能描述。

【实训准备】

（1）安全防护：车辆安全防护用品、安全警示牌、警示隔离带；
（2）车辆：新能源汽车整车、车辆举升机；
（3）辅助资料：新能源汽车维修手册、教材、实训工作页。

【计划决策】

请根据新能源汽车结构认知的任务，对小组成员合理分工，制订详细的工作计划。

1. 采用的评价标准

____。

2. 需要的检测仪器和工具

（1）仪器：____。
（2）工具：____。

3. 实训计划

____。

4. 小组成员任务分工

组长		安全员	
操作员 1		操作员 2	
记录员		质检员	

【任务实施】

1. 新能源汽车底盘系统认知

序号	组件	完成情况	组件特点
1	传动系统	□完成　□未完成	
2	行驶系统	□完成　□未完成	
3	转向系统	□完成　□未完成	
4	制动系统	□完成　□未完成	

2. 新能源汽车整车构造认知

序号	组件	完成情况	安装位置	部件功能
1	动力电池	□完成 □未完成		
2	驱动电机	□完成 □未完成		
3	电机控制器	□完成 □未完成		
4	高压配电箱	□完成 □未完成		
5	DC/DC 变换器	□完成 □未完成		
6	车载充电机	□完成 □未完成		
7	空调压缩机	□完成 □未完成		
8	PTC 加热器	□完成 □未完成		
9	交流充电口	□完成 □未完成		
10	直流充电口	□完成 □未完成		
11	便携式充电设备	□完成 □未完成		
12	电池管理系统	□完成 □未完成		
13	整车控制器	□完成 □未完成		
14	辅助电池	□完成 □未完成		
15	发动机（若有）	□完成 □未完成		

【竣工检验】

（1）整理并恢复作业场地；

（2）工位 5S 操作；

（3）工具清点、清洁、校准和归位。

【任务评价】

项目	评分标准	分值	自评	互评	师评
安全 /5S/ 态度	能进行工位 5S 操作	4			
	能进行设备和工具安全检查	3			
	能进行工具清洁、校准和归位操作	3			
专业技能	能够说明新能源汽车底盘系统特点	10			
	能够掌握新能源汽车整车构造	10			
	能够认知新能源汽车各部件位置	10			
	能够说出新能源汽车各部件功能	10			
工具及设备使用	能正确布置防护场地	5			
	能正确使用举升机	5			

续表

项目	评分标准	分值	自评	互评	师评
信息、资料查询	能正确使用维修手册查询资料	5			
	能正确记录查询资料章节及页码	5			
任务评价	能够按时完成工作任务的所有环节	10			
	能够规范操作，避免意外事故发生	10			
	工单填写规范，无错别字、涂改和抄袭	4			
	能对自身表现情况进行客观评价	3			
	在任务实施过程中能发现自身问题	3			
总分		100			
综合得分（自评 30%+ 互评 30%+ 师评 40%）					
综合评语	（作业过程存在的问题及改进建议）				
日期		导师签名			

项目二 新能源汽车高压系统与安全防护

【实训目的】

（1）能够正确检查和使用高压防护用品和设备；

（2）能够认识高压系统主要元器件及功能；

（3）能够进行高压下电操作。

【实训准备】

（1）防护用具：绝缘鞋、绝缘手套、绝缘帽、绝缘服、护目镜等个人防护用具，高压警示牌、二氧化碳灭火器、警戒线、绝缘地垫、专用维修工位接地线等车间安全设施；

（2）工具设备：绝缘工具、绝缘测试仪、放电工装、钳形电流表；

（3）台架车辆：纯电动汽车 2 ～ 4 辆；

（4）辅助资料：新能源汽车维修手册、教材、实训工作页。

【计划决策】

请根据新能源汽车高压系统与安全防护的任务，确定检测的标准方法和所需要的检测仪器，并对小组成员合理分工，制订详细的工作计划。

1. 采用的评价标准

____。

2. 需要的检测仪器和工具

（1）仪器：____。

（2）工具：____。

3. 实训计划

____。

4. 小组成员任务分工

组长		安全员	
操作员 1		操作员 2	
记录员		质检员	

【任务实施】

1. 清点个人防护用具、高压防护设施及设备

序号	名称	数量	清点
1	隔离柱 / 警戒线	1 套	□已清点
2	高压警示牌	3 个	□已清点

续表

序号	名称	数量	清点
3	绝缘测试仪	1 个	□已清点
4	绝缘工具箱	1 套	□已清点
5	放电工装	1 套	□已清点
6	绝缘胶带	1 卷	□已清点
7	绝缘帽	1 个	□已清点
8	个人防护用具	1 套	□已清点
9	通用组合工具	1 套	□已清点

2. 防护用品、用具的检查

图例	名称	检查作业内容
		外观检查：□良好　□破损
		外观检查：□良好　□破裂
		外观检查：□良好　□破裂　绝缘级别：________级 气密性检查：□良好　□漏气 最高使用电压：________V（DC）　________V（AC）
		外观检查：□良好　□破裂 验证电压：10kV
		外观检查：□良好　□破裂
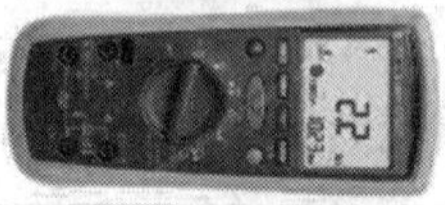		外观检查：□良好　□破损 功能检查：□正常　□异常
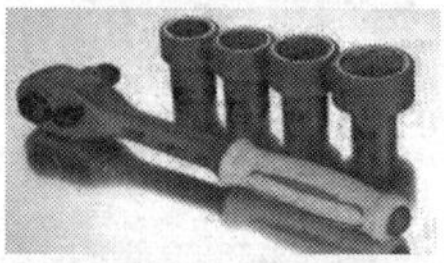		外观检查：□良好　□破损 数量检查：□正常　□缺失
		外观检查：□良好　□破损 功能检查：□正常　□异常

3. 防护用品的使用

图例	作用	使用及保存注意事项

4. 主要高压部件的认知

图例	名称	作用

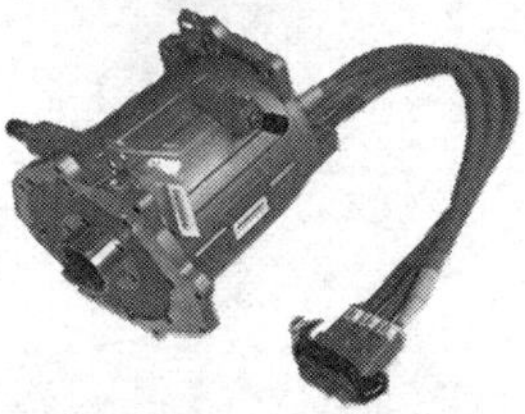		
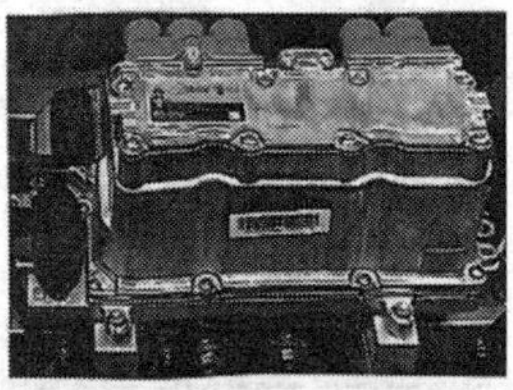		
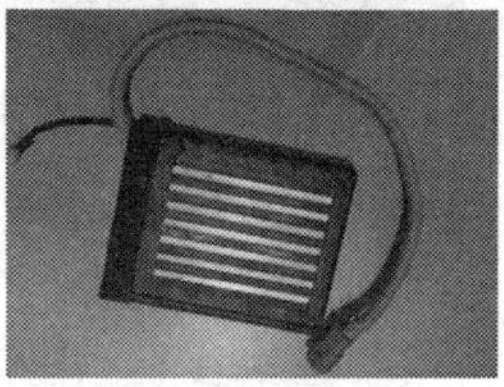		

5. 高压下电操作流程

查阅相关资料，在实训教师监督的前提下做好安全防护措施，实施高压下电操作，并记录操作流程。

6. 绝缘检测操作流程

查阅相关资料，在实训教师监督的前提下做好安全防护措施，实施高压部件的绝缘检测操作，并记录操作流程。

【竣工检验】

（1）整理并恢复作业场地；

（2）工位 5S 操作；

（3）工具清点、清洁、校准和归位。

【任务评价】

项目	评分标准	分值	自评	互评	师评
安全 /5S/ 态度	能进行工位 5S 操作	4			
	能进行设备和工具安全检查	3			
	能进行工具清洁、校准和归位操作	3			
专业技能	能够熟练检查不同的安全防护用品、用具	5			
	能够熟练使用安全防护用品	5			
	能够熟练使用安全工具	5			
	能够识别各高压部件	5			
	能够规范地完成高压下电操作	10			
	能够规范地完成绝缘检测操作	10			
工具及设备使用	能正确使用维修工作台	5			
	能正确布置防护场地	5			
信息、资料查询	能正确使用维修手册查询资料	5			
	能正确记录所需维修信息	5			
数据分析	能正确判断防护用品是否正常	5			
	能正确判断高压部件是否正常	5			
	能正确判断高压系统是否正常下电	5			
任务评价	任务按时完成，操作过程规范	8			
	工单填写规范，无错别字、涂改和抄袭	3			
	能对自身表现情况进行客观评价	2			
	在任务实施过程中能发现自身问题	2			
总分		100			
综合得分（自评 30%+ 互评 30%+ 师评 40%）					
综合评语	（作业过程存在的问题及改进建议）				
日期		导师签名			

项目三　动力电池系统原理与检修

【实训目的】

（1）认知不同类型动力电池单体；

（2）了解电池单体内部结构；

（3）掌握预充电保护与上电流程；

（4）能够完成动力电池管理系统检查。

【实训准备】

（1）安全防护：车辆安全防护与隔离；

（2）工具设备：数字万用表、兆欧表、绝缘工具套装、常规工具套装、动力电池拆装工具套装；

（3）台架车辆：不同类型电池单体、电池模型、BMS 台架；

（4）辅助资料：新能源汽车维修手册、教材、实训工作页。

【计划决策】

请根据动力电池检测的任务，确定检测的标准方法和所需要的检测仪器，并对小组成员合理分工，制订详细的工作计划。

1. 采用的评价标准

____。

2. 需要的检测仪器和工具

（1）仪器：____。

（2）工具：____。

3. 实训计划

____。

4. 小组成员任务分工

组长		安全员	
操作员 1		操作员 2	
记录员		质检员	

【任务实施】

1. 动力电池单体认识

（1）

（2）

（3）

（4）

（5）

序号	外观	开路电压	内阻	电池类型	是否正常
（1）					□是　□否
（2）					□是　□否
（3）					□是　□否
（4）					□是　□否
（5）					□是　□否

2. 动力电池单体结构认识

（1）根据电池模型填写圆柱形锂离子电池部件名称。

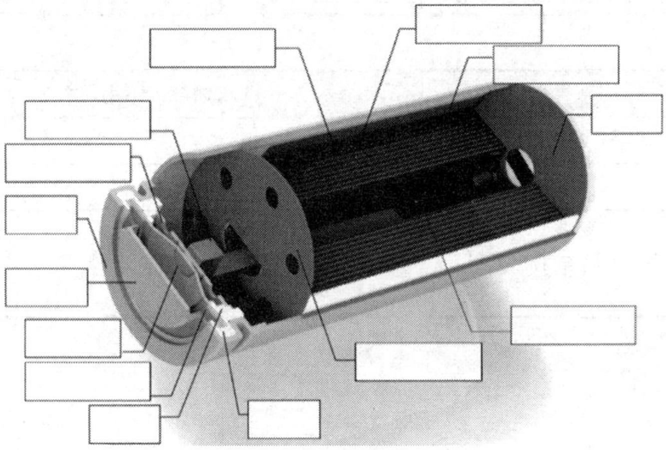

圆柱形锂离子电池结构

（2）根据电池模型填写方形锂离子电池部件名称。

方形锂离子电池结构

3. 预充电保护与上电流程

（1）根据电池系统预充电保护电路基本结构填写表格，并绘制预充电保护电路结构简图。

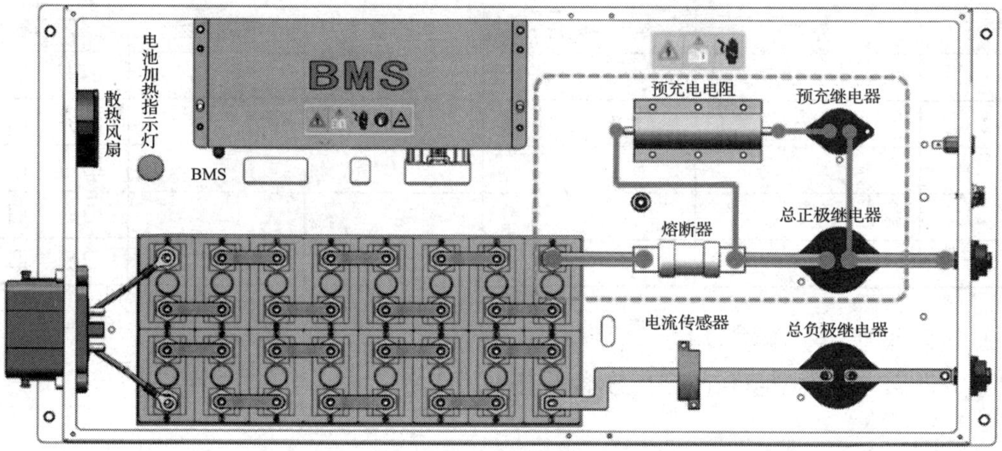

部件名称	基本功能 / 作用
预充继电器	
预充电电阻	

绘制预充电保护电路结构简图：

（2）根据下图，简述高压系统上电控制流程。

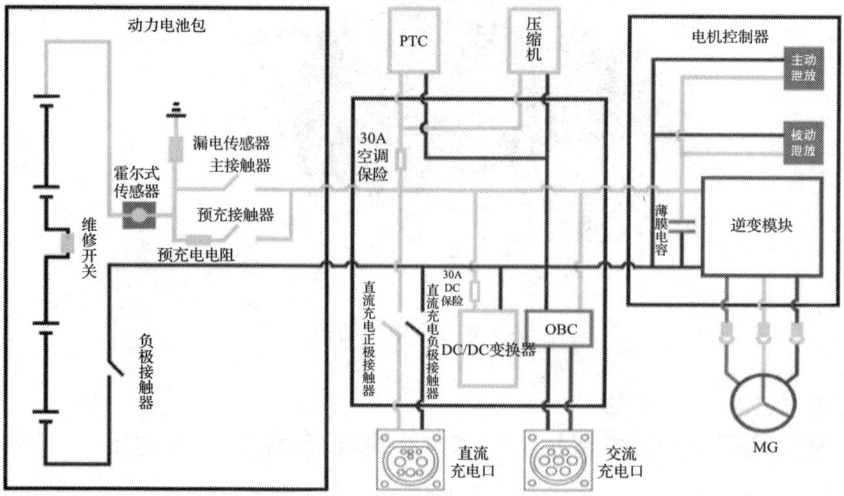

（3）连接诊断仪器后，打开点火开关，读取高压继电器的数据流，查看高压继电器的工作状态。

序号	预充继电器状态	负极继电器状态	正极继电器状态	预充状态	预充电保护控制策略
1	断开			未预充	—
2	吸合			正在预充	
3	吸合			正在预充	
4	断开			预充完成	
预充工作状态描述					
无法预充原因分析					

4. 动力电池管理系统检查

故障码		故障码诊断程序	第____章____节____页
参数名称		检测数据	结果判定
电池包实际 SOC 值			□正常　□异常
电池组当前总电压			□正常　□异常
动力电池正极继电器当前状态			□正常　□异常
动力电池负极继电器当前状态			□正常　□异常
动力电池预充继电器当前状态			□正常　□异常
高压互锁状态			□正常　□异常
绝缘电阻			□正常　□异常
单体电芯最低电压			□正常　□异常
最低电压单体序号			□正常　□异常
单体电芯最高电压			□正常　□异常
最高电压单体序号			□正常　□异常
单体电芯最高温度			□正常　□异常
最高温度单体序号			□正常　□异常
单体电芯最低温度			□正常　□异常
最低温度单体序号			□正常　□异常

【竣工检验】

（1）整理并恢复作业场地；

（2）工位 5S 操作；

（3）工具清点、清洁、校准和归位。

【任务评价】

项目	评分标准	分值	自评	互评	师评
安全 /5S/ 态度	能进行工位 5S 操作	4			
	能进行设备和工具安全检查	3			
	能进行工具清洁、校准和归位操作	3			
专业技能	能够识别不同类型的电池单体	5			
	能够认知电池单体结构	5			
	能够说明预充电保护与上电流程	5			
	能够读取高压继电器的数据流并判断	5			
	能够完成动力电池管理系统检查	5			
	能规范找出故障元器件并记录信息	5			
工具及设备使用	能正确使用维修工作台	5			
	能正确使用拆装、测量工具	5			
	能正确布置防护场地	5			
信息、资料查询	能正确使用维修手册查询资料	5			
	能正确记录查询资料章节及页码	5			
	能正确记录所需维修信息	5			
数据分析	能正确判断动力电池单体是否正常	5			
	能正确分析继电器工作状态	5			
	能正确判断动力电池管理系统是否正常	5			
任务评价	任务按时完成，操作过程规范	8			
	工单填写规范，无错别字、涂改和抄袭	3			
	能对自身表现情况进行客观评价	2			
	在任务实施过程中能发现自身问题	2			
总分		100			
综合得分（自评 30%+ 互评 30%+ 师评 40%）					

综合评语	（作业过程存在的问题及改进建议）		
日期		导师签名	

项目四　驱动电机系统原理与检修

【实训目的】

（1）了解驱动电机总成的位置；

（2）掌握驱动电机钢印号与铭牌的位置和含义；

（3）掌握驱动电机总成拆装；

（4）掌握驱动电机的部件检测。

【实训准备】

（1）安全防护：车辆安全防护与隔离；

（2）工具设备：数字万用表、兆欧表、工作灯、工作台、绝缘工具套装、常规工具套装、驱动电机拆装工具套装；

（3）台架车辆：新能源汽车作业工位、举升机、新能源汽车整车；

（4）辅助资料：新能源汽车维修手册、教材、实训工作页。

【计划决策】

请根据驱动电机检测的任务，确定检测的标准方法和所需要的检测仪器，并对小组成员合理分工，制订详细的工作计划。

1. 采用的评价标准

____。

2. 需要的检测仪器和工具

（1）仪器：________________________________。

（2）工具：________________________________。

3. 实训计划

____。

4. 小组成员任务分工

组长		安全员	
操作员 1		操作员 2	
记录员		质检员	

【作业准备】

（1）检查举升机；

（2）新能源汽车整车和防护三件套等 5S 操作。

【任务实施】

1. 查找驱动电机钢印号与铭牌位置

（1）停车入位，整车举升到位。

（2）拆卸下护板，确认驱动电机位置。

（3）查找并确认驱动电机钢印号与铭牌位置，并将上述位置用方框框出来。

（4）解读驱动电机铭牌上的各项参数。

型号		峰值扭矩（N·m）	
类型		额定功率（kW）	
工作制		额定扭矩（N·m）	
额定工作电压（V）		最高转速（RPM）	
峰值功率（kW）		电机散热方式	
绝缘等级		重量（kg）	

2. 驱动电机总成拆装

本操作应在全车高压确认断电情况下进行，高压断电（下电）操作在“新能源汽车高压系统与安全防护”中已有详细讲解，此处不再赘述，只重点介绍驱动电机拆装与检测操作。

（1）驱动电机拆装注意事项。

驱动电机拆装分为就车拆装（将驱动电机总成从车上拆下）和驱动电机总成解体两种操作。就车拆装注意事项如下：

1）驱动电机总成为高压部件，拆卸前应遵守售后维修车间高压安全操作规范。

2）高压断电（操作流程在高压安全中有详细讲解，此处不再赘述）。

3）以下所有操作都默认在点火开关处于 OFF 位置、断开 12V 蓄电池、高压已确认断电、已拆卸前机舱后装饰板总成情况下进行操作。

（2）驱动电机总成拆装。

在拆分过程中，请注意保护好所有零部件，做好收纳工作，防止零部件被意外损坏。

下面以比亚迪秦 PLUS EV 车型（2023 冠军版）为例，讲解驱动电机总成拆装流程，其就车拆装操作流程见下表。

序号	操作内容	图示
一、集成式智能前驱总成的拆装		
1	拆卸前，将集成式智能前驱总成与声学包从整车上拆解下来之后： 排出齿轮油。在动力总成拆卸前，用扭矩扳手（H10）打开放油螺塞组件，将变速箱体内的润滑油排放干净，再戴上放油螺塞组件，防止在拆卸过程中，异物掉入变速箱腔体内	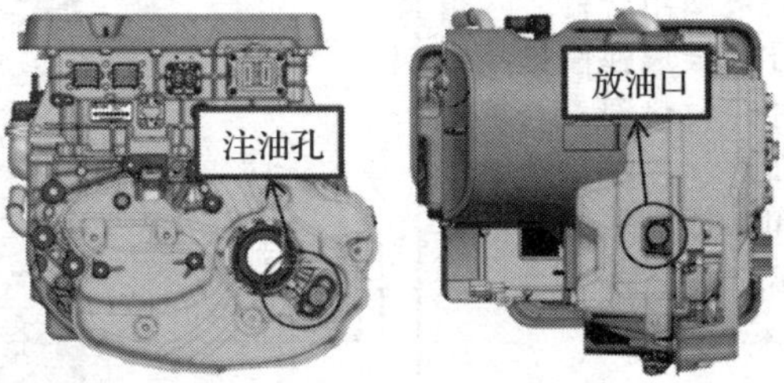

续表

序号	操作内容	图示
2	排出水道残留冷却液：在进水口用气枪将冷却水道内的水从出水口排出	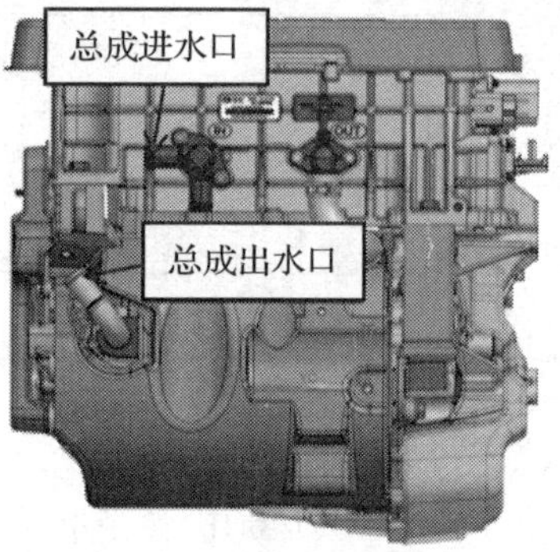
3	拆卸集成式智能前驱总成声学包：拆下固定前驱电动总成声学包Ⅰ的2个螺母型塑料卡扣以及六角螺母和锥形弹性垫圈组合件，将声学包Ⅰ从电动总成上拆下	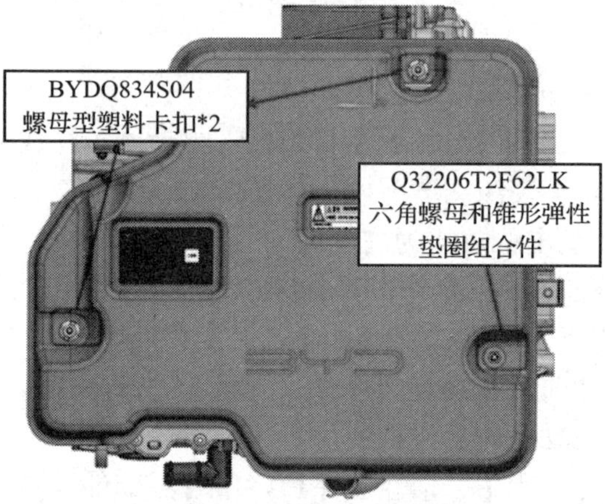
4	拆下固定前驱电动总成声学包Ⅱ的六角头螺栓和大垫圈组合件、六角螺母和锥形弹性垫圈组合件、大垫圈、六角法兰面螺栓，以及叶子片卡扣，将声学包Ⅱ从电动总成上拆下	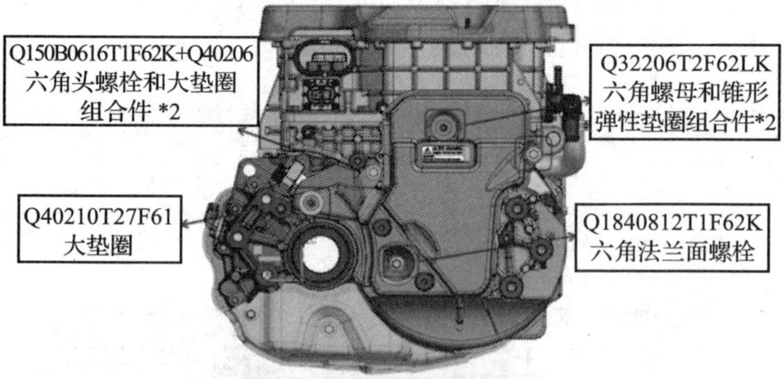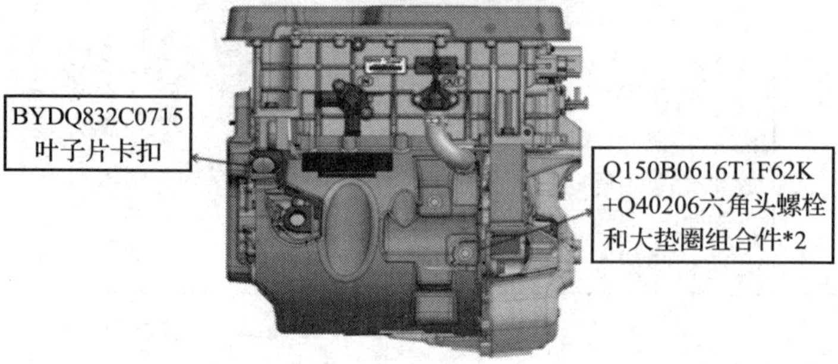

续表

序号	操作内容	图示
5	拆下左图中固定前驱电动总成声学包Ⅲ的5个六角头螺栓和大垫圈组合件、螺母型塑料卡扣，拆下右图中固定声学包Ⅲ的1个六角法兰面螺栓、1个六角头螺栓和大垫圈组合件；将声学包Ⅲ小心地从总成上拆下，注意声学包Ⅲ卡进变速器后箱体加强筋的位置，不要撕裂声学包	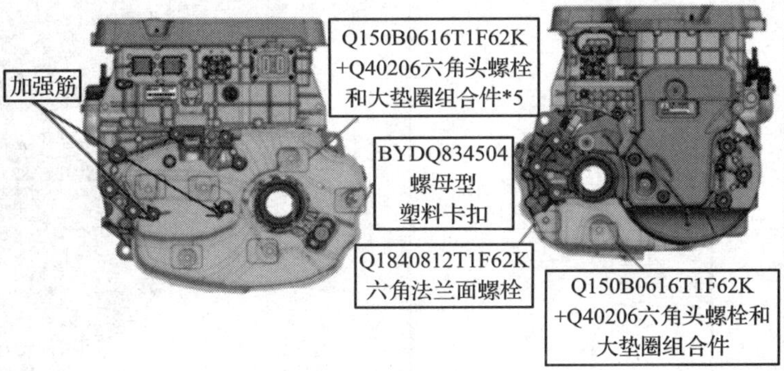
6	拆卸集成式智能前驱控制器： ①交错拧开用于固定驱动电机盖的14个M5螺栓，将驱动电机端盖从总成上拆下； ②拆掉集成式智能前驱控制器与驱动电机相连的三相铜排连接的3个M6螺栓； ③按下旋变接插件卡扣将旋变及温度传感器接插件拔出； ④拆开用于固定集成式智能前驱控制器箱体与驱动电机和变速器前箱体的6个M10螺栓，将控制器与驱动电机和变速箱分离	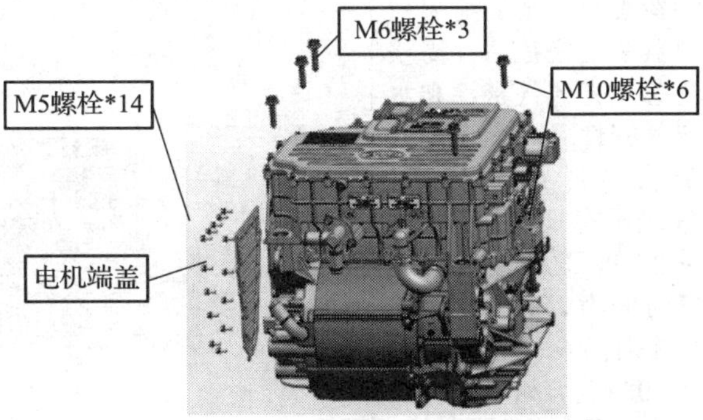 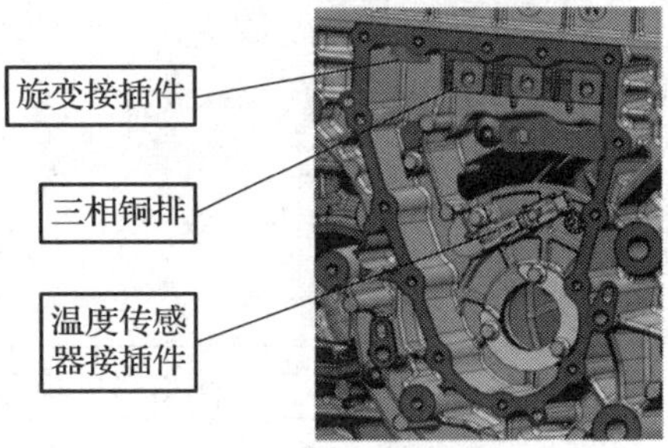
7	装配前安装集成式智能前驱控制器时，注意6个驱动电机控制器的螺栓孔位置，三相线与驱动电机相连接时，注意不要刮伤驱动电机和集成式智能前驱控制器	

续表

序号	操作内容	图示
8	装配后	
9	气密性检测： 将新集成式智能前驱控制器装配完成后，需检测总成壳体气密性和水道气密性。总成壳体气密性检测方法：通过总成通气阀平缓加入≥25kPa压缩空气，充气时间为26s，平衡8s，检测时间6s内泄漏量小于50Pa为合格。 总成水道气密性的检测方法：堵住驱动电机出水口，向电控入水口内平缓加入≥200kPa压缩空气，充气时间30s后，检测时间6s内泄漏量小于200Pa为合格	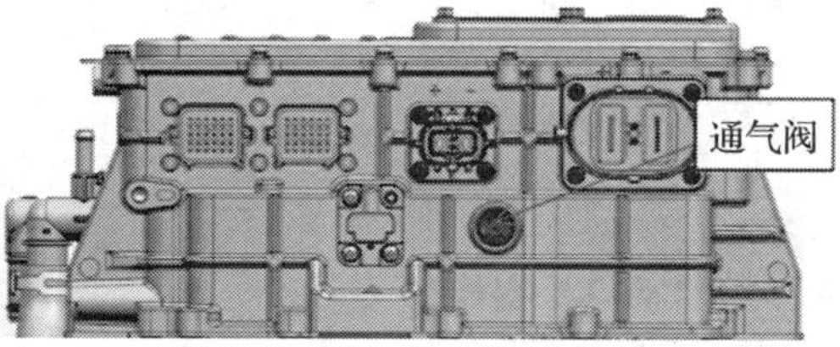
二、驱动电机总成的拆装		
1	拆开固定电机小端盖的14个M5螺栓，取下驱动电机端盖，松开固定三相线螺栓，然后拆开固定驱动电机控制器的6个M10螺栓，拆卸驱动电机控制器并保护进水口不与驱动电机磕碰，用气枪将进水口和出水口残留的水吹干	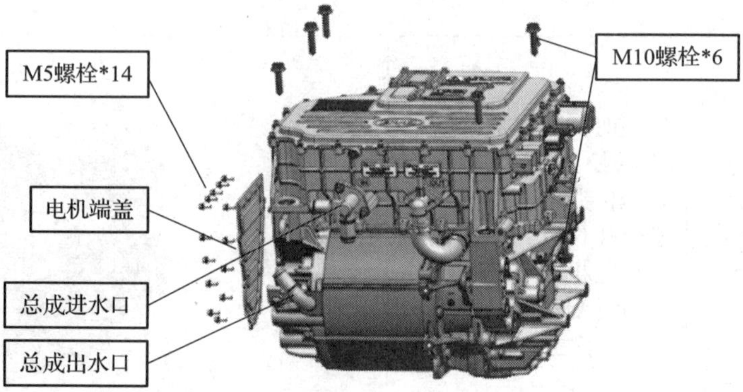

续表

序号	操作内容	图示
2	拆卸旋变及温度传感器接插件：按下卡扣将旋变及温度传感器接插件拔出	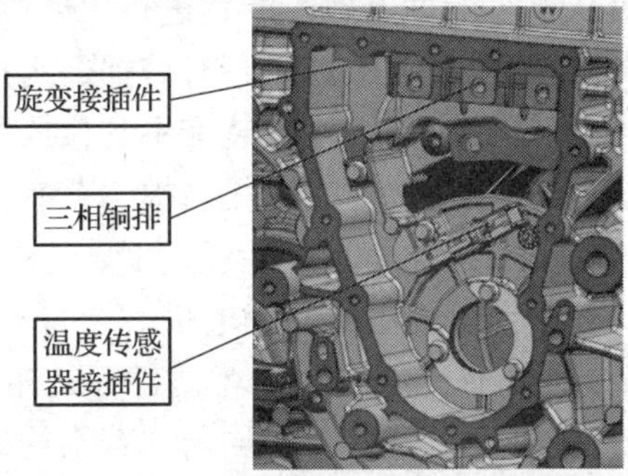
3	拆卸定子三相引出线：拆下固定定子引出线的3个M6螺栓，即可针对电机本体进行绝缘耐压测试，测试时一段夹住三相中其中一个端子，另外一端夹到驱动电机壳体上展开测试	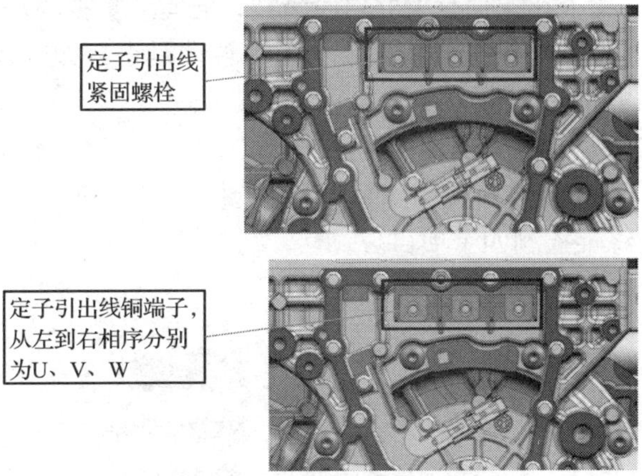
4	电机旋变盖板端盖打胶的操作步骤： ①将盖板和后端盖配合面上的残胶铲干净； ②在盖板上打胶，打胶轨迹沿螺栓孔内侧	
5	安装以倒序进行	

3. 驱动电机检测

（1）目视检查。

驱动电机从整车上拆下后，严禁进行单体拆解维修，需目视检查项目如下：

1）检查电机壳体有无破损，若有破损，更换驱动电机。

2）检查钢丝螺套有无损坏、装配不到位或脱落，若有，更换驱动电机。

3）检查三相高压连接母线有无破损，若有，更换驱动电机。

4）检查低压插接器内端子有无歪针、退针、断针，若有歪针，使用专用工具轻轻扶正；若有退针、断针，则更换驱动电机。

5）检查 O 形圈有无遗失、损坏，若有，补充或更换 O 形圈。

6）检查花键轴润滑脂是否不均匀，若不均匀，涂抹均匀。

7）检查花键轴有无磨损、断裂，若有，更换驱动电机。

8）检查电机空载状态下，手动转动是否自如顺畅，是否有卡滞、顿挫感，若有，更换驱动电机。

（2）驱动电机部件检测。

驱动电机常规检测除目视检查项目外，一般包括旋变传感器、温度传感器、定子绕组、绝缘性检测四个项目。

1）定子绕组电阻测量。

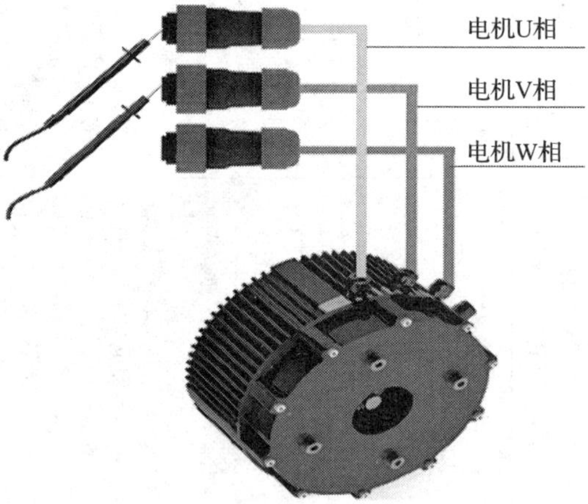

①测量驱动电机 U-V 相绕组线圈电阻。

测量点：______________；测量结果：______________；结论：______________。

②测量驱动电机 U-W 相绕组线圈电阻。

测量点：______________；测量结果：______________；结论：______________。

③测量驱动电机 V-W 相绕组线圈电阻。

测量点：______________；测量结果：______________；结论：______________。

2）结合驱动电机实体，检测绕组线圈与壳体的绝缘性。

绝缘电阻检测仪器：______________________________。

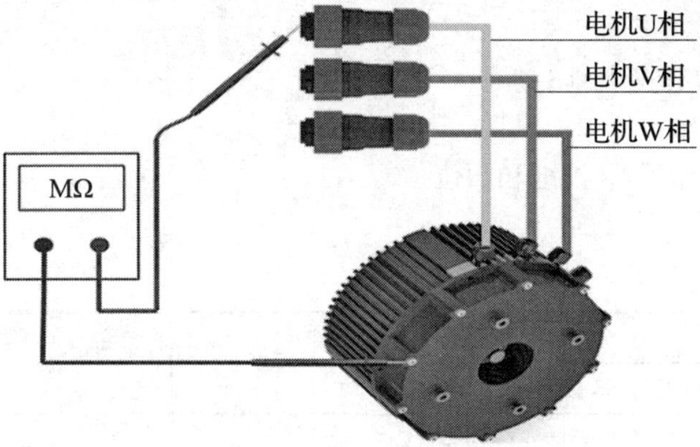

①检测 U 相绕组线圈与壳体的绝缘性。

测量点：______________；测量结果：______________；结论：______________。

②检测 V 相绕组线圈与壳体的绝缘性。

测量点：______________；测量结果：______________；结论：______________。

③检测 W 相绕组线圈与壳体的绝缘性。

测量点：______________；测量结果：______________；结论：______________。

3）检测驱动电机温度传感器。

用________电阻挡在驱动电机控制器连接线束插接器上测量________和________之间的电阻，用________测量环境温度，对照维修手册，根据电阻判断驱动电机温度传感器是否正常，观察并记录结果。

序号	检测项目	环境温度	标准值	检测结果	结论
1					□正常 / □不正常
2					□正常 / □不正常
3					□正常 / □不正常

4）检测驱动电机旋变传感器。

①用________电阻挡在驱动电机控制器连接线束插接器上测量________和________之间的电阻。

②对照维修手册，根据电阻判断驱动电机旋变传感器是否正常，将测试数据填写在表格中。

序号	检测项目	标准值	检测情况	结论
1	励磁绕组的电阻			□正常 / □不正常
2	正弦绕组的电阻			□正常 / □不正常
3	余弦绕组的电阻			□正常 / □不正常

【竣工检验】

（1）整理并恢复作业场地；

（2）工位 5S 操作；

（3）工具清点、清洁、校准和归位。

【任务评价】

项目	评分标准	分值	自评	互评	师评
安全 /5S/ 态度	能进行工位 5S 操作	4			
	能进行设备和工具安全检查	3			
	能进行工具清洁、校准和归位操作	3			
专业技能	能正确查找驱动电机钢印号	5			
	能正确查找驱动电机铭牌	5			
	能正确解读驱动电机铭牌上的各项技术参数	5			
	能正确进行驱动电机总成就车拆装操作	5			
	能正确进行驱动电机总成解体操作	5			
工具及设备使用	能正确检测驱动电机定子绕组导通性	5			
	能正确检测驱动电机绝缘性	5			
	能正确检测驱动电机旋变电阻	5			
	能正确检测驱动电机温度传感器	5			
信息、资料查询	能正确使用维修手册查询资料	5			
	能正确记录查询资料章节及页码	5			
	能正确记录所需维修信息	5			
数据分析	能正确判断驱动电机定子绕组导通性是否正常	5			
	能正确分析驱动电机绝缘性是否正常	5			
	能正确判断驱动电机旋变传感器是否正常	5			
	能正确判断驱动电机温度传感器是否正常	5			
任务评价	任务按时完成，操作过程规范	5			
	工单填写规范，无错别字、涂改和抄袭	5			
总分		100			
综合得分（自评 30%+ 互评 30%+ 师评 40%）					
综合评语	（作业过程存在的问题及改进建议）				
日期		导师签名			

项目五　汽车空调系统结构与检修

【实训目的】

（1）掌握汽车空调系统基础知识；
（2）了解汽车空调系统的组成和工作原理；
（3）能够在实车上找出汽车空调系统各部件位置；
（4）能正确使用诊断仪器与检测工具进行空调系统检修。

【实训准备】

（1）安全防护：车辆安全防护与隔离；
（2）工具设备：数字万用表、兆欧表、工作台、常规工具套装；
（3）台架车辆：新能源汽车整车；
（4）辅助资料：新能源汽车维修手册、教材、实训工作页。

【计划决策】

请根据空调系统检测的任务，确定检测的标准方法和所需要的检测仪器，并对小组成员合理分工，制订详细的工作计划。

1. 采用的评价标准

____。

2. 需要的检测仪器和工具

（1）仪器：________________________________。

（2）工具：________________________________。

3. 实训计划

____。

4. 小组成员任务分工

组长		安全员	
操作员 1		操作员 2	
记录员		质检员	

【技能准备】

1. 写出汽车制冷空调系统中各部件的名称，并简述制冷系统工作四个过程

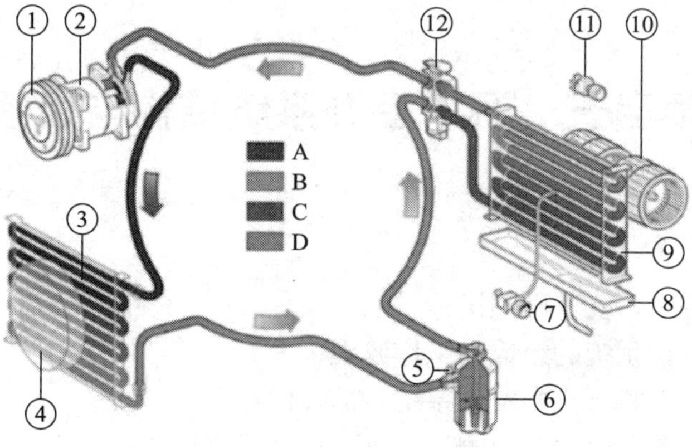

压缩过程：____________________。

冷凝过程：____________________。

膨胀过程：____________________。

蒸发过程：____________________。

2. 写出图中吉利 EV450 车型电动空调系统的部件名称

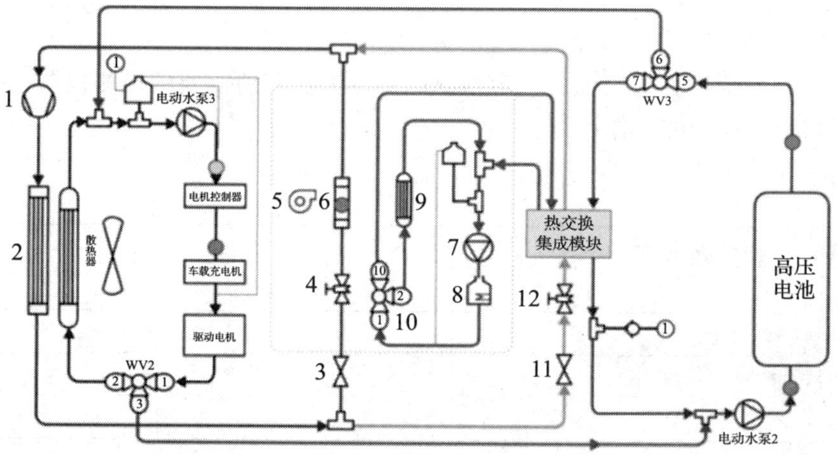

序号	名称	序号	名称	序号	名称
1		5		9	
2		6		10	三通电磁阀
3		7	PTC 加热水泵	11	
4		8		12	

【作业准备】

（1）设置隔离栏，放置安全警示牌；

（2）检查灭火器和检查测量终端状态；

（3）铺设防护四件套；

（4）检查绝缘手套、护目镜、绝缘鞋和安全帽。

安全帽

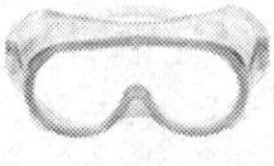

护目镜

绝缘鞋

绝缘手套

【任务实施】

1. 认识电动空调系统部件

作业图例	作业内容	完成情况
	找到电动压缩机总成	电动压缩机性能参数 型号：________ 工作电压：________ 绝缘电阻：________ 转速范围：________
	找到冷凝器总成	□是　□否
	找到空调压力开关	□是　□否
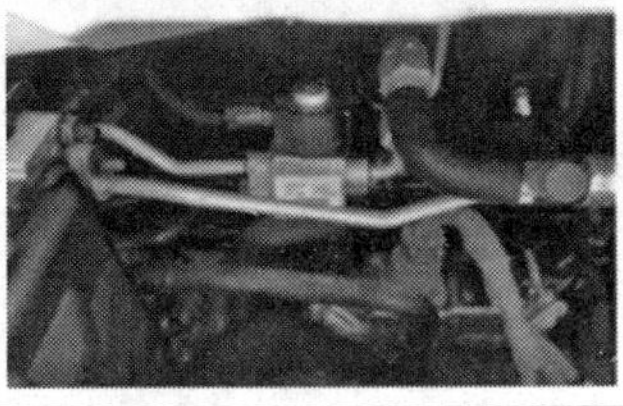	找到制冷管路电磁阀	□是　□否

续表

作业图例	作业内容	完成情况
	找到热交换器管路电磁阀	□是　□否
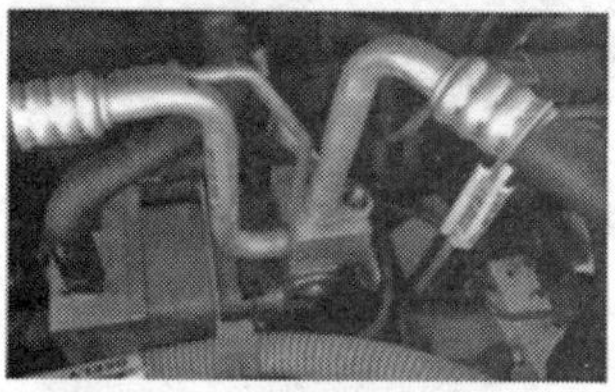	找到热交换器管路膨胀阀	□是　□否
	找到鼓风机电机	□是　□否
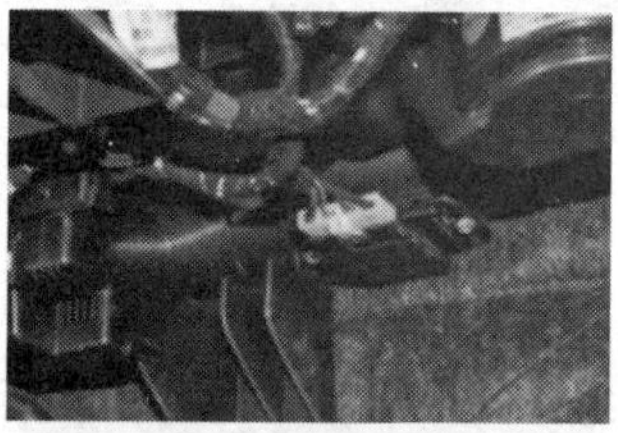	找到鼓风机电机调速模块	□是　□否
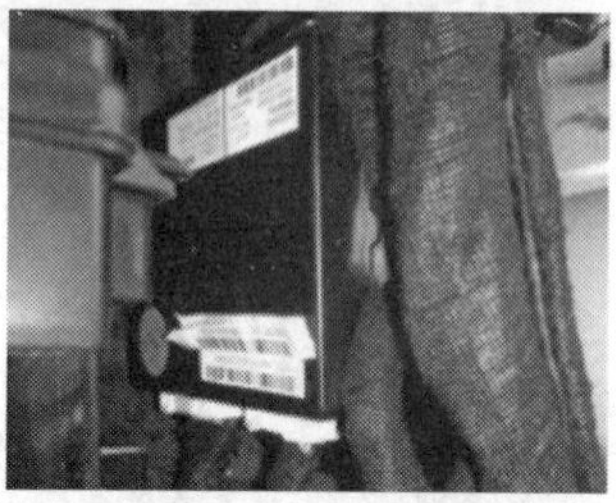	找到空调控制器	□是　□否
	找到风向调节电机	□是　□否

续表

作业图例	作业内容	完成情况
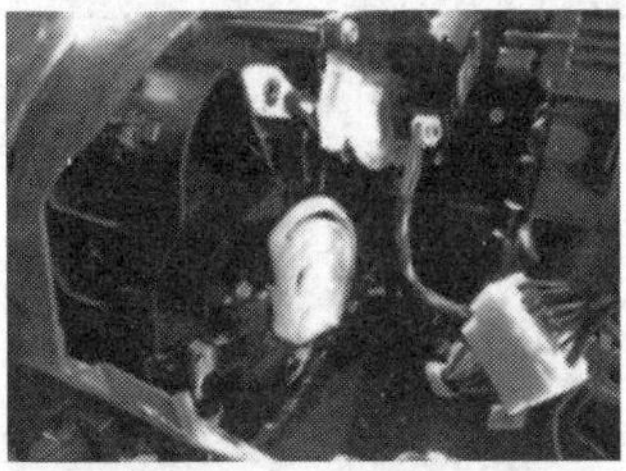	找到温度调节电机	□是　□否
	找到内外循环调节电机	□是　□否
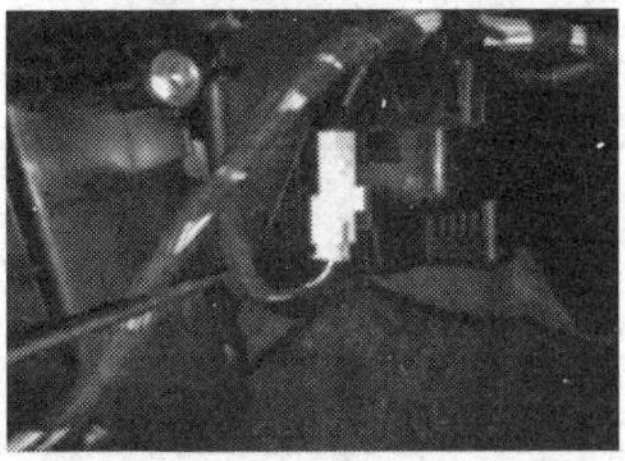	找到蒸发器温度传感器	□是　□否
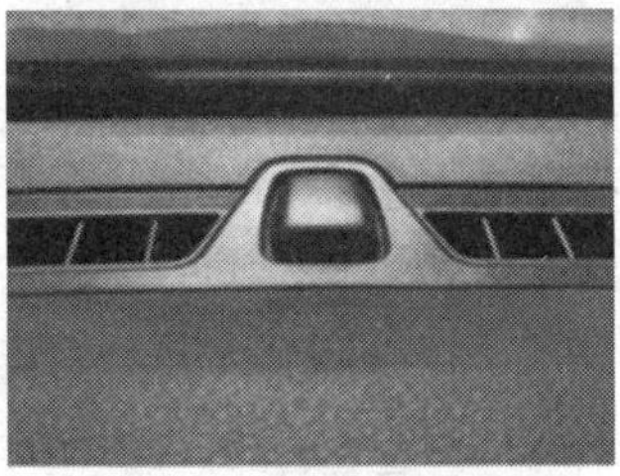	找到阳光传感器	□是　□否
	找到室外温度传感器	□是　□否
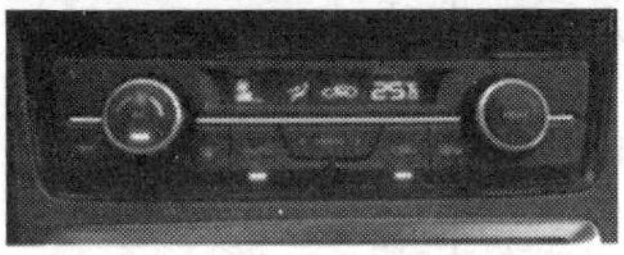	找到空调控制面板	□是　□否

2. 空调控制面板功能操作

作业图例	作业内容	完成情况
	将起动开关调至 ON 挡	□是　□否
	按下 AC 开关	□是　□否
	调节风速二挡	□是　□否
	调节温度 20℃	□是　□否
	选择内循环模式	□是　□否
	设置出风模式为双向（吹面和吹脚）	□是　□否
	按下 AUTO 键，选择自动调节模式，设置温度为 25℃	初始设定温度：25℃ 设定风速：＿＿＿＿＿＿

3. 电动空调系统 LIN 总线检测

作业图例	作业内容	完成情况
	将起动开关调至 OFF 挡	□是　□否
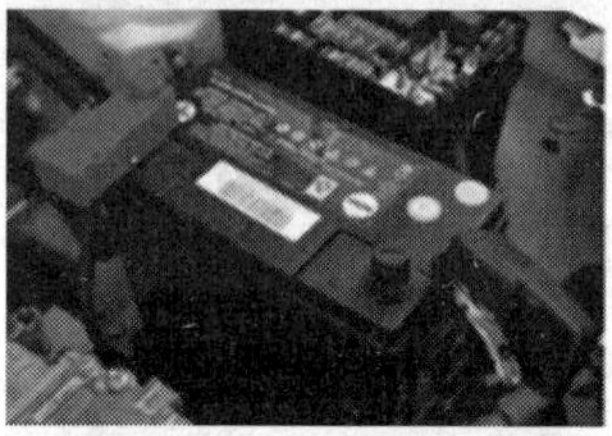	断开电池负极	□是　□否
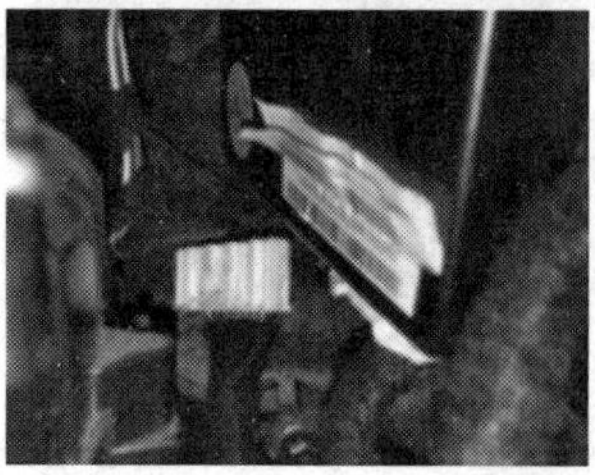	断开空调控制器连接器 IP85	□是　□否

续表

<table>
<tr><th>作业图例</th><th>作业内容</th><th colspan="3">完成情况</th></tr>
<tr><td></td><td>断开空调控制面板连接器IP78</td><td colspan="3">□是 □否</td></tr>
<tr><td></td><td>断开电动压缩机低压连接器BV08</td><td colspan="3">□是 □否</td></tr>
<tr><td></td><td>断开PTC加热控制器连接器CA61</td><td colspan="3">□是 □否</td></tr>
<tr><td rowspan="2">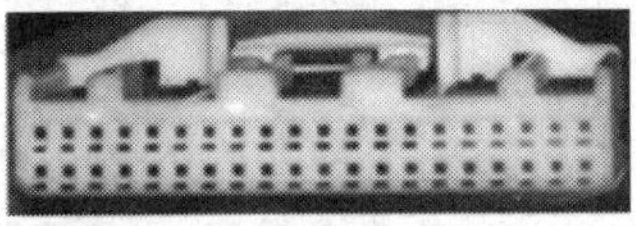
IP85
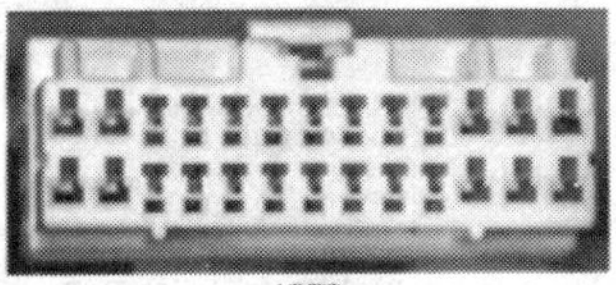
IP78</td><td rowspan="2">用万用表测量空调控制器IP85/3与空调控制面板连接器IP78/6的电阻</td><td>测量值</td><td>标准值</td><td>判断</td></tr>
<tr><td>____Ω</td><td><1Ω</td><td>□正常
□异常</td></tr>
<tr><td rowspan="2">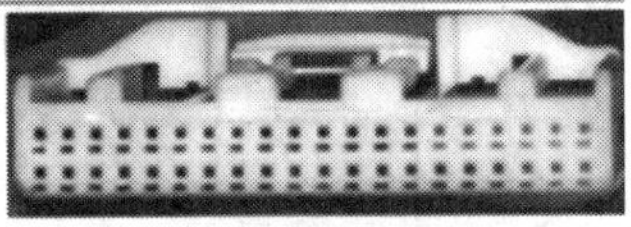
IP85

BV08</td><td rowspan="2">用万用表测量空调控制器IP85/3与电动压缩机低压连接器BV08/2的电阻</td><td>测量值</td><td>标准值</td><td>判断</td></tr>
<tr><td>____Ω</td><td><1Ω</td><td>□正常
□异常</td></tr>
</table>

续表

作业图例	作业内容	完成情况		
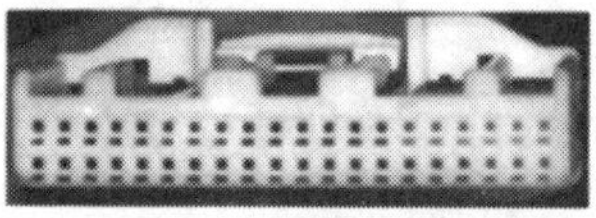 IP85  CA61	用万用表测量空调控制器 IP85/3 与 PTC 加热控制器连接器 CA61/6 的电阻	测量值	标准值	判断
		____Ω	<1 Ω	□正常 □异常
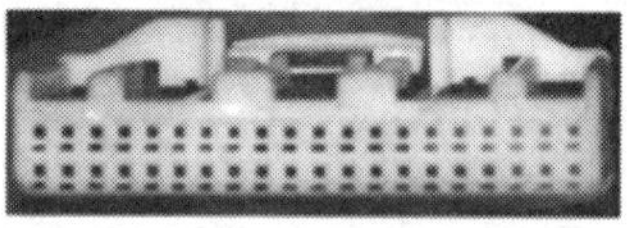 IP85	用万用表测量空调控制器 IP85/3 与搭铁的电阻	测量值	标准值	判断
		____Ω	< ∞	□正常 □异常
	连接电池负极	□是　□否		
	将起动开关调至 ON 挡	□是　□否		
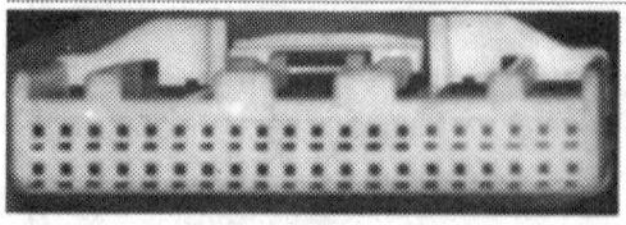 IP85	用万用表测量空调控制器 IP85/3 与搭铁的电压	测量值	标准值	判断
		____V	0V	□正常 □异常
	将起动开关调至 OFF 挡连接 IP85、P78、BV08、CA61 线束插头	□是　□否		

【竣工检验】

（1）整理并恢复作业场地；

（2）工位 5S 操作；

（3）工具清点、清洁、校准和归位。

【任务评价】

项目	评分标准	分值	自评	互评	师评
安全 /5S/ 态度	能进行工位 5S 操作	5			
	能进行设备和工具安全检查	5			
	能进行工具清洁、校准和归位操作	5			
专业技能	能够认识空调制冷系统部件	5			
	能够正确找到空调检测部件	5			
	能够规范按步骤进行空调部件检测	5			
	能够读取空调控制器测量的数据流并判断	5			
	能够完成空调控制面板功能操作	5			
	能规范找出检测元器件并记录信息	5			
工具及设备使用	能正确使用万用表	5			
	能正确拆装连接器	5			
	能正确布置防护场地	5			
信息、资料查询	能正确使用维修手册查询资料	5			
	能正确记录查询资料章节及页码	5			
	能正确记录所需维修信息	5			
数据分析	能正确填写空调制冷工作四个过程	5			
	能正确分析控制器连接器电阻是否正常	5			
任务评价	任务按时完成，操作过程规范	5			
	工单填写规范，无错别字、涂改和抄袭	5			
	小组成员在实施过程的参与程度	5			
总分		100			
综合得分（自评 30%+ 互评 30%+ 师评 40%）					
综合评语	（作业过程存在的问题及改进建议）				
日期		导师签名			

项目六　充电系统结构原理及检修

【实训目的】

（1）能够在车上识别出充电系统的主要部件；

（2）能够进行直流充电口和交流充电口的检测；

（3）能够进行简单的充电系统故障排除。

【实训准备】

（1）防护用具：绝缘鞋、绝缘手套、安全帽、防护服、护目镜等个人防护用具，高压警示牌、二氧化碳灭火器、警戒线、绝缘地垫、专用维修工位接地线等车间安全设施；

（2）工具设备：绝缘工具、绝缘测试仪、放电工装、万用表；

（3）台架车辆：纯电动汽车 2 ～ 4 辆；

（4）辅助资料：新能源汽车维修手册、教材、实训工作页。

【计划决策】

请根据充电系统结构原理及检修的任务，确定检测的标准方法和所需要的检测仪器，并对小组成员合理分工，制订详细的工作计划。

1. 采用的评价标准

____。

2. 需要的检测仪器和工具

（1）仪器：____。

（2）工具：____。

3. 实训计划

____。

4. 小组成员任务分工

组长		安全员	
操作员 1		操作员 2	
记录员		质检员	

【任务实施】

1. 清点个人防护用具、高压防护设施及设备

序号	名称	数量	清点
1	隔离柱 / 警戒线	1 套	□已清点
2	高压警示牌	3 个	□已清点

续表

序号	名称	数量	清点
3	绝缘测试仪	1 个	□已清点
4	绝缘工具箱	1 套	□已清点
5	放电工装	1 套	□已清点
6	绝缘胶带	1 卷	□已清点
7	个人防护用具	1 套	□已清点
8	通用组合工具	1 套	□已清点

2. 熟悉实训车辆的充电系统主要部件，仔细观察快、慢充电口，查阅相关资料完成表格填写

画出交流充电口针脚图	针脚	端子说明
	CC	
	CP	
	L1	
	L2	
	L3	
	N	
	PE	
画出直流充电口针脚图	**针脚**	**端子说明**
	CC1	
	CC2	
	DC+	
	DC-	
	S+	
	S-	
	PE	
	A+	
	A-	

3. 使用合适的工具对直流充电口和交流充电口进行检测，并记录相关数据

交流充电连接确认 CC	检测项目名称	测量值	标准值	判定
1				□正常　□异常
2				□正常　□异常
3				□正常　□异常

快、慢充电口绝缘性检测	检测项目名称	测量值	标准值	判定
1				□正常 □异常
2				□正常 □异常
3				□正常 □异常
4				□正常 □异常

4. 若充电桩连接充电插头后，充电桩屏幕显示充电插头未连接，查阅相关资料，制定排查方案，进行故障排除，并记录相关排查方法及现象

（1）排查方案。   （2）排查过程及结果。

【竣工检验】

（1）整理并恢复作业场地；

（2）工位 5S 操作；

（3）工具清点、清洁、校准和归位。

【任务评价】

项目	评分标准	分值	自评	互评	师评
安全 /5S/ 态度	能进行工位 5S 操作	4			
	能进行设备和工具安全检查	3			
	能进行工具清洁、校准和归位操作	3			
专业技能	能够识别交、直流充电口	5			
	能够识别交、直流充电桩的结构	5			
	能够正确进行充电操作	5			
	能够对直流充电口进行检测	5			
	能够对交流充电口进行检测	5			
	能对简单的充电故障进行检修	10			
工具及设备使用	能正确使用维修工作台	5			
	能正确使用防护用品、用具	5			
	能正确使用测量 / 测试设备、设施	5			
信息、资料查询	能正确使用维修手册查询资料	5			
	能正确记录查询资料章节及页码	5			
	能正确记录所需维修信息	5			
数据分析	能正确判断交直流充电口是否正常	5			
	能正确判断充电过程中数据流是否正常	5			
任务评价	任务按时完成，操作过程规范	8			
	工单填写规范，无错别字、涂改和抄袭	3			
	能对自身表现情况进行客观评价	2			
	在任务实施过程中能发现自身问题	2			
总分		100			
综合得分（自评 30%+ 互评 30%+ 师评 40%）					
综合评语	（作业过程存在的问题及改进建议）				
日期		导师签名			

项目七　新能源汽车车联网技术

【实训目的】

（1）车载传感器认知；

（2）了解车载网络通信技术；

（3）新能源汽车组成部件功能描述。

【实训准备】

（1）安全防护：车辆安全防护用品、安全警示牌、警示隔离带；

（2）车辆：新能源汽车整车（附带辅助驾驶功能）；

（3）辅助资料：新能源汽车维修手册、教材、实训工作页、移动网络。

【计划决策】

请根据新能源汽车结构认知的任务，对小组成员合理分工，制订详细的工作计划。

1. 采用的评价标准

____。

2. 需要的检测仪器和工具

（1）仪器：____。

（2）工具：____。

3. 实训计划

____。

4. 小组成员任务分工

组长		安全员	
操作员 1		操作员 2	
记录员		质检员	

【任务实施】

1. 车载传感器认知

序号	传感器类型	数量	作用	特点
1				
2				
3				
4				
5				
6				

2. 车载网络通信技术认知

序号	类型	定义	特点	四大通信技术的优缺点对比
1	CAN 通信技术			
2	以太网通信技术			
3	CAN-FD 通信技术			
4	FlexRay 通信技术			

3. 利用互联网查询智能网联汽车的定义及其他相关资讯

（1）查阅技术文件，简要分析车联网定义、组成及功能。

（2）简要分析车联网技术的应用场景举例。

【竣工检验】

（1）整理并恢复作业场地；

（2）工位 5S 操作；

（3）工具清点、清洁、校准和归位。

【任务评价】

项目	评分标准	分值	自评	互评	师评
安全 /5S/ 态度	能进行工位 5S 操作	4			
	能进行设备和工具安全检查	3			
	能进行工具清洁、校准和归位操作	3			
专业技能	能够认知车载传感器	10			
	能够说明各类车载传感器的特点	10			
	能够认知车载网络通信技术	10			
	能够说明各类车载网络通信技术的特点	10			
工具及设备使用	能正确布置防护场地	5			
	能正确使用互联网查询相关资讯	5			
信息、资料查询	能正确使用维修手册查询相关资料	5			
	能正确记录查询资料章节及页码	5			
任务评价	能够按时完成工作任务的所有环节	10			
	能够规范操作，避免意外事故发生	10			
	工单填写规范，无错别字、涂改和抄袭	4			
	学生能对自身表现情况进行客观评价	3			
	学生在任务实施过程中能发现自身问题	3			
总分		100			
综合得分（自评 30%+ 互评 30%+ 师评 40%）					
综合评语	（作业过程存在的问题及改进建议）				
日期		导师签名			

习 题 集

项目一　新能源汽车结构认知

任务一　纯电动汽车结构认知

一、选择题

1. 新能源汽车通常使用的都是（　　）电机。

A. 开关磁阻　　B. 永磁同步　　C. 轮毂电机　　D. 直流无刷

2. 以下不属于纯电动汽车优点的是（　　）。

A. 续航能力强　　B. 环保　　C. 噪声小　　D. 能源效率高

3. 关于车载充电机，下列说法正确的是（　　）。

A. 将交流电整流成直流电，为动力电池充电

B. 将交流电整流成直流电，为低压电池充电

C. 将直流电整流成交流电，为低压电池充电

D. 将直流电整流成交流电，为动力电池充电

4. 以下对新能源汽车降压 DC/DC 变换器的功能描述正确的是（　　）。

A. 将电池包的直流电转换为交流电给驱动电机供电

B. 纯电模式下，DC/DC 变换器的功能替代了传统燃油汽车挂接在发动机上的 12V 发电机，和电池并联给各用电器提供低压电源

C. 监测电池包状态

D. 将电机回馈的交流电转换为直流电

5.（多选）新能源汽车中 PTC 的作用不包括（　　）。

A. 暖风加热　　B. 冷风供给　　C. 整车控制　　D. 水泵控制

二、判断题

1. 新能源汽车包括混合动力电动汽车、纯电动汽车、燃料电池电动汽车和太阳能电池电动汽车，其中混合动力电动汽车、纯电动汽车是新能源汽车的主流。（　　）

2. 目前新能源汽车使用的驱动电机以异步电机为主。（　　）

3. 车载充电机通过把交流电转换为相应电压的直流电，并按要求控制其充电电流，为动力电池充电。（　　）

4. 纯电动汽车除了在动力源、驱动方式上与普通汽车不同外，其他系统部件完全相同。（　　）

5. DC/DC 变换器替代了传统燃油汽车挂接在发动机上的 12V 发电机，和电池并联给各用电器提供低压电源。（　　）

三、简答题

1. 简述纯电动汽车与传统燃油汽车的区别。

2. 请根据对新能源汽车的认知，说一说纯电动汽车的优点有哪些。

3. 简述电力驱动控制系统的组成及各部分的作用。

任务二 其他新能源汽车

一、选择题

1. 下列关于串联式混合动力的描述，正确的是（　　）。

A. 发动机驱动发电机，电动机使用由此产生的电能驱动车轮

B. 车轮驱动发电机为电池充电且发动机驱动车轮

C. 发动机和电动机均驱动车轮

D. 可使用发动机驱动车轮

2. 混合动力电动汽车具有两个蓄电池，一个是高电压蓄电池，另一个是（　　）。

A. 低压蓄电池　　B.12V 蓄电池　　C. 48V 蓄电池　　D. 220V 蓄电池

3. 以下关于混合动力电动汽车的描述，正确的是（　　）。

A. 混合动力电动汽车电池向电子部件（如前照灯、音响设备和各种 ECU）提供电能

B. 一个正常工作的动力电池足以控制车辆

C. 一个正常工作的辅助电池足以控制车辆

D. 一个正常工作的动力电池和正常工作的辅助电池都是控制车辆所必需的

4. 与传统燃油汽车相比，不属于混合动力电动汽车优点的是（　　）。

A. 在人口密集的商圈和居民区等地可用纯电动模式驱动车辆，实现零排放

B. 可配备功率较小的发动机，因为车辆可通过电动机 / 发电机提供动力，并且可通过电动机 / 发电机回收汽车减速和制动时的能量，进一步降低了车辆的能耗和尾气排放

C. 可使发动机在最佳的工况区域稳定运行，避免或减少了发动机变工况下的不良运行，使发动机的尾气排放和油耗大大降低

D. 因为混合动力电动汽车配备了两种动力系统，动力电池的数量和重量可减少，因此汽车重量相对更轻

5. “FCEV” 的含义是（　　）

A. 纯电动汽车　　B. 插电式混合动力汽车

C. 混合动力电动汽车　　D. 燃料电池电动汽车

二、判断题

1. 与传统燃油汽车相比，混合动力电动汽车的发动机功率更大。（　　）

2. 燃料电池电动汽车排放没有污染，成本高，暂时还不是新能源汽车的主流。（　　）

3. 燃料电池电动汽车，是利用燃料电池，将燃料中的化学能直接转化为电能实现动力驱动的新型汽车。（　　）

4. 混合动力电动汽车的优势在于其可通过平均需用功率确定内燃机的最大功率，使内燃机在油耗低、污染小的最优工况下工作，通常可以降低排放。（　　）

5. 混联式混合动力汽车与串联式结构相比，增加了电能的传输路线。（　　）

三、简答题

1. 请根据对混合动力电动汽车的基本认知，说一说混合动力电动汽车的主要类型和特点有哪些。

2. 将混合动力电动汽车与纯电动汽车相比，您知道混合动力电动汽车的优点是什么吗？请列举。

3. 将燃料电池电动汽车与纯电动汽车相比，您知道燃料电池电动汽车有什么特点吗？请列举出它们之间的差异。

项目二　新能源汽车高压系统与安全防护

任务一　新能源汽车高压安全防护

一、选择题

1. 当大约（　　）mA 的电流通过人体时，就可视作“电气事故”，人会产生麻木感。

A. 5　　B. 10　　C. 12　　D. 15

2. 护目镜的防护功能包括（　　）。

A. 电火花　　B. 电解液　　C. A 和 B 都是　　D. A 和 B 都不是

3. 新能源汽车的高压部件上警告标志的底色是（　　）。

A. 黄色　　B. 白色　　C. 红色　　D. 绿色

4. 以下不属于新能源汽车维修个人防护套装的是（　　）。

A. 绝缘鞋　　B. 安全帽　　C. 绝缘手套　　D. 绝缘测试仪

5. 以下不属于高电压对人体的伤害形式的是（　　）。

A. 电击伤害　　B. 电伤伤害　　C. 化学效应　　D. 物理效应

二、判断题

1. 对新能源汽车进行绝缘测试时不需要戴绝缘手套。（　　）

2. 测量电压超出人体安全电压阈值时，最好使用单手测量，避免发生意外时电流流过心脏。（　　）

3. 绝缘工具的使用方法与普通工具相同，但要注意定期做绝缘性检查。（　　）

4. 维护高电压类车辆时，使用绝缘工具也不一定能有效防止意外触电事故的发生。（　　）

5. 警告标志为等边三角形，背景为红色，边和图案都用黑色。（　　）

三、简答题

1. 新能源汽车维修作业过程中常用的安全防护用品有哪些？作用分别是什么？

2. 假设小明在新能源汽车作业时触电了，应该如何开展急救？

3. 简述新能源汽车维修车间发生火灾的预防和处理方案。

任务二　新能源汽车高压部件与安全操作

一、选择题

1. 新能源汽车的高压部件主要集中在（　　）位置。

A. 驱动系统　　B. 电源和充电系统

C. 空调与暖风系统　　D. 以上都是

2. 新能源汽车的主要动力源是（　　）。

A. 驱动电机　　B. 动力电池　　C. 高压控制盒　　D. 发电机

3. 关于高压下电，下列说法正确的是（　　）。

A. 断开互锁开关，也可以保证整车下电

B. 负极断开，整车基本没有高压了

C. 维修开关断开 2min 后，车辆基本是安全的

D. 断开维修开关和关闭点火开关之间没有严格的先后顺序

4. DC/DC 变换器是将（　　）转换为低压直流电的变压装置。

A. 高压直流电　　B. 高压交流电　　C. 低压直流电　　D. 低压交流电

5. 新能源汽车主要是采取（　　）加热方式进行供暖的。

A. OBC　　B. PTC　　C. PDU　　D. VCU

二、判断题

1. 新能源汽车的高压部件没有变速箱。（　　）

2. 拆下维修开关后，就可以立刻对车辆进行高压检验操作。（　　）

3. 动力电池输出的电压是直流高压。（　　）

4. 维修开关的英文简称为 MSD。（　　）

5. 新能源汽车的三级资质是指能够在带电状态下进行高压系统作业的资质。（　　）

三、简答题

1. 新能源汽车主要的高压部件有哪些？

2. 新能源汽车断电操作流程是什么？

3. 新能源汽车验电操作流程是什么？

项目三　动力电池系统原理与检修

任务一　动力电池单体

一、选择题

1. 标称容量为 5A·h 的电池以 0.1C 倍率放电，放电电流为（　　）。

A. 0.5A　　B. 5A　　C. 0.1A　　D. 50A

2. 循环寿命是在指定充放电终止条件下，以特定的充放电制度进行充放电，动力电池在不能满足寿命终止标准前所能进行的（　　）。

A. 放电电流　　B. 循环次数　　C. 放电能力　　D. 放电时间

3. 荷电状态（SOC）是当前电池中按照规定放电条件可以释放的（　　）占可用容量的百分比。

A. 电量　　B. 容量　　C. 电流　　D. 电压

4.（　　）表示单位质量或体积所能释放的能量。

A. 容量密度　　B. 功率密度　　C. 能量密度　　D. 利用率

二、判断题

1. 锂离子电池性能比较高，电池能量密度大，平均输出电压高，自放电小，没有记忆效应。（　　）

2. 额定容量是指在规定条件下由用户测得电池的容量值。（　　）

3. 由于各种因素影响，电池包实际比能量一般小于理论比能量。（　　）

4. 电池内阻与电池容量大小无关。（　　）

5. 动力电池的质量比能量会影响新能源汽车的整车质量和续驶里程。（　　）

三、简答题

1. 简述磷酸铁锂离子电池与三元锂离子电池的性能差异。

2. 简述圆柱形、方形及软包三种封装形式的锂离子电池的优缺点。

3. 简述镍氢电池与锂离子电池的性能差异。

4. 根据表格中动力电池的参数，说明其具体含义。

名称	参数	具体含义
电芯供应商	宁德时代 CATL	
电芯材料	镍钴锰酸锂三元材料	
电芯标称电压	3.7V	
电芯充电截止电压	4.2V	
电芯放电截止电压	2.7V	
动力电池箱体材质	铝型材	

续表

名称	参数	具体含义
动力电池重量	≤ 425kg	
动力电池标称电压	401.5V	
动力电池额定容量	150A · h	
动力电池标称能量	60.2kW · h	
动力电池能量密度	151W · h/kg	
动力电池成组方式	1P110S	
电池箱体防护等级	IP67	

任务二　动力电池管理系统

一、选择题

1. 某款动力电池的电芯容量：30.5A·h，连接方式：3P91S，工作电压范围：250～382V，额定电压：332V，电芯最高充电电压是（　　）。

A. 4.2V　　B. 4.15V　　C. 2.65V　　D. 2.75V

2. 用两节 10A·h、2V 的电池分别通过并联和串联组成电池组，两种电池组（　　）。

A. 容量相同，能量相同　　B. 容量不同，能量不同

C. 容量相同，能量不同　　D. 容量不同，能量相同

3. 下列关于动力电池 3P91S 的说法，不正确的是（　　）。

A. 电池的规格型号　　B. 动力电池中电芯的组合方式

C. 动力电池中 3 片电芯并联成电芯组　　D. 动力电池中 91 个电芯组进行串联

4. 缺少预充电阻最有可能造成的后果是（　　）。

A. 烧毁主继电器　　B. 损坏车载充电机

C. 电池管理系统不能运行　　D. 车辆仍然可以行驶

5. 动力电池组内的电池单体之所以需要电量均衡是因为（　　）。

A. 充电时间长短不一　　B. 每个单体电池的一致性不理想

C. 放电率不均匀　　D. 动力电池总成内温度不均衡

二、判断题

1. 高压互锁用于检测整车高压系统电缆连接情况，当检测到异常信号时，电子装置促使整个高压系统关闭。（　　）

2. 电池信息采集器的主要功能有电池电压采样、温度采样、电池均衡、采样线异常检测等。（　　）

3. 动力电池模块将一个以上的电池单体按照串联、并联或串并联方式组合，并作为电源使用的组合体。（　　）

4. 动力电池继电器盒也称电池控制器，其内的预充电阻继电器和预充电阻是防止动力电池充放电时高电压冲击而设置的，是并联关系。（　　）

5. 电池组当前总电流可以分析当前电池组的输出总电压、动力电池组、接触器等是否正常。（　　）

三、简答题

1. 画出 2P3S 的电池连接示意图。

2. 简述设计高压互锁回路的目的。

3. 动力电池管理系统（BMS）应具有的功能有哪些？

任务三　动力电池总成的检查与拆装

一、选择题

1. 对动力电池包的常规检查项目不包括（　　）。

A. 紧固电池螺栓　　B. 检查托盘外观有无变形

C. 检查有无涉水痕迹　　D. 容量校正

2. 拔下高压插接件，整车正常上电、行驶，可能原因是（　　）。

A. 高压插接件损坏　　B. 高压互锁电源保险损坏

C. 高压互锁未搭铁　　D. 高压互锁检测模块损坏

3. 高压线束的绝缘检测指的是（　　）。

A. 测量导线对车身的电阻值　　B. 测量导线对车身的绝缘电阻

C. 测量导线对导线屏蔽层的电阻　　D. 测量导线对导线屏蔽层的绝缘电阻

4.（多选）新能源汽车动力电池需要保养的征兆有（　　）。

A. 严重漏电　　B. 续驶里程缩短

C. 快充快放　　D. 仪表报动力电池故障

5.（多选）关于高压线束绝缘检测，说法正确的是（　　）。

A. 使用绝缘电阻测试仪测量时，需要根据整车的电压平台选择量程

B. 使用绝缘电阻测试测量时，需要穿戴个人安全防护用品

C. 测量时，高压电控端高压线束不能连接

D. 部分关键线束需要从整车拆解下来单独检测

二、判断题

1. 动力电池的分解和组装必须由生产厂家或专业人员完成。（　　）

2. 低压插接件松脱有可能会造成高压互锁断开。（　　）

3. 动力电池管理系统检测到电池包数据异常时，将不允许整车上高压电。（　　）

4. 使用绝缘电阻测试仪测量绝缘电阻时，需要戴绝缘手套，因为根据绝缘电阻测试的工作原理，测量的瞬间会施加高压电。（　　）

5. 动力电池包维护不可以通过解码仪直接读取绝缘电阻，判断电池包状态。（　　）

三、简答题

1. 简述拆卸动力电池的具体步骤。

2. 简述拆卸动力电池的注意事项。

3. 动力电池基本检查项目有哪些？

项目四　驱动电机系统原理与检修

任务一　驱动电机系统认知

一、选择题

1. 纯电动汽车与传统燃油汽车的主要区别在于（　　）。

A. 车身电气系统　　B. 底盘系统　　C. 驱动系统　　D. 辅助装置

2. 以特斯拉为代表的美国新能源汽车常使用的驱动电机为（　　）。

A. 无刷直流电机　　B. 交流异步电机　　C. 永磁同步电机　　D. 开关磁阻电机

3. 北汽和比亚迪新能源汽车采用的驱动电机是（　　）类型。

A. 无刷直流电机　　B. 交流异步电机　　C. 永磁同步电机　　D. 开关磁阻电机

4. 电机控制器的英文简写是（　　）。

A. VCU　　B. BMS　　C. ECU　　D. MCU

5.（多选）驱动电机系统的结构由（　　）等组成。

A. 驱动电机　　B. 电机控制器　　C. 整车控制器　　D. 传动装置

二、判断题

1. 电机控制器有分体式和集成式两种。（　　）

2. 电动机的种类较多，但都有转子和定子。（　　）

3. 永磁电机和异步电机的工作原理基本相同。（　　）

4. 永磁电机比异步电机更加节能，电机成本也更高。（　　）

5. 相比三相异步电机，永磁电机节能高效，抗恶劣环境，更适合用于驱动电机的汽车。（　　）

6. 电机只有正转时能将制动能量回收，而反转时不能。（　　）

三、简答题

1. 简述驱动电机系统的结构组成及各部件的作用。

2. 简述永磁同步电机、异步电机、开关磁阻电机三种电机类型的优缺点。

任务二　驱动电机检修

一、选择题

1.（多选）驱动电机系统常规检测项目一般包括（　　）。

A. 基本电量参数检测　　B. 电机性能检测

C. 驱动电机三相电流检测　　D. 驱动电机相关部件检测

2.（多选）驱动电机性能检测一般通过驱动电机综合性能测试仪完成，包括（　　）。

A. 负载性能测试　　B. *T-n* 曲线测试　　C. 耐力性测试　　D. 转矩性能测试

3. 处理涉水的电机，正确的选择是（　　）。

A. 做绝缘检测，并确定电机内部绕组有没有短路

B. 直接将电机拆开，把水清理干净

C. 电机见水就废了，直接报废处理

D. 反复烘干，只要相对壳体绝缘阻值大于 2MΩ 就可以

4. 对电机三相绕组进行绝缘检测的时候，（　　）。

A. 电机外壳需要接地　　B. 电机绕组不能绝缘检测

C. 必须使用手摇兆欧表检测　　D. 检测完毕之后要将三相绕组短接

5. 旋转变压器的作用是（　　）。

A. 检测电机工作实际电流，包括母线电流、三相交流电流

B. 检测电机控制系统的工作温度，包括 IGBT 模块的温度

C. 检测电机位置和速度

D. 检测供给电机控制器工作的实际电压

二、判断题

1. 新能源汽车用驱动电机系统根据故障的危害程度，故障可分为致命故障、严重故障、一般故障、轻微故障四级。（　　）

2. 运行中的三相异步电动机突然有一相电源断路时，电动机还可继续运行。（　　）

3. 外观检查时，驱动电机及驱动电机控制器表面不应有锈蚀、碰伤、划痕，涂覆层不应有剥落，紧固件连接应牢固，引出线或接线端应完整无损，颜色和标志应正确，铭牌的字迹和内容应清晰无误，且不应脱落。（　　）

4. 电机的输出功率小于额定功率时称为轻载运行。这时电机的运行性能、经济性及可靠性均处于优良状态。因此，尽量让电机在轻载范围内运行。（　　）

5. 电机控制器是一个既能将动力电池中的直流电转换为交流电以驱动电机，同时具备将车轮旋转的动能转换为电能（交流电转换为直流电）给动力电池充电的设备。（　　）

三、简答题

1. 简述驱动电机基本电量检测哪些参数。

2. 简述驱动电机三相电流检测内容。

3. 简述驱动电机系统的检查内容。

项目五　汽车空调系统结构与检修

任务一　空调系统认知

一、选择题

1. 新能源汽车空调系统中，可按照预设程序调节蒸发器供液量的膨胀阀称为（　　）。

A. F 型膨胀阀　　B. 节流孔管　　C. H 型膨胀阀　　D. 电子膨胀阀

2. 空调系统工作时，高压压力为（　　），低压压力为（　　）。

A. 2.0 ～ 3.2MPa，0.2 ～ 1MPa　　B. 2.0 ～ 3.2MPa，0.2 ～ 2MPa

C. 2.0 ～ 4MPa，0.2 ～ 1MPa　　D. 2.0 ～ 4MPa，0.2 ～ 2MPa

3. 进入冷凝器的制冷剂，在流动过程中与流过冷凝器的外部环境空气进行热交换，属于（　　）。

A. 压缩过程　　B. 冷凝过程　　C. 膨胀过程　　D. 蒸发过程

4. 纯电动汽车将驱动电机空调压缩机及空调控制单元结合为一体，其最常用的是（　　）压缩机。

A. 离心式　　B. 往复式　　C. 涡旋式　　D. 叶片式

5. PTC 加热器的输出功率会随环境温度的升高而（　　）。

A. 明显降低　　B. 明显升高　　C. 基本不变　　D. 无法确定

6.（多选）PTC 控制模块采集信息内容包括（　　）。

A. 风速　　B. 冷暖程度设置　　C. 出风模式　　D. 环境温度

二、判断题

1. 自动空调箱体的模式风门、冷暖混合风门和内外循环风门都是电机控制。（　　）

2. 制冷系统采用电动压缩机，额定功率为 3kW。（　　）

3. 比亚迪秦 EV 车型采用 R134a 系统：抽真空、保压、加注合为一体加注。（　　）

4. PTC 加热器的功率大小由空调控制器根据室内温度、设定温度、水温等信息综合判断决定。（　　）

三、简答题

1. 简述纯电动汽车空调系统的结构组成。

2. 简述汽车空调系统的 PTC 加热器。

3. 简述比亚迪汽车空调系统的工作原理。

任务二　空调系统检修

一、选择题

1. 普通型汽车空调滤清器不能去除的物质是（　　）。

A. 灰尘　　B. 颗粒物

C. 空气中的有害物质　　D. 以上都是

2. 不属于汽车空调滤清器可能安装位置的是（　　）。

A. 前风窗玻璃外侧进风槽内　　B. 驾驶位仪表板下方

C. 副驾驶位仪表板下方　　D. 以上都是

3. 冷凝器散热片上有脏物覆盖，可用（　　）对冷凝器进行清洗。

A. 高压水枪　　B. 中压水枪　　C. 中压雾枪　　D. 自来水冲洗

4. 车外温度传感器一般安装在（　　）或散热器之前，极易受到环境影响。

A. 车门　　B. 车顶　　C. 后保险杠　　D. 前保险杠

5.（多选）汽车空调系统故障包括（　　）等。

A. CAN 通信故障　　B. 欠压故障　　C. 过压故障　　D. 过热报警

二、判断题

1. 新能源汽车主要采用 PTC 加热器、热泵空调、电加热装置三种方式实现供暖。（　　）

2. 纯电动汽车空调供暖时，可利用高压电直接加热空气，这种方法结构简单、热效率高，且十分安全。（　　）

3. 空调电子检漏计探头长时间置于制冷剂严重泄漏的地方会损坏仪器。（　　）

4. 空调制冷系统中，制冷剂越多，制冷能力越强。（　　）

5. 汽车空调的取暖系统都是用发动机冷却液作为热源的。（　　）

6. 空调制冷系统工作时，发动机冷却液温度会比平常高。（　　）

三、简答题

1. 简述汽车空调系统维修注意事项。

2. 简述汽车空调系统的压缩机故障排查流程。

2. 简述汽车空调系统的 PTC 控制器故障排查流程。

项目六　充电系统结构原理及检修

任务一　充电系统结构原理

一、选择题

1. 目前在售的新能源汽车的交流充电口中，属于空脚端子的是（　　）。

A. L2 和 L3　　B. L1 和 L2　　C. L1 和 L3　　D. CC 和 CP

2.（　　）是指固定安装在新能源汽车上的充电机。

A. 车载充电机　　B. 非车载充电机　　C. 移动式充电机　　D. 非移动式充电机

3.（　　）是指直接用电网 220V 交流电连接车辆给车辆充电。

A. 直流充电　　B. 无线充电　　C. 交流充电　　D. 传导式充电

4. 车载充电机简称（　　）。

A. OBB　　B. OBC　　C. BOC　　D. CBB

5. 交流充电装置供给到车辆的是 220V 交流电，动力电池是高压（　　）以上的直流电。

A. 500V　　B. 280V　　C. 1 000V　　D. 350V

二、判断题

1. 比亚迪秦 EV 车型的直流充电系统组成有车载充电机。（　　）

2. 非车载充电机（即直流充电桩）和新能源汽车二者通过车辆直流充电口相连。（　　）

3. 比亚迪秦 EV 车型安装有交流和直流充电装置。（　　）

4. OBC 发送充电指令 VCU 通过输出高压接触器接通指令至高压控制盒，实现快速充电桩与动力电池之间高压电路的接通，开始充电。（　　）

5. 直流充电系统一般由直流充电口、充配电总成中的直流烧结检测模块、直流充电正负极接触器、高压电缆、低压控制线束以及动力电池组成。（　　）

三、简答题

1. 国标直流充电口和国标交流充电口分别有几个端子？

2. 简述慢速充电系统的工作过程。

3. 根据对比亚迪秦 EV 车型交流充电口的认知，请列举下图秦 EV 车型交流充电口的定义。

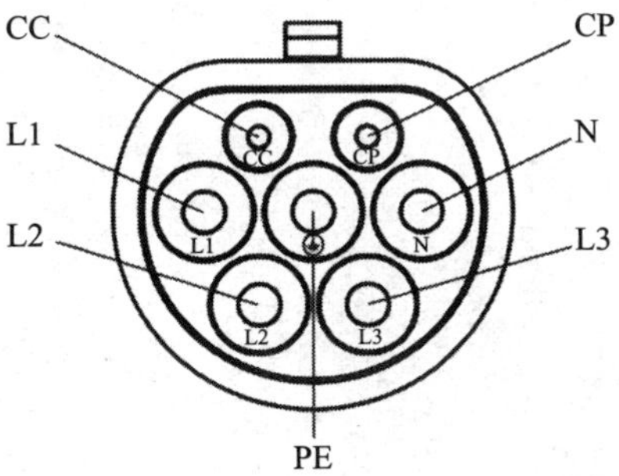

任务二　充电系统故障案例解析

一、选择题

1. 车载充电机高压互锁电路没有连接或高压绝缘电阻偏低，BMS 将阻断动力电池（　　）。

A. 总正继电器　　B. 总负继电器

C. 总正和总负继电器　　D. 维修开关

2. 整车不能成功上电，但是可以交流充电，不能说明（　　）。

A. 动力电池包无故障　　B. 动力电池管理控制系统低压线束连接正常

C. 高压系统无严重漏电　　D. 充电桩正常

3. 整车不能成功上电，仪表充电指示灯点亮，可能原因是（　　）。

A. CC 信号线搭铁　　B. CP 搭铁　　C. CC 断路　　D. CP 断路

4. 车载充电机不工作会导致（　　）。

A. 整车无电　　B. 不能交流充电　　C. 不能上高压电　　D. 不能下电

5. 交流充电时，仪表 SOC 从 80% 直接跳到 100% 的原因可能是（　　）。

A. 充电设备损坏　　B. 充电枪损坏

C. CP 断开　　D. 电池单体达到预设的充电截止电压

二、判断题

1. CC 对 CP 是导通的。（　　）

2. CP 信号决定充电功率。（　　）

3. 未插枪，仪表充电指示灯亮，可能是充电指示灯控制线搭铁。（　　）

4. 在充电过程中，为了冷却车载充电器可能会自动接通电动冷却液泵和风扇。（　　）

5. 充电系统的维护包括车载充电机、动力电池包、DC/DC 变换器。（　　）

三、简答题

1. 简述车载充电机的指示灯都不亮的检修方法。

2. 简述当出现车载充电机的电源指示灯和工作指示灯均正常点亮，但无充电电流的故障现象时的检修方法。

3. 简述出现充电插头与车端连接不可靠的故障现象以及排查方法。

项目七　新能源汽车车联网技术

任务一　车联网技术概述

一、选择题

1. 智能网联汽车的层次结构由（　　）组成。

A. 信息感知层、智能决策层、控制和执行层

B. 环境感知层、智能决策层、控制和执行层

C. 环境感知层、安全决策层、控制和执行层

D. 环境感知层、智能决策层、控制和反馈层

2. “危险预警与控制优先级划分”属于智能网联汽车涉及的技术中的（　　）。

A. 环境感知技术　B. 智能决策技术　C. 控制执行技术　D. V2X 通信技术

3. 车辆的智能化主要包括（　　）。

A. 车载传感器的感知功能　B. 汽车数据通信处理能力

C. 数据分析后的决策功能　D. 以上都正确

4. 最适合智能网联汽车应用的移动通信技术是（　　）。

A. 2G 网络　B. 3G 网络　C. 4G 网络　D. 5G 网络

5. 代表智能网联汽车的技术水平是（　　）。

A. 人机界面技术　B. 信息融合技术

C. 车载网络技术　D. 高级驾驶辅助技术

二、判断题

1. 只要采用车载网络系统的车辆就属于智能网联汽车。（　　）

2. V2X 是指车辆自身和外界事物之间的信息交换。（　　）

3. V2P 是车辆自身与乘员之间的信息交换。（　　）

4. 车联网感知层是车联网的基础，负责收集车辆及其周围环境的信息，被称作车联网的“神经末梢”。（　　）

5. 车辆装备的传感器包括雷达、摄像头、激光雷达、超声波传感器等，用于收集周围环境的实时数据。（　　）

三、简答题

1. 车辆通信技术（V2X）包括哪些方面？

2. 请简述车联网架构组成。

3. 请简述车联网关键技术。

任务二　车联网与新能源汽车

简答题

1. 汽车在车联网层面，通常可配有哪些传感器？
2. 智能网联汽车与传统燃油汽车相比具有哪些典型功能？
3. 请列举车联网在新能源汽车中的应用。